La cura del alcoholismo y otras adicciones

CHRIS PRENTISS

La cura del alcoholismo y otras adicciones

Un programa excepcional
para obtener la sobriedad total

alamah MEDICINA ALTERNATIVA

alamah

Título original: *The Alcoholism & Addiction Cure.* Copyright © 2005 by Power Press.

De esta edición:
D. R. © Santillana Ediciones Generales, S.A. de C.V., 2007.
Av. Universidad 767, Col. del Valle.
México, 03100, D.F. Teléfono (55 52) 54 20 75 30

Argentina
Av. Leandro N. Alem, 720
C1001AAP Buenos Aires
Tel. (54 114) 119 50 00
Fax (54 114) 912 74 40

Bolivia
Avda. Arce, 2333
La Paz
Tel. (591 2) 44 11 22
Fax (591 2) 44 22 08

Colombia
Calle 80, nº10-23
Bogotá
Tel. (57 1) 635 12 00
Fax (57 1) 236 93 82

Costa Rica
La Uruca
Del Edificio de Aviación Civil 200
m al Oeste
San José de Costa Rica
Tel. (506) 220 42 42 y 220 47 70
Fax (506) 220 13 20

Chile
Dr. Aníbal Ariztía, 1444
Providencia
Santiago de Chile
Telf (56 2) 384 30 00
Fax (56 2) 384 30 60

Ecuador
Avda. Eloy Alfaro, N33-347 y Avda.
6 de Diciembre
Quito
Tel. (593 2) 244 66 56 y 244 21 54
Fax (593 2) 244 87 91

El Salvador
Siemens, 51
Zona Industrial Santa Elena
Antiguo Cuscatlan - La Libertad
Tel. (503) 2 505 89 y 2 289 89 20
Fax (503) 2 278 60 66

España
Torrelaguna, 60
28043 Madrid
Tel. (34 91) 744 90 60
Fax (34 91) 744 92 24

Estados Unidos
2105 NW 86th Avenue
Doral, FL 33122
Tel. (1 305) 591 95 22 y 591 22 32
Fax (1 305) 591 91 45

Guatemala
7ª avenida, 11-11
Zona nº 9
Guatemala CA
Tel. (502) 24 29 43 00
Fax (502) 24 29 43 43

Honduras
Colonia Tepeyac Contigua a Banco
Cuscatlan
Boulevard Juan Pablo, frente al Tem-
plo Adventista 7º Día, Casa 1626
Tegucigalpa
Tel. (504) 239 98 84

México
Avda. Universidad, 767
Colonia del Valle
03100 México DF
Tel. (52 5) 554 20 75 30
Fax (52 5) 556 01 10 67

Panamá
Avda Juan Pablo II, nº 15. Apartado
Postal 863199, zona 7
Urbanización Industrial La Locería
- Ciudad de Panamá
Tel. (507) 260 09 45

Paraguay
Avda. Venezuela, 276
Entre Mariscal López y España
Asunción
Tel. y fax (595 21) 213 294 y 214
983

Perú
Avda. San Felipe, 731
Jesús María
Lima
Tel. (51 1) 218 10 14
Fax. (51 1) 463 39 86

Puerto Rico
Avenida Rooselvelt, 1506
Guaynabo 00968
Puerto Rico
Tel. (1 787) 781 98 00
Fax (1 787) 782 61 49

República Dominicana
Juan Sánchez Ramírez, nº 9
Gazcue
Santo Domingo RD
Tel. (1809) 682 13 82 y 221 08 70
Fax (1809) 689 10 22

Uruguay
Constitución, 1889
11800 Montevideo
Uruguay
Tel. (598 2) 402 73 42 y 402 72 71
Fax (598 2) 401 51 86

Venezuela
Avda. Rómulo Gallegos
Edificio Zulia, 1º. Sector Monte
Cristo. Boleita Norte
Caracas
Tel. (58 212) 235 30 33
Fax (58 212) 239 10 51

Primera edición: enero de 2007.
ISBN: 978-970-770-645-3
Traducción: Francisco Martínez Negrete.
D. R. © Diseño de cubierta: Daniel Moreno.
Diseño de interiores: José Luis Trueba Lara.
Impreso en México.

Conozco tu lucha, conozco el dolor de tu corazón.
He visto el desgarramiento de las familias, el sufrimiento,
los finales trágicos; y he presenciado la maravilla
de trascenderlo todo.

Este libro está dedicado a ti,
que buscas liberarte o liberar a un ser amado de la dependencia.

Índice

Agradecimientos

Agradezco a Nigel J. Yorwerth y Patricia Spadaro de PublishingCoaches.com en Bozeman, Montana, el prodigioso esfuerzo realizado para la publicación de este libro. Su meticulosa edición, lectura de pruebas, organización del material y conducción a través de todas las etapas fue, evidentemente, ejemplar. Ellos contribuyeron con sabiduría, gracia y respeto; por todo ello les estoy agradecido.

También deseo agradecer el esfuerzo editorial de Monica Faulkner: ella hace que cada escritor parezca profesional.

Quiero agradecer a Robert S. Tinnon por su precisa diagramación y diseño del interior del libro.

Igualmente doy las gracias a Nita Ybarra por su claro y lúcido diseño de la portada.

Agradezco a los maravillosos terapeutas de Passages por su dedicación a sanar, a ser lo mejor que pueden, y por su lealtad y experiencia. Asimismo, gracias a los doctores y terapeutas de Passages que hicieron una contribución maravillosa a esta publicación.

Y finalmente, agradezco a Pax. Sin él nada de esto hubiese sucedido. Él es un constante recordatorio para quienes vienen a Passages y para quienes leen este libro, de la gran posibilidad de crecimiento y grandeza que existen, en el interior de cada dependencia. Séneca, un filósofo romano que vivió en el primer siglo d.C., dijo: "El oro es templado por el fuego, los hombres bravos por la adversidad." Ciertamente Pax fue templado en el fuego, y ciertamente todo lo que no era puro fue incinerado. Lo que queda es un brillante ejemplo del potencial existente en cada uno de nosotros para superar hasta la mayor adversidad.

Capítulo 1
Mi compromiso contigo

Cura

1) Restitución de una condición cabal
o saludable 2) Sanación

A lo largo de este libro te mostraré cómo puedes curar tu alcoholismo o adicción. Desde el principio, quiero que veas que no titubeo. No digo "sin embargo", "quizá", "a lo mejor", "tal vez", ni utilizo otros términos calificativos o condiciones. Al leer este libro *aprenderás* como curar tu alcoholismo o adicción.

Tal declaración se basa en los resultados que logramos en Passages, en Malibú, California, el centro más efectivo del mundo para el tratamiento de abuso de sustancias, en donde nuestro porcentaje de éxito hasta este momento es de 84.4 por ciento.

En Passages ayudamos a la gente cada día a que se cure a sí misma. Nosotros no la curamos —la ayudamos a que lo haga. Al aprender cómo activar tus recursos mentales y físicos, y al recibir ayuda calificada, tú también puedes curarte o facilitar la cura de tu ser querido.

Tú y yo nunca nos hemos visto cara a cara, no nos conocemos; sin embargo te considero mi amigo. Si nos encontramos, hallarás

---

Nota: Escribí *La cura del alcoholismo y otras adicciones* como si tú fueras el que la busca, pero podrás leerlo para aprender cómo curar a un ser querido.

que compartimos experiencias similares, particularmente respecto a la dependencia. Tú o tu ser querido pisan el mismo terreno que pisé con mi hijo Pax, quien fue dependiente de heroína, cocaína y alcohol durante diez años.

Tú y yo hemos sentido la misma desesperación, sufrido las mismas tribulaciones, experimentado las mismas pérdidas, visto el mismo desgarramiento de amigos y familia; nos hemos mirado, a nosotros mismos o a nuestros seres queridos, caer sin remordimiento en una espiral descendente, y hemos tenido el corazón roto y el espíritu abatido. La diferencia entre nosotros, si es que la hay, es que Pax ha salido por el otro extremo, entero y sanado; mientras que tú o tu ser querido aún se encuentran atrapados en las garras del poderoso vértigo succionador del alma que significa la dependencia de las drogas o el alcohol.

Pax comenzó a consumir, ocasionalmente, marihuana y cerveza a los quince años. Yo hice lo que pude para disuadirlo, pero él continuó. En ese entonces ignoraba que ese comportamiento, aparentemente inofensivo, podía escalar hasta el uso de drogas duras. Cuando Pax tenía dieciocho años, un día llegó de la escuela y comenzó a llorar. Me dijo que estaba enganchado con la heroína.

Durante los siguientes seis años luche contra la heroína para preservar la vida de Pax. Lo metí a programas de desintoxicación de treinta, sesenta y noventa días. Nada funcionó. Él estuvo limpio cuarenta veces o más. Cada vez que reincidía me preguntaba "¿Por qué?", y él no tenía otra respuesta más que decir que el efecto era increíble. Era como si fuese impotente para resistir la tentación. Nunca sabía entre un día y otro si lo iba a volver a ver, y estaba constantemente temeroso de perderlo.

Lo llevé con terapeutas de droga, terapeutas de alcohol, psicólogos, psiquiatras, especialistas en adicciones y consejeros de
todo tipo. Al reflexionar sobre esas sesiones, recuerdo haberme
preguntado la razón de que nadie buscara descubrir *por qué* Pax
consumía heroína. Todos tenían sugerencias de rehabilitación,
programas de doce pasos y más consejos, pero ninguno investigaba
sobre la causa probable del abuso de esta sustancia. En casi todos
los casos, sus sugerencias se dirigían a la creación de una atmósfera donde tuviese menos posibilidad de utilizar la heroína; y me
aconsejaron castigarlo por su mal comportamiento. Sin embargo,
yo aprendí por experiencia propia, que el castigo no funciona como
medio para corregir el abuso de drogas, aún si se está encarando
a la muerte.

En un episodio de la odisea de Pax, una pandilla de traficantes
de drogas lo condujo al desierto para matarlo pues les había robado.
Lo obligaron a que cavara su propia tumba, pero los disuadió de
ultimarlo al convencerlos de que podía conseguir el dinero. Al día
siguiente de volver de esa angustiante experiencia, consumió heroína. Entonces vi a Pax salir del hospital, la mandíbula rota en dos
lugares y cerrada con alambre, consecuencia de haber sido pateado
en el rostro por un traficante de drogas al que debía dinero. Sus
dientes apuntaban en todas direcciones, apenas podía hablar y con
ellos hacía dos cosas: tamizaba comida y fumaba heroína. Llegado
un punto, determinado a romper el ciclo de uso de heroína, lo llevé
conmigo a una cabaña solitaria en las montañas de Big Sur en la
costa de California. Lo mantuve absolutamente limpio durante
nueve meses. A la primera semana de dejar Big Sur, consumió
heroína y cocaína.

Sin duda Pax volvía a la heroína por una razón, ignoraba cuál era pero creía que la había. En sus días libres de drogas, antes de que se volviese dependiente, Pax era atlético, sociable, feliz y buen estudiante, incluso merecedor de una distinción al estudiante del mes. Él quería dejar la heroína y la cocaína y retornar a una vida normal, pero era incapaz de parar. El día que descubrió el porqué de su dependencia jamás volvió a utilizar drogas o alcohol. En ese momento, pudo liberarse de su adicción.

Hoy Pax está completo desde todos los ángulos: saludable, feliz, próspero, con mente clara, completamente curado y ayudando a otros a alcanzar la misma libertad que él conquistó. Fue la idea de Pax abrir Passages. Dijo: "Mira, sabemos cómo hacerlo, hagámoslo". Juntos fundamos y dirigimos Passages, donde trabajamos lado a lado cada día. Lo veo y estoy orgulloso de él, de lo que ha logrado y de lo que está logrando. Se ha recuperado de la tierra de los muertos, de una adicción al alcohol y a las drogas tan poderosa que en ocasiones parecía imposible salvarlo. Y no obstante lo hicimos. Todo el crédito es para él, y para el generoso y amante Universo del que somos parte.

Así, me siento cercano a ti aunque no nos hayamos conocido. No tengo hacha que afilar, ni agenda oculta. Quiero ayudarte. Puedo ayudarte si me lo permites. Pero para hacerlo tienes que llegar a verme como un amigo que tiene en el corazón tus más preciados anhelos, un amigo que ha andado por el mismo camino que tú o que tu ser querido transita ahora, y que ha alcanzado el mejor destino posible: una vida completamente renovada.

Regresar la dádiva

Durante nuestro viaje de ida y vuelta al infierno, Pax y yo aprendimos muchas cosas sobre el mundo del alcoholismo y la adicción. Investigamos todo lo que pudimos sobre programas de tratamiento, alcoholismo y adicción, y aprendimos por experiencia lo que motivaba una recuperación duradera y lo que no, tanto en la vida de Pax como en las de otros seres humanos en tratamiento. Cuando nada más funcionó, creamos un programa holístico hecho a mano que salvó la vida de Pax. En Passages, él y yo utilizamos para ayudar a otros lo que, según nuestro aprendizaje, lo curó: descubrir las raíces de su adicción o alcoholismo y liberarse.

He escrito este libro para darte esperanza y compartir contigo las estrategias que funcionan. Al seguir las guías que damos en estas páginas—las mismas que utilizamos en Passages—, mirarás al alcoholismo y a la adicción de manera revolucionaria; podrás armar tu propio programa holístico de tratamiento y personalizarlo con la ayuda de profesionales de la salud que se encuentren en donde vives.

Quiero que sepas que estoy íntimamente involucrado en la vida de la gente que viene a Passages por ayuda; de aquellos que, como tú, se han vuelto dependientes de las drogas, el alcohol y otras sustancias. Durante su tiempo de sanación en Passages, aprendo lo que la vida es para ellos. Compartimos sus sueños perdidos, sus vidas quebrantadas, y hablamos sobre el regreso a los buenos tiempos. Les aseguro que encontrarán una cura completa. Les pregunto cómo se sienten, si duermen bien y si hay algo que los inquiete. Nos volvemos amigos.

También hablo a diario con los miembros de nuestro equipo de terapeutas. Les pregunto sobre el progreso de cada paciente, sobre quién necesita más trabajo, quién tiene inquietudes que atender, y quién está dando el salto al hiperespacio de creer que se ha curado. Cada jueves, participo en la reunión semanal del equipo de tratamiento donde discutimos el progreso individual y decidimos cuáles son los pasos a seguir, las metas de los próximos siete días. Planeamos cuidadosamente, sabiendo que la vida de nuestros clientes está en riesgo. Todos los terapeutas llegan a conocer a cada cliente íntimamente, y todos buscamos el mismo objetivo: descubrir la causa de su dependencia para ayudarlos a sanarse a sí mismos.

Nos involucramos con las partes más profundas de sus psiques. Conocemos sus miedos ocultos, sus esperanzas, el dolor de sus corazones, sus pérdidas, sus más profundas penas, su vergüenza, sus traumas, las veces que fueron violados, golpeados, humillados, forzados a cometer actos antinaturales, engañados, traicionados; y todos los mil y un quebrantos que, finalmente, nos acontecen a todos. Conocemos lo que han hecho a otros, y la culpa, remordimiento y dolor que cargan. Les ofrecemos un paso seguro al otro lado, al lugar donde ocurre la sanación. De ahí justamente surge nuestro nombre: Passages.

También devuelvo las llamadas telefónicas de gente que quiere venir a nuestro programa o que tiene un ser querido que desea mandar a Passages para su curación. Les explicó el programa y ellos relatan las historias de sus vidas o las de sus seres queridos. Les pregunto sobre cómo era su mundo antes de que los estrujantes efectos de las drogas y el alcohol lo devastaran. Es entonces que escucho de los buenos tiempos, los tiempos antes de que ellos o su ser querido se volviesen dependientes. Si estoy hablando con la persona que se ha vuelto dependiente, escucho su anhelo de regresar al modo en que era antes de volverse adicto. Si estoy hablando con alguien cuyo ser querido se ha vuelto dependiente, escucho su anhelo por recuperarlo. Eso es lo que todos anhelan: recuperar al ser querido que se ha perdido en la dependencia, o si llama el adicto, retornar a un estado de normalidad.

Una madre cuyo hijo pasó por el programa de Passages hace tres años, dijo que durante los doce años de su alcoholismo, todo lo que ella esperó fue recuperarlo. Nos dijo que eso fue lo que hicimos por ella: devolverle a su hijo. En las ceremonias de graduación en Passages, cuando los padres y amigos de los graduados hablan, el comentario más común es: "Gracias por ayudarme a recuperar a la persona que amo." En Passages eso es lo que hacemos mejor. Por eso somos reconocidos, por regresar a la gente a la condición en que se encontraba antes de que comenzara a usar drogas o alcohol; pero liberada de las condiciones subyacentes que la llevaron a consumir esas sustancias. En la mayoría de los casos, su condición es incluso mejor que la anterior.

Emerger de un largo y oscuro viaje

Porque mucha gente ha aprendido que la vida es dura, que los sueños no pueden ser satisfechos y que la tragedia nos golpea constantemente; porque se les dijo repetidamente la mentira de que el alcoholismo y la adicción son enfermedades incurables y, porque muchas veces han vuelto a reincidir, estas personas no creen que una cura completa sea posible. En sus primeros días en Passages miro a la gente avanzar con cautela hacia esta creencia como si caminara, pulgada a pulgada, sobre un estanque congelado incapaz de soportar su peso. Se encuentran dudosos, casi temerosos de creer que volverán a un estado de bienestar.

En tanto progresa el tratamiento, adquieren confianza en los terapeutas y en los demás clientes que han estado en el programa por más tiempo que ellos. En una semana se encuentran de lleno en el programa y el cambio se hace evidente. Hablan conmigo porque confían en mí y saben que quiero ayudarlos. Mantengo una visión mental de cómo eran antes que las drogas y el alcohol los poseyeran. Mantengo con firmeza esa visión, ellos la sienten y comienzan a creer en un retorno a esa condición.

Desde el momento en que cruzan por la puerta, sostengo claramente la intención de que regresarán a un estado de perfecto balance y salud, y a un renovado entusiasmo por la vida. Los veo transformarse al trabajar con nuestro equipo de terapeutas, que en lo individual mantiene la misma visión de una cura absoluta. Observo el milagroso, casi increíble cambio, cuando emergen de su largo y oscuro viaje por la tierra de la dependencia.

Cada martes por la mañana conduzco un grupo de metafísca, donde hablamos sobre espiritualidad y crecimiento personal. Les hablo de nuestro Universo, de cómo funciona y de su lugar en él. Les hablo de la ley universal y de cómo les afecta. Aprenden cómo sus pensamientos y emociones no sólo afectan sus cuerpos, sino que los crean, son el origen de quienes son. Se dan cuenta de que, en efecto, ellos *son* el Universo, una parte de él; y de que, ya que el universo es eterno, ellos también lo son. En un estado relajado de la mente, son llevados ante imágenes perfectas de sí mismos. Comienzan entonces a percibirse de manera diferente; pierden esa horrible imagen de sí mismos como alcohólicos y adictos incurablemente enfermos y la reemplazan con una que es pura, brillante, virtuosa, completa, saludable y para siempre libre de drogas y alcohol.

Veo surgir sus sonrisas a la par que crece su confianza cuando entienden un nuevo modo de vivir y comienzan a trascender todo lo que los alejaba de la sobriedad, la felicidad y la satisfacción de sus sueños. Los veo cubrirse de alivio al ver todas las heridas del pasado con una nueva luz; al concebir la violación, el incesto, la traición, los traumas físicos y mentales, y todas las demás cosas indignantes a las que han estado sujetos, con un nuevo significado. Comienzan a situar dichos eventos en donde deben: en el pasado, donde si bien son dolorosos, incluso desastrosos, ahora son parte esencial de sus vidas que les permite aprender y crecer. Veo las heridas, los daños personales, la furia, la rabia, la tristeza y la humillación, disolverse a la luz de una nueva óptica.

Proveo consultas individuales a quienes las quieren o que considero que las necesitan. Al transcurrir las semanas, los miro asentir cuando describo su relación con el universo y cómo lo que les ha sucedido ha sido parte de un desarrollo natural que podrá beneficiarlos. Hablo con ellos después de que han tenido una sesión particularmente buena con alguno de nuestros terapeutas, y veo cómo su despertar se afianza, reaparecen sus sonrisas, sus cabezas se elevan, sus hombros se encuadran y retorna su determinación.

También hablo con nuestros pacientes cuando están listos para graduarse, luego de que su sanación ha sido lograda. Los veo emerger al aire limpio y a la luz de sol brillante de la libertad; regresar a la completa sobriedad, sin temor a reincidir. Escucho la profunda gratitud y el azoro en sus voces al prepararse para partir. Platico con los consejeros que se mantienen en contacto con ellos después de que han salido de Passages para regresar a casa. A veces los llamo luego de que se han ido o me escriben, me mandan mensajes por correo electrónico, o me llaman por teléfono; y escucho en sus voces el orgullo que sienten por su nueva vida. Los escucho afirmar: "Es precisamente del modo en que tú y el equipo dijeron que sería."

Recibí esta nota de un hombre cuya mujer pasó por el programa: "Las palabras no pueden expresar mi agradecimiento a ti y a tu equipo en Passages. Me han devuelto a mi esposa quien estaba perdida en la ebriedad todos esos miserables años. Es un milagro. Aún lo encuentro difícil de creer. Cuando la ingresé, me sentía sin esperanza, aun tras escuchar tu gran convencimiento de que todo estaría bien. Ella sólo ha estado en casa seis meses, pero es como si hubiera renacido; estoy más agradecido de lo que puedo expresar."

Otro familiar de un graduado nos escribió esta nota a Pax y a mí desde Inglaterra: "Les escribo para comentarles que Clarence está maravillosamente bien. Desearía que tuviésemos Passages en Inglaterra, pero no es así. Creo que no existe un lugar como este en ninguna otra parte del mundo. Les envío el agradecimiento de toda la familia. Él estuvo perdido para nosotros durante tantos años que fueron espantosos. Es un milagro. Desde los muertos a los vivientes. Clarence está alegre, feliz, y es un gusto estar con él. Sus parrandas de borrachera son cosa del pasado. No sé cómo lo hicieron, pero lo lograron. Los amo a ambos por la ayuda que dieron en Passages a mi querido esposo. Ha pasado un año ya desde que regresó y confiamos en que su pasado permanecerá allí, y en que no regresará para perturbar nuestro futuro. Por favor extiendan mi cariño a todos sus maravillosos terapeutas."

He escrito sobre mi involucramiento con los pacientes porque quiero que sepas que estoy en el frente, en las trincheras con nuestros terapeutas. Es esencial, vitalmente esencial, que tú creas en lo que leerás sobre la curación de tu dependencia, porque es el factor más importante para alcanzarla. Así como creas, será para ti. Tus pensamientos, emociones y creencias, serán factores clave para regresarte a la sobriedad permanente y al cumplimiento de los sueños de toda tu vida. No es sólo la curación de tu dependencia lo que deseo que logres, sino la realización de tus más preciados deseos y la satisfactoria culminación del viaje de tu alma.

Te sugiero este libro en su totalidad antes de que comiences a utilizar el programa de tres pasos que te curará de la dependencia. Abre tu mente y tu corazón a las siguientes páginas, pues en ellas están impresas las palabras que te conducirán a ti o a tu ser querido, a una vida completamente libre de dependencia hacia el alcohol y/o las drogas. Confía en las palabras, pues ellas han conducido a cientos de personas como tú y como Pax a una cura completa.

Capítulo 2
Sanar las causas subyacentes

He estado en infinidad de juntas de doce pasos, donde los alcohólicos y adictos se reúnen para ofrecerse camaradería y apoyo mutuo. En esas reuniones, cuando los miembros toman turnos para hablar al grupo, escucho en sus discursos y conversaciones sobre los esfuerzos que realizan quienes sólo tienen uno o dos años de sobriedad. En la última junta a la que asistí, un miembro recibía su medalla de un año por haberse mantenido sobrio durante ese lapso, y dió un pequeño discurso a los ciento cincuenta asistentes. Sus palabras estaban llenas de emoción y gratitud al contarnos la apasionante historia de cómo mantenía su sobriedad día con día.

"Cuando me levanto cada mañana —dijo— lo primero que sucede es que mis rodillas golpean el piso y le ruego a Dios por un día más de sobriedad. La segunda acción es llamar a mi padrino para obtener un programa de las actividades a realizar. Llamo a mi padrino por apoyo cinco veces más durante el día, y en la noche asisto a una junta de AA; y antes de ir a la cama, mi último acto es caer en el piso y dar gracias a Dios por un día más de sobriedad. Mantenerme sobrio es en lo que trabajo las veinticuatro horas del día."

Me conmovió su pasión, su sinceridad y su poderoso impulso. Sentí un tremendo respeto por ese valeroso joven que permanecía en su esfuerzo por estar sobrio. Sin embargo, no pude evitar pensar: "Ese chico necesita tratamiento." ¿Estaba viviendo una vida tranquila y relajada, sin temor a la reincidencia? Cada día, cada hora, luchaba para permanecer sobrio, con el oscuro espectro de la reincidencia pendiendo sobre él, amenazante como las alas de una fuerza maligna.

En contraste con la condición de ese joven, pensé en dos graduados de Passages con quienes había hablado esa mañana. Uno acababa de completar cuatro meses de sobriedad, el otro llevaba dos años y medio, y se había casado recientemente. Ambos llamaron para saludar y reconectarse con nosotros, los dos reportaron ser más productivos que nunca en sus líneas de trabajo. Ninguno luchaba por permanecer sobrio. Estar sobrio era una parte natural de sus vidas. Ellos son el producto de un punto de vista totalmente inovador sobre la terapia de tratamiento que se desprende de un nuevo paradigma.

Un nuevo paradigma

Un paradigma es un sistema, modelo, patrón o ejemplo. En este caso, el paradigma tiene que ver con un sistema de creencia que comprende todo lo que generalmente se cree que es verdad respecto del alcoholismo y la adicción, y con otro que tú puedes creer que es verdadero.

Durante siglos la creencia fundamental mantenida en las culturas más civilizadas, fue que el alcoholismo constituía una falla moral o una posesión demoniaca. Quienes bebían alcohol al grado en que interfería con el trabajo o la vida social, eran segregados.

Para aquellos que no eran bebedores empedernidos, la respuesta natural parecía ser la moderación en el trago. Se creía que quienes no podían abstenerse, demostraban una clara debilidad de tipo moral. Los alcohólicos eran, y en gran parte siguen siendo, objetos de escarnio. Las mentiras, decepciones, desilusión y descorazonamiento que rodean el ruego del alcohólico: "Dáme una oportunidad más, la próxima vez será diferente", han existido durante mucho tiempo.

Gran parte del mundo aún funciona bajo esos conceptos. En 1874, Benjamin Rush fue el primero en describir al alcoholismo como una enfermedad. En 1935, dos pioneros en el campo del alcoholismo se lanzaron a crear una fraternidad donde los alcohólicos podrían apoyarse mutuamente en la recuperación. Primeramente interesados en mantener su nueva sobriedad y ayudar a otros a hacer lo mismo, Bill Wilson y el doctor Robert Smith fundaron Alcohólicos Anónimos (AA).

El concepto innovador de Wilson y Smith era el aspecto biológico del alcoholismo; ellos describieron al alcoholismo como una alergia del cuerpo. Uno de sus primeros éxitos fue cambiar la visión del alcoholismo como falla moral a la de una enfermedad médica. Así como la gente no era responsable desde el punto de vista moral por contraer tuberculosis o cáncer, tampoco lo era moralmente por ser alcohólico. El problema era, y sigue siendo, que si bien AA hizo algo maravilloso al eliminar el degradante concepto de *pecador*, lo reemplazaron con el igualmente degradante concepto de *alcohólico*.

En 1956, la Asociación Médica Americana (AMA) definió al alcoholismo como una enfermedad. Actualmente, en todo el mundo, el paradigma primario existente respecto al alcoholismo y la adicción, es no sólo que son enfermedades, sino también que son incurables. Se nos dice que aún si dejaramos de abusar de las sustancias, la enfermedad persistirá, y seguiremos siendo alcohólicos y adictos por siempre. Tal creencia es la primer responsable del estancamiento de los últimos setenta años en el tratamiento del alcoholismo y la adicción. Es ese paradigma el que ha dado origen a esos dos terribles y falsos slogans: "Una vez alcohólico o adicto, alcohólico o adicto para siempre", y: "La reincidencia es parte de la recuperación."

Es mi intención cambiar ese paradigma, en tu mente y quizá en todo el mundo. Los innovadores que han ocasionado cambios revolucionarios en cualquier campo reportan que los paradigmas duraderos son excesivamente difíciles de erradicar y reemplazar con nuevos paradigmas. Si bien debemos erradicarlos y reemplazarlos si esperamos sobrevivir.

En los inicios del siglo xx, había un paradigma relativo a recorrer una milla en cuatro minutos. Se decía, y casi todos lo creían, que era imposible para un humano correr una milla en menos de cuatro minutos. Los médicos de entonces afirmaban que la fisiología humana se colapsaría y mataría al corredor antes de lograrlo; por su parte, los ingenieros aseguraban que la aerodinámica del cuerpo humano hacía imposible que alguien corriera una milla en menos de cuatro minutos.

Parecía que tal creencia era cierta, pues los miles de corredores que lo intentaron, fallaron. Ese es el poder de un paradigma: limita a todos los que creen en él, y hace aparentemente imposible atravesar al otro lado. Sin embargo, el 6 de mayo de 1954, Roger Bannister corrió una milla en tres minutos 59.4 segundos, rompiendo con el paradigma existente. *Seis semanas después*, John Landy, un australiano, corrió la milla en tres minutos 58 segundos; y para fines de 1957, dieciséis corredores más habían cubierto la milla en menos de cuatro minutos.

Actualmente, muchos corredores hacen el recorrido en menos de cuatro minutos, y un hombre, John Walker, lo ha logrado más de cien veces. El actual récord mundial es de tres minutos 43.13 segundos, y lo detenta el marroquí Hicham El Guerrouj, quien lo estableció el 7 de julio de 1999. Una vez que el viejo paradigma fue abatido y uno nuevo fue establecido, correr la milla en menos de cuatro minutos se volvió común. No es que los corredores fueran más rápidos o más fuertes, es que sabían que podía lograrse. Eso es lo que le pasa a un paradigma cuando se le hace un agujero, todos lo atraviesan hacia la nueva manera de pensar.

Ahora es tu turno para acabar con tu paradigma existente sobre el alcoholismo, la adicción y tú. *Tú no eres un alcohólico o un adicto. No estás incurablemente enfermo. Solamente te has vuelto dependiente de sustancias para contender con condiciones subyacentes que ahora vas a sanar, y para entonces tu dependencia cesará completamente y para siempre.*

El alcoholismo y la adicción no son enfermedades

Cuando Pax y yo estábamos haciendo lo que ahora tú haces, buscar desesperadamente ayuda, hablamos con psicólogos, psiquiatras, intervencionistas, asesores en drogas y alcohol, y especialistas en adicción. Nos decían esa patraña de que el alcoholismo y la adicción son incurables. Al principio, confiamos en su juicio porque eran expertos; y como resultado, Pax y yo sufrimos una gran desesperanza y desesperación (aunque en mi corazón jamás lo creí, le decía a Pax que estaban equivocados, porque no quería que él sintiese que no había esperanza). Al pasar los años y obtener un conocimiento más profundo, información y experiencia con Pax, y con otros que eran adictos, llegué a entender que el alcoholismo y la adicción no son enfermedades, sino respuestas a condiciones subyacentes. Entonces, cada vez que oía a alguien expresarlos como "enfermedad", me ponía tan furioso que me sentía con ganas de escupir clavos.

Tras varios años de escucharlo, quería levantarme y sacudir a la gente que repetía tales declaraciones y pedirles que se despabilasen y pensaran. Oímos la misma cosa de casi todos con quienes hablamos. Era como si hubiesen asistido a la misma escuela y lo hubieran aprendido del mismo profesor. Como si hubieran regresado a la edad del oscurantismo, y a continuación fuesen a recomendar como remedio una sangría.

Hoy, habiendo sanado a cientos de personas como tú y Pax, puedo escribir con completa certeza que el alcoholismo y la adicción no son enfermedades.

Si el alcoholismo y la adicción no son enfermedades, entonces, ¿qué son? La respuesta corta es que son nombres que se utilizan para describir los estados en los que nos encontramos tras haber utilizado alcohol o drogas por un periodo de tiempo suficientemente largo para desarrollar una dependencia; lo que significa que no podemos interrumpir permanentemente su uso sin ayuda.

El alcohol y las drogas no son los problemas; son lo que la gente está usando para ayudarse a lidiar con los problemas. Esos problemas tienen siempre tanto componentes físicos como psicológicos —cualquier cosa, desde anemia, hipoglucemia o una tiroides perezosa, a síndrome de atención dispersa, desequilibrio del patrón de las ondas cerebrales o profundo dolor emocional. Más adelante leerás sobre los pasos de recuperación que se refieren a estas causas, pero es fundamental para todos esta premisa clave: *cuando los problemas subyacentes son descubiertos y curados, la necesidad de alcohol o drogas desaparece.*

Me gustaría ver la palabra *alcoholismo* eliminada del diccionario, y las etiquetas *alcohólico* y *adicto*. Hay un estigma en ellas. La palabra *alcoholismo* conlleva todo un mundo de horrendo significado. Hemos sido inundados con estudios, teorías, lecturas, historias y ensayos sobre alcoholismo; cuando lo que realmente ha sucedido es que la gente se ha vuelto dependiente del alcohol para lidiar con sus condiciones subyacentes.

El alcohol es sólo una manera rápida y fácil de cambiar la realidad ordinaria, de insoportable a soportable. Todo lo que toma es un corto viaje a la licorería y unos cuantos tragos. Las personas que son dependientes están usando el alcohol como una muleta para llegar al fin del día. Aunque los doctores y los científicos aún tratan el "alcoholismo" como si fuera el problema, cuando nada tiene que ver con el problema. Más les valiera estudiar el "rascaísmo" para la gente que tiene comezón crónica.

Supón que tuvieras una comezón crónica y te rascases regularmente a lo largo del día. ¿Tendrías "rascaísmo"? ¿Serías un "rascahólico"? Claro que no. ¿Y si tuvieras un constante dolor de cabeza, y para aliviarlo tomaras aspirina varias veces durante el día. Sufrirías de "aspirinismo", y se te llamaría "aspirinohólico"? Más importante, ¿si buscaras ayuda para el tratamiento de esos males, serías tratado por "rascaísmo" o "aspirinismo"? Claro que no; serías tratado por las condiciones subyacentes que te llevaron a rascarte o usar aspirina: quizá hiedra venenosa o estrés.

Toda dependencia es un síntoma, no un problema

Es mucho más fácil curar a alguien de una dependencia que tratar de curar a un "alcohólico" que padece "la incurable enfermedad del alcoholismo". Lo mismo es verdad para curar a un "adicto". Una mujer australiana vino a nosotros con un severo problema de bebida. Mientras ella estaba en tratamiento, nos percatamos de que su esposo la había forzado a participar en extrañas y degradantes prácticas sexuales y que en algunas ellas él la golpeaba. Su autoestima había sido pisoteada, estaba desmoralizada y humillada; y no sabía qué hacer al respecto. Se volvió una bebedora dura y fue hospitalizada en repetidas ocasiones. Su psiquiatra sugirió un centro de tratamiento. Dado que ella era una figura prominente en Australia, buscaron un sitio fuera del país y dieron con Passages.

Tras un cauteloso y gentil escrutinio, descubrimos la causa de su miseria y vergüenza. También pudimos ayudarla a encontrar el valor para que deciciera a que jamás volvería a permitir que su marido abusara de ella. Cuando trajimos a su marido para aconsejarlo, supimos que, de hecho, él pensaba que ella secretamente disfrutaba de sus extrañas prácticas y abuso sexual, al comprender que no era así, se avergonzó de lo que había hecho, y como verdaderamente amaba a su mujer, prometió que nunca más la dañaría o sujetaría a ese tipo de comportamiento. Ambos están más felices que nunca, y ninguno utiliza alcohol.

Recibí esta carta un año después del tratamiento:

Mi queridísimo Chris:

Doce meses han pasado desde que regresé a Australia de Passages. Doce benditos meses de paz y amor. Había pensado, varios años antes de ir a Passages, que la vida me había jugado un terrible truco, que no valía la pena existir, y contemplaba quitarme la vida como una salida a mi descorazonadora situación. Aquí soy una figura tan prominente que 'por lo bajito' no podía permitirme buscar ayuda, y ésa resultó ser la mayor de las bendiciones. No hay un lugar en Australia que ofrezca siquiera un pequeño porcentaje de lo que tú y Pax han conjuntado en Malibú. Tu equipo es incomparable. No puedo imaginar cómo lograste reunirlo todo bajo un mismo techo. Yo no soy particularmente religiosa, pero sí profundamente espiritual, y seguramente, si hay un Dios, sospecho que vive en Malibú y los vigila a ti y a tu maravilloso equipo.

No sólo no ha habido recurrencia de esos terribles eventos de mi pasado, sino que mi marido ha demostrado consistentemente que de verdad me ama. El habla de Passages con reverencia, como si fuese él en lugar de mí quien vivió un mes ahí. No puedo expresar mi gratitud con palabras… no hay las que sean adecuadas, pero basta decir que pienso en ti y en tu equipo cada día. Me mantengo en contacto regular con ocho de los otros once que estaban en mi grupo, y dos han venido a visitarme. Todos sentimos lo mismo sobre ti y Passages. Tú y Pax son nuestros héroes personales. Su dedicación al crear y mantener el mejor centro del mundo es totalmente apreciada y nosotros lo reconocemos así. Envío esta carta con mi cariño. Por favor salúdame a todos por allá. Asistiré a la reunión en julio.

Tu amiga, Emily

Si intentara crear una palabra para describir más precisamente al alcoholismo y la adicción, sería *dependencismo*. Suena tonta, ¿verdad? Sin embargo, no es más tonta que la palabra *alcoholismo*. La razón por la que la palabra *alcoholismo* no te suena tonta es porque te has acostumbrado a escucharla, leerla y pensar en ella. La razón por la que *dependencismo* suena tonta es porque es la primera vez que la ves impresa.

Imagina esta conversación:

—¿Qué te sucede?

—Oh, tengo dependencismo.

—¿Dependencismo? ¿Qué es eso? ¿Es contagioso?

De aquí en adelante verás que con frecuencia me refiero tanto al alcoholismo como a la adicción como "dependencias" (prometo no volver a usar *dependencismo*). La dependencia puede ser al alcohol, a las drogas callejeras, o a las drogas de prescripción. No voy a tratar específicamente con la dependencia en el sexo, el juego, la comida, el cortarse a sí mismo o cualquier otro comportamiento que pudieras haber elegido para ayudarte a lidiar con tu vida, pero en casi cada caso, lo que aplica a la dependencia en las drogas y el alcohol aplica también a las otras dependencias.

Leer este libro abrirá tu mente a nuevas maneras de pensar que te harán ver tu dependencia, y quizá tu vida entera, con una perspectiva completamente diferente. Te ayudará a entender que toda dependencia es un síntoma, no un problema. Ver esto te capacitará para sanarte con rapidez, efectividad y, lo más importante: permanentemente.

El síndrome de la auto-flagelación

La siguiente historia sobre Carla es un buen ejemplo de cómo en las dependencias siempre subyacen asuntos medulares. Carla, una hermosa chica de 22 años, era dependiente del alcohol y las drogas, y se cortaba con regularidad. Se había curado completamente de cortarse antes de salir de Passages. Su cura comenzó cuando le expliqué por qué lo hacía. Le expliqué cómo desde una edad muy temprana aprendemos a hacer las cosas a nuestra conveniencia. Cuando somos niños y hacemos algo mal, somos castigados; quien nos castiga nos hace saber que una vez que hemos pagado por nuestra travesura, todo estará bien. El castigo nos hace sentir que de algún modo nos hemos reivindicado.

Al crecer, en la adolescencia, esas lecciones continúan. Cuando hacemos algo mal en la escuela somos castigados, y cumplir el castigo hace que todo vuelva a estar bien de nuevo. Nuestros amigos nos tratan del mismo modo, cuando hacemos algo malo, nos castigan y dejan de ser nuestros amigos hasta que los compensamos de algún modo, y todo se arregla. Nuestro sistema penal funciona así. Cuando hacemos algo mal, somos castigados, y luego todo está bien.

Le dije a Carla que a veces si hacemos algo que lamentamos y no hay nadie alrededor que nos castigue, nos auto-castigamos. Repetimos el patrón que aprendimos: nos herimos para hacernos sentir bien. Algunos de nosotros continuamos castigándonos para sentirnos bien, mucho tiempo después de que el incidente ha ocurrido. La mayoría cuando hace algo malo a alguien, se siente mal por un rato y una vez que ha "expiado" de alguna forma o jurado no volver a hacerlo, deja de sentir que tienen que castigarse. Algunas personas, sin embargo, mantienen la herida y continúan castigándose por muchos años, particularmente quienes sienten que son responsables por haber herido seriamente a alguien. Estos individuos podrán haber olvidado completamente el incidente original, pero el castigo continúa, y su dependencia de las sustancias y el comportamiento aberrante comienzan a ser una forma de castigarse para sentirse bien.

Supe por el equipo de tratamiento que Carla hizo algo a una persona que posteriormente se suicidó, sentía culpa y aún estaba sufriendo por ello. Así que le pregunté por qué razón se había cortado:

—No lo sé —replicó.

—¿Te duele?

—Sí, y tengo miedo porque recientemente he estado sintiendo que quiero cortar más profundo con la navaja.

—Carla —le dije—, estás haciendo esto para sentirte bien.

—Qué estupidez —exclamó de inmediato.

—¿Cómo te sientes después de cortarte? —pregunté.

—¿Qué quieres decir?

—Sólo eso. Después de que te has cortado y pasan unos minutos, ¿cómo te sientes?

—Me siento aliviada. Me siento mejor.

—Bueno, piensa en esa respuesta a la luz de lo que dije de cortarte para hacerte sentir bien. ¿Recuerdas lo que mencioné sobre cómo aprendemos desde una edad temprana a hacer las cosas bien?

Por unos minutos reflexionó sobre lo que le había dicho. Tranquilamente me senté y tomé su mano. Entonces ella sonrió. Pude ver que despertaba en ella la conciencia de que en efecto se estaba castigando para sentirse mejor. Entonces hice algo que ha sido mágicamente efectivo en casos como el suyo. Le dije: "Carla, te perdono por lo que hiciste hace tantos años."

Ella estaba sorprendida.

—¿Puedes hacer eso? —preguntó.

—No sólo puedo —le aseguré—, lo acabo de hacer.

Ella comenzó a llorar, no de dolor, sino de alivio y alegría.

Ese no fue el fin de la historia. Mi acto de perdonar a Carla por lo que había hecho tantos años antes, sólo abrió la puerta para que nuestros terapeutas pudieran ayudarla a trabajar con la culpa y el remordimiento que sentía. Para cuando Carla abandonó Passages, se veía diferente, actuaba diferente y se sentía libre por primera vez desde que su amiga se había suicidado. No sólo dejó de cortarse, sino que cortó la dependencia a las drogas y el alcohol. Esto pasó hace poco más de dos años. Hoy se ha vuelto exitosa como actriz y es libre de lo que la atormentó por tanto tiempo.

Con frecuencia, la solución no es tan fácil, pero de vez en cuando lo es. Entonces, todos nos vamos a casa sintiéndonos muy bien. Los centros de tratamiento a los que Carla había ingresado antes de venir a Passages la habían tratado por alcoholismo, adicción y mutilación, como si éstos fuesen el problema, cuando eran sólo los *síntomas* del problema. Aunque parezca obvio, nadie había pensado en explorar o descubrir el *por qué* de su comportamiento.

Dependencia, tolerancia y supresión

Antes de seguir avanzando en nuestro viaje de sanación, es importante establecer definiciones y entender alguna terminología básica. Primero, por el uso prolongado de ciertas drogas que tienen cualidades adictivas, podemos desarrollar dependencia a ellas. Entre éstas se cuentan: alcohol, morfina, cocaína, metadona, anfetaminas, nicotina, heroína, oxicodones (Oxicontin, Percodán, y Percocet), hidrocodones (Vicodín y Lorcet), barbitúricos (Nembutal y Seconal) y benzodiazepinas (Xanax y Valium).

La adicción se define como la compulsiva necesidad fisiológica por el consumo de una sustancia que genera hábito. Se caracteriza por la tolerancia y por síntomas fisiológicos bien definidos después de su supresión. Todas las drogas producen en el cerebro un mecanismo llamado de recompensa. Usar drogas produce una sensación de bienestar y, por lo tanto, alivia el malestar. Tras consumir una droga por un periodo de tiempo, los usuarios suelen desarrollar tolerancia a la misma, es decir, necesitan dosis cada vez más altas de la sustancia para alcanzar la misma sensación que al principio. Se piensa que este efecto está relacionado con los mecanismos homeostáticos del cuerpo. La homeostasis es un estado relativamente estable de equilibrio (balance fisiológico y psicológico). La homeostasis es el óptimo estado de funcionamiento de nuestro cuerpo; y los mecanismos homeostáticos son la manera en que el cuerpo logra ese balance. El cuerpo mantiene ese estado ideal al neutralizar cualquier fuente que actúe en su detrimento.

Por ejemplo, cuando comemos una barra de dulce, el azúcar en la sangre sube y nuestro pancreas libera insulina para ayudarnos a metabolizar los carbohidratos y balancear los niveles de glucosa. Si hacemos ejercicio y nuestro cuerpo se calienta, liberamos sudor para bajar la temperatura. De igual forma, si tomamos un estimulante, como una anfetamina, nuestro cuerpo contrarrestará ese cambio al producir químicos de tipo sedativo que nos regresarán a la normalidad. Al ser el cuerpo más hábil para contrarrestar los efectos disruptivos de una droga, experimentamos con menor intensidad los efectos de la misma; en el proceso el cuerpo esencialmente aprende a cancelar la mayoría de esos efectos. El problema reside en que típicamente los usuarios no dicen en ese momento: "Bien, la droga ya no hace mucho por mí, así que lo mejor es dejarla." En su lugar, toman dosis cada vez mayores o con más frecuencia, con el fin de obtener el mismo alivio de los problemas subyacentes.

Ese proceso es trágico. Cuando consumes una sustancia que empuja a tu cuerpo fuera de su rango de funcionamiento óptimo, éste aprende a contrarrestar el daño, y debes tomar más y más, lo que deriva en una terrible carrera contra ti mismo. Si esta carrera continúa por tiempo suficiente, tu cuerpo cometerá un acto desesperado de autoprotección: se "acostumbrará" a la droga. Esto es, cambiará de su funcionamiento normal a un nuevo nivel de tolerancia. En el momento en que el organismo se acostumbra a vivir con la droga, sentirá su falta como una disrupción. Así, si no consigues la droga, sentirás síntomas de supresión.

Diversas drogas tienen diferentes síntomas de supresión. Ellos pueden incluir náusea, ojos llorosos, mareos, desmayos, espasmos musculares, ataques, dolor de huesos, dolor muscular, dolor de cabeza, retortijones, escurrimiento nasal, pérdida de apetito, insomnio, piel erizada, sudor, alucinaciones, irritabilidad, diarrea, pánico, calosfríos, paranoia, ira, convulsiones, palpitaciones cardíacas, respiración rápida, taquicardia (aceleración de los latidos del corazón), delirio, dolor, depresión, desorientación, fatiga, periodos excesivos de sueño, y hasta psicosis (un estado mental donde el individuo pierde contacto con la realidad). En algunos casos, puede ocurrir la muerte. La cantidad de tiempo que toma volverse dependiente al grado de experimentar supresión por abstinencia varía según cada droga y la persona que la consuma.

Unas pocas semanas de abstinencia de la droga son normalmente suficientes para que los efectos de la supresión pasen, pero luego de que los efectos de supresión terminan, experimentaremos un regreso a los síntomas de la condición subyacente, que la droga enmascaraba. Si esas condiciones subyacentes no son tratadas, el retorno de los síntomas puede causarnos tanto desasosiego que volveremos a usar drogas o alcohol para obtener alivio. Esa es la primera razón por la que existe un grado tan alto de reincidencia entre quienes se han vuelto dependientes al alcohol y las drogas.

Dependencia al alcohol y dependencia psicológica

La dependencia del alcohol se caracteriza por deseo imperioso, pérdida de control, tolerancia, necesidad física y/o psicológica y padecimiento de síntomas de supresión. Debe notarse que desarrollar "tolerancia" no significa que ya no podamos emborracharnos, sino que necesitamos más alcohol para embriagarnos que cuando comenzamos a beber. Uno de los aspectos más insidiosos del alcohol —por ser lento y sutilmente destructivo— es que erosiona nuestros "mecanismos de control", o nuestra habilidad para parar de beber. El proceso ocurre tan lenta y sutilmente que no nos percatamos de que nuestros mecanismos para detenernos están siendo erosionados. Esto se vuelve obvio cuando tratamos de hacerlo sin éxito. Si bien normalmente menciono drogas y alcohol por separado, son lo mismo, ya que el alcohol es la droga etanol (CH_3CH_2H). El etanol es tóxico y casi en su totalidad es procesado en el hígado, lo que genera cirrosis.

De acuerdo con la clínica Mayo, "la cirrosis es una condición que ocasiona la cicatrización irreversible del hígado. Al reemplazar el tejido cicatrizado al normal, se afecta el flujo de la sangre en él, haciendo cada vez más difícil para el órgano realizar las funciones que son esenciales para la vida y la salud. Entre otras tareas mayores, el hígado desintoxica sustancias dañinas, purifica la sangre y manufactura nutrientes vitales".

El alcohol *cicatriza* al hígado, es un proceso que no duele, por eso, es posible, literalmente, beber hasta la muerte. Nunca es una muerte bonita, porque somos lentamente envenenados por las toxinas que el hígado ya no puede filtrar. *Si el hígado pudiese sentir ese tipo de dolor, nunca te beberías el segundo trago.*

Hay otras sustancias que son adictivas y producen síntomas de supresión cuando tratamos de dejar de usarlas. La cafeína, por ejemplo, es moderadamente adictiva, y dejar café, té, refrescos de cola, chocolate, y otros productos que la contienen, puede ocasionar síntomas de supresión tales como dolor de cabeza, irritabilidad, fatiga y depresión. Mucha gente es adicta a productos como café, té y refrescos de cola debido a esta sustancia. En Estados Unidos, 80 a 90 por ciento de los adultos reportan consumir regularmente cafeína.

La cafeína, como todos los estimulantes, vapulea al cuerpo. Es como fuetear a un caballo cansado, y puede tener muchos efectos colaterales potencialmente peligrosos, como disritmias cardiacas (cuando el corazón late fuera de ritmo). Dejado a sus propios recursos, un cuerpo sano produce un flujo constante de energía natural que nos sostiene a lo largo del día. Usar cafeína en la mañana fuerza a nuestro cerebro a producir una subida mañanera artificial que nos eleva, pero ésta nos roba la energía que necesitamos para el resto del día, produciendo, por lo tanto, la necesidad de más cafeína. La cafeína también es debilitadora del hígado. Los practicantes de la medicina china tradicional dicen que la cafeína vacía el *ki* (o *chi*) de nuestro hígado, es decir, su energía o fuerza vital. No estoy sugiriendo que dejes la cafeína (es suficiente por ahora con cesar tu dependencia de las drogas y el alcohol), pero te da otro ejemplo de los efectos que ciertas sustancias tienen sobre el organismo.

Adicionalmente a la dependencia física, podemos desarrollar dependencia psicológica. La "necesidad psíquica" se percibe como la necesidad de usar ciertas sustancias para lidiar con sentimientos desagradables como desconfianza, descorazonamiento, ansiedad, estrés o depresión. El alivio de algo desagradable es un tipo de recompensa llamado "reforzamiento negativo". Ese ciclo es empeorado por las incomodidades físicas y psicológicas experimentadas en la abstinencia. Cuando dejamos de consumir alcohol y/o drogas que utilizábamos para lidiar con sentimientos desagradables, los sentimientos regresan, al igual que el fuerte deseo de retornar a las sustancias que nos permitían lidiar con ellos. Eso es lo que caracteriza a la dependencia psicológica.

Cómo saber si eres dependiente

Algunos se preguntan cómo saber si son dependientes. Aquí está tu prueba: Si puedes beber o usar drogas y parar cuando quieras por largos periodos de tiempo, no te has vuelto dependiente. Eres dependiente sólo si no puedes dejar de beber o usar drogas sin sufrir angustia física o psicológica (desagradables síntomas de supresión en el cuerpo y la mente) o si paras y luego reincides. El modo más fácil de saber si te has vuelto dependiente es dejar de beber o de usar drogas. Si te es difícil permanecer libre de ellas, eres dependiente.

Algunas personas son capaces de liberarse de las sustancias adictivas, pero continúan exhibiendo los razgos del dependiente. Podrás haber escuchado el término "borracho seco". Significa que alguien que ya no abusa o consume alcohol, sigue desplegando las características de un alcohólico, tales como ira, depresión, insomnio, irritabilidad, ser mentiroso, estar emocionalmente distante, tener baja autoestima, negar su condición y mostrar inmadurez, inseguridad, ansiedad, y otros comportamientos emocionales que se encuentran fuera del rango normal. Lo mismo puede suceder con los adictos, ellos podrán ya no usar drogas, pero muestran las características de la adicción, que en su mayoría son las mismas de un alcohólico. Esos son los síntomas que percibimos cuando nuestros pacientes se apartan del uso de drogas o alcohol, pero aún no descubren la causa de su dependencia.

Cuando no tratas los problemas reales detrás de la dependencia, puedes presenciar otro conocido síntoma: cambiar una adicción por otra. Hemos hallado que si la gente usa su fuerza de voluntad para abstenerse de las drogas y el alcohol, sin curar las causas y condiciones subyacentes que originaron la dependencia, dichas causas y condiciones subyacentes seguramente empeorarán y se manifestarán de otra manera. Quizá se volverán trabajadores compulsivos, o desarrollarán un tic, una comezón o un desorden alimenticio; pueden canalizar su adicción al café, al dulce, al sexo o al juego; enfermarse o desarrollar otra tendencia indeseable. Eso sucede porque, de una u otra manera, el cuerpo siempre está en busca de hacernos saber, mediante nuestro comportamiento, que algo anda mal y necesita ser sanado.

Una epidemia de abuso de drogas de prescripción

Cuando hablamos de la adicción, no solamente nos referimos al abuso de alcohol o drogas ilícitas. En un reporte emitido en julio de 2005, el Centro Nacional de Adicción y Abuso de Sustancias (CASA, por sus siglas en inglés) declaró en la Universidad de Columbia que el abuso de drogas de prescripción es muy elevado. Dijeron: "Nuestra nación está en las garras de una epidemia de abuso y adicción de drogas controladas por prescripción".[1] El reporte admite que las cifras provistas (con datos propios), están quizá muy subestimadas y que la propagación de la epidemia es mayor. A continuación algunas de las perturbadoras cifras que revela el reporte:

- De 1992 a 2003, el número de estadounidenses que admitió abusar de drogas controladas de prescripción, aumentó casi de 7.8 millones a 15.1 millones.
- El grado de incremento entre los adolescentes ha crecido cada vez más rápido. De 1992 a 2003, el número de adolescentes de doce a diecisiete años que admitieron usar drogas controladas de prescripción, se ha más que triplicado.
- El número total de gente que abusa de drogas de prescripción es mayor que el número que admite abusar de la cocaína (5.9 millones), alucinógenos (4 millones), inhalantes (2.1 millones), y heroína (0.3 millones) *combinados*.
- Entre 1992 y 2003, el abuso de drogas controladas de prescripción ha crecido al grado que duplica el abuso de marihuana; quintuplica al del abuso de cocaína, y es sesenta veces mayor que el consumo de heroína.
- La investigación que hizo CASA sobre los médicos, arrojó que, si bien 57 por ciento de estos profesionales cree que en ellos descansa la responsabilidad para prevenir este abuso, sólo 19 por ciento ha recibido entrenamiento sobre el uso recreativo de las drogas de prescripción en la facultad de medicina, 39 por ciento lo ha recibido en la residencia, y 34 por ciento lo ha recibido en educación médica posterior. El reporte declaró que otros estudios revelan que los doctores

"no están bien entrenados para detectar los signos de abuso de sustancias y adicción". [2]

Después del reporte de CASA, la revista Time publicó un artículo describiendo una tendencia en aumento: las "fármaco-fiestas" (de farmacéuticos), en las que los adolescentes se juntan para intercambiar sus drogas de prescripción favoritas. "Algunos adolescentes vienen por sus píldoras legítimamente, pero las cambian por otras", escribe la autora del artículo, Carolyn Banta.[3] Otros, dice, las ordenan en sombrías farmacias de Internet que no requieren recetas, roban las sobrantes de los gabinetes de medicina de sus padres, o finjen sus síntomas para lograr que los doctores les prescriban las drogas.

Veamos cifras adicionales sobre la dependencia y las prescripciones de drogas, que nos darán un panorama más completo.

- De acuerdo con la Asociación Nacional de Farmacias en Cadena, el número de prescripciones escritas en Estados Unidos aumentó de dos billones en 1994, a tres billones en 1999, y excedió los cuatro billones para fines de 2004. Si consideras que la población de EUA es de 293 millones de personas, ello equivale a 13.6 prescripciones anuales para cada individuo.

- Con respecto a la tendencia de los doctores a prescribir inapropiadamente, se informa que de los 21.1 millones de adultos que recibieron tratamientos de salud mental entre el 2000 y el 2001, a 79 por ciento les fueron dados medicamentos de prescripción para lidiar con sus problemas mentales o emocionales. Más perturbador es que 40 por ciento de esos

21.1 millones sólo recibieron medicamentos de prescripción, sin terapia alguna. [4]

• De acuerdo con el Departamento de Salud y Centro de Servicios Humanos para la Prevención de Sustancias de EUA, para 2003, existían 800 000 sitios en la red que podían enviar drogas de prescripción sin hacer preguntas.[5] Este número ha crecido desproporcionalmente desde entonces.

• Un reporte del Instituto Nacional de Abuso de las Drogas (NIDA, por sus siglas en inglés) informa que 40 por ciento de los doctores reportó dificultad al discutir el tema de abuso de sustancias con sus pacientes. En contraste, menos del 20 por ciento experimenta dificultad al discutir la depresión.[6]

El círculo vicioso de prueba y error, prescripción y adicción

Casi toda la dependencia de drogas de prescripción se puede apilar en el portal de los médicos. Hay un término para ello: iatrogénico; lo que significa que un síntoma, condición o enfermedad fue producido inadvertidamente por un médico, un tratamiento o procedimiento especializado. En este caso quiere decir "adicción inducida por un doctor". El doctor esperaba aliviar un síntoma con una droga, y el paciente que tomó la droga adictiva, tal como le fue indicado, comenzó a necesitar de ella. Explicaré un poco más cómo puede suceder y cómo una situación de por sí compleja se vuelve un círculo vicioso.

En medicina una "dolencia" se define como "una desviación medible del funcionamiento físico normal". Un hombro dislocado se define por el hecho de que su posición es diferente a la posición normal de la coyuntura. La infección de estreptococos (estrepto garganta) se define por las anormalidades físicamente observables en la garganta (hinchazón, rubicundez), y por la presencia de las bacterias que la causan.

Cuando vas al doctor debido a una dolencia médica, normalmente determinará qué está mal contigo, al hacerte preguntas, examinar tu cuerpo o la parte que te molesta, realizar análisis de sangre, cultivo de células, rayos x, o escaneos que midan tu funcionamiento físico de modo objetivo. Si te desvías de lo "normal" en cualquiera de estas pruebas, se confirmará que padeces cierta dolencia, y el médico tendrá la oportunidad de evaluar si el tratamiento funciona o no, una vez comenzado.

Los desórdenes psicológicos, por otro lado, se diagnostican utilizando el *Manual Estadístico y de Diagnóstico de Desórdenes Mentales* (DSM). El DSM es un libro que incluye una serie de listas de chequeo de comportamientos para cada desorden. Por ejemplo, si acudieras con un psicólogo porque te sientes "triste", hablaría contigo y buscaría observar o escuchar síntomas de comportamiento, tales como placer reducido en actividades o sentimientos de minusvalía. El doctor descontaría dichos comportamientos de la lista y eliminaría otro diagnóstico posible hasta quedarse con el más *probable*, acaso alguna forma de depresión.

Si bien ayuda tener un sistema estandarizado para identificar los desórdenes psicológicos, los comportamientos no son indicadores exactos de un desorden. No hay cultivo de células para la depresión; no la puedes ver en un escaner de hueso o rayos x. No todos los que padecen depresión mostrarán los mismos síntomas de comportamiento. Ni siquiera se podría esperar que el mejor doctor detecte cada clave de comportamiento provista en una sesión semanal de 50 minutos. Así, diagnosticar los desórdenes psicológicos es inherentemente más subjetivo que diagnosticar los desórdenes médicos. Más aún, dado que un desorden psicológico no puede ser definido por el modo medible en que una persona difiere de lo "normal"; frecuentemente no hay modo de verificar con exactitud cuál es el desorden que la persona padece; ni hay una forma objetiva de saber si el tratamiento está funcionando, más allá de cómo el paciente reporta que se siente.

Entonces no debería sorprendernos que la selección de un tratamiento con droga para una dolencia psicológica descanse prioritariamente en la prueba y el error. Un paciente se queja de sentirse nervioso o atemorizado. Estos sentimientos y comportamientos *sugieren* que el paciente padece de un desorden de ansiedad, y el doctor prescribe la droga que considere *más adecuada* en disfunciones de este tipo, pero no existe un modo conclusivo de decir si ese paciente padece definitivamente un desorden de ansiedad. Aun si el doctor obtuvo el diagnóstico correcto, hay un alto grado de variación respecto a qué tipo de droga responderá un individuo particular (por ejemplo, drogas ansiolíticas *versus* antidepresivas) y qué droga dentro de un tipo (por ejemplo, Prozac *versus* Zoloft) funcionará mejor. Si la primera droga no funciona, el doctor recurrirá a la siguiente en la lista. Así, retardará el éxito del tratamiento y complicará el proceso con un tipo de tratamiento de "mezcla y empata".

Acumular drogas

Cuando el primer medicamento que un doctor nos prescribe no funciona nos prescribe un segundo, acaso un tercero y un cuarto, otros problemas pueden surgir. Estos problemas devienen del hecho de que cada medicamento permanece en el cuerpo por un lapso que difiere según el medicamento. Cuando hablamos sobre la duración de los efectos de una droga, lo hacemos en términos de su "vida media". Esa es la cantidad de tiempo que toma para que una droga alcance el 50 por ciento de su concentración original. Si una droga tiene una vida media de dos días, por ejemplo, toma dos días para que la droga se disipe a la mitad de su potencia original. El Valium tiene una de las "vidas medias" más largas de cualquier droga que se encuentra en el mercado —aproximadamente seis días. Eso significa que tras ese periodo la droga declina en un 50 por ciento su potencia, hasta que abandona el cuerpo.

Normalmente siete vidas medias son suficientes para eliminar del cuerpo casi todos los efectos de una droga. Así, si al Valium le toma seis días alcanzar su vida media, y siete vidas medias eliminarlo del sistema, el Valium premanece en nuestros cuerpos por aproximadamente cuarenta y dos días a partir de la primera vez que lo ingerimos. Todo el Valium que tomamos en un periodo de cuarenta y dos días se acumula en el cuerpo. Al final de los cuarenta y dos días tenemos en nuestro interior una importante dosis del muy adictivo Valium.

Considera el siguiente escenario: voy a ver al doctor el día uno. Me quejo de ansiedad, y él me prescribe Valium de diez miligramos, dos veces al día. Tal como fue prescrito, tomo dos tabletas, o veinte miligramos, el primer día; tomo dos el segundo día, dos el tercer día, dos el cuarto día, y así sucesivamente. Para el segundo día, la dosis del primer día que aún está en mi cuerpo, funciona a más de 90 por ciento de su potencia original. En el tercer día, las dosis que tomé los días uno y dos, aún se almacenan en el cuerpo y poseen una potencia considerable. Lo mismo para los días tres, cuatro, cinco y los demás. El sexto día, la dosis que tomé el primer día se encuentra aún al 50 por ciento de su concentración original, y permanecerá en mi organismo en cantidades que decrecen lentamente durante alrededor de cuarenta y dos días. Eso significa que cada día por cuarenta y dos días, se incrementará la cantidad de valium en mi cuerpo.

Se puede entender que tras consumir durante tres o cuatro semanas Valium, esté un poco "mareado", y piense que no es la droga correcta para mí pues no me siento bien tomándola. (¿Puedes imaginar por qué?) Así que regreso al médico y le explico cómo me siento, ¿me dirá que espere cuarenta y dos días hasta que la última tableta de Valium que tomé salga de mi sistema? Seguramente no. Lo más probable es que el doctor diga: "Bueno, prueba ésta", y me dé otra droga. Si la nueva droga no funciona, me dará otra más. (Específicamente con Valium, recuerda que no puedes dejar de consumirlo sin precauciones. Existen muchos casos en que el paciente ha tenido un ataque al interrumpir el consumo de Valium, porque el doctor no proveyó un medicamento antiataque como Neurontin).

He visto llegar a Passages gente que ha consumido hasta dieciocho medicamentos diversos. Se encuentran en un estado al que se le llama "acumular". Los doctores acumulan las drogas en nosotros, una encima de la otra, sin esperar a que las primeras salgan de nuestro cuerpo —sin mencionar que algunas de las drogas hacen lo opuesto que otras, como en el caso de estimulantes y sedantes.

Las drogas anulan nuestro sistema intrínseco de alarma

Una de las razones clave por las que la adicción psicológica a drogas sigue en escalada, es que estas drogas no curan, sólo modifican los sentimientos. Si la droga es suprimida, los síntomas que llevaron al paciente a usarla resurgirán de inmediato, mostrando que la droga no ha hecho nada para sanar la causa real de los síntomas. En esencia, ese tipo de drogas inhiben el sistema de alarma de tu cuerpo, que te está diciendo, por el modo miserable como te sientes, que algo está mal. Tu sistema de alarma te advierte para que pongas atención, pues algo está desequilibrado, o existe una enfermedad o un malestar de algún tipo.

Apagar ese sistema de alarma es un modo insatisfactorio de lidiar con tus problemas. Te puede dar una tregua de los síntomas, pero sea cual sea el malestar que te ocasiona depresión, ansiedad o dolor, todavía está ahí. La parte más peligrosa de ensordecer tu sistema natural de alarma, es que lo que está mal casi siempre empeora. Es como si tu casa estuviera incendiándose, pero en lugar de llamar a los bomberos, simplemente apagas la alarma y regresas a dormir. Tu cuerpo, en efecto, está diciéndote: "¡Oye, despierta. Tengo un problema!" Al usar drogas para inhibir el sistema de alarma le respondes: "¡Cállate, no me molestes!"

El mensaje es *cuidado con el doctor que prescribe medicamentos sin empeñarse en descubrir la causa de tu malestar o desequilibrio*, porque entonces habrá abandonado la práctica sanadora de la medicina para convertirse en un alcahuete de las compañías farmacéuticas.

Desafortunadamente, este tipo de compañías están haciendo que parezca bien usar drogas (de hecho, cualquier tipo de drogas), siempre y cuando un doctor las prescriba. Pero muchos médicos nos usan como conejillos de indias. Ellos no saben lo que hacen las drogas por experiencia propia. Simplemente confían en lo que los vendedores les han dicho, en la literatura que los laboratorios entregan con las muestras gratuitas, y en el hecho de que están aprobadas por la Administración de Comida y Drogas de Estados Unidos (FDA, por sus siglas en inglés). Pero la FDA no investiga por su cuenta, sino que confía en los exámenes clínicos de las farmacéuticas. ¿Puedes imaginar algo peor que eso?

De acuerdo con un reporte de los Investigadores y Manufacturadores Farmacéuticos de América, sólo en 2003, las compañías miembros gastaron 25.3 *billones* de dólares en mercadotecnia y promoción de sus drogas.[7] Mientras las compañías farmacéuticas claman que el alto precio de las drogas es resultado de los crecientes costos de investigación y desarrollo, un reporte de la Escuela de Salud Pública de la Universidad de Boston, muestra que de 1995 a 2000, quienes producen drogas de marca, incrementaron el número de empleados en sus *divisiones de mercadotecnia* en un 59 por ciento, mientras su equipo de investigación *declinó* en un 2 por ciento.[8]

Aquí está el tipo de escenario que me preocupa: Digamos que un vendedor de medicamentos visita el consultorio de un doctor y promociona la más reciente droga ansiolítica de la compañía.

El vendedor convence al doctor de que el producto elimina la ansiedad, y el doctor acepta probarla con algunos de sus pacientes. La próxima vez que llegas quejándote de ansiedad, el doctor prescribe la nueva droga ansiolítica, confiando en la investigación de la compañía y en la aprobación de la FDA. Sin embargo, la droga sólo altera el estado de ánimo, nada hace para eliminar las causas de la ansiedad del paciente; meramente enmascara los síntomas, nulifica tu sistema de alarma, en lugar de descubrir la causa de tu ansiedad.

La droga modifica el estado de ánimo al bloquear los receptores al interior del cerebro; dado que no cura la causa de la ansiedad, sino que sólo bloquea sus efectos, se debe prolongar su uso para obtener alivio. Si estás buscando una calma artificial que sea permanente, continuarás tomando la droga, y probablemente lo hagas en dosis ascendentes. No es raro que las personas en esta situación busquen otros doctores y obtengan múltiples prescripciones para el mismo medicamento; muchos ahora compran drogas por Internet.

Es usual que, cuando el doctor que ha prescrito una droga se percata de que el paciente se ha vuelto adicto, rehuse a prescribir más. Si el paciente no quiere o no puede dejarla podría, o bien buscar a otro médico y comenzar el proceso de diagnóstico y prescripción de nuevo, o salir "a la calle" para obtener ilegalmente el producto. Desafortunadamente, muchos doctores seguirán recetando la droga aun al percatarse de que el paciente se ha vuelto adicto. En esencia, el doctor se vuelve el vínculo entre droga y paciente.

Un ejemplo de la disposición de los doctores para recetar drogas de las que nada saben personalmente, confiados en los reportes de las compañías farmacéuticas y en la aprobación de la FDA, es el del escándalo surgido alrededor de la droga Vioxx, que fuera tomada por alrededor de 20 millones de personas. A pesar de que la FDA y Merk, manufacturadora de la droga, recibieron durante varios años reportes de todo el mundo, sobre la peligrosidad de la droga, decidieron no hacer nada. Merk voluntariamente retiró el producto del mercado cuando un estudio mostró que el analgésico podía *duplicar* el riesgo de ataque al corazón o paro cardíaco al ser consumido durante 18 meses o más. Se estima que entre 1999 y 2003, los doctores hicieron 92.8 millones de prescripciones de Vioxx.

Estoy asombrado por algunas de las maravillosas drogas que las compañías farmacéuticas han creado. Esos medicamentos son un gran beneficio para todos nosotros. Nos traen alivio cuando tenemos dolor, y, en algunos casos, conllevan una cura. A lo que me opongo es a su uso indiscriminado por parte de doctores que confían en que los medicamentos se encarguen de aliviar cada clase de condición física y mental, en lugar de descubrir las causas de nuestras indisposiciones y, entonces, asistir a nuestros propios sistemas inmunes para curarnos.

Identificar las cuestiones reales

¿Cuál es la solución al círculo vicioso de prescripción y adicción? ¿Qué debería hacer un médico competente bajo dichas circunstancias? Primero, practicar exámenes para determinar la causa del malestar. Todas las cuestiones de salud, incluidas las más comunes como la ansiedad o depresión, tienen raíces bioquímicas, fisiológicas o psicológicas; además de haber sido causadas por condiciones estresantes en casa, el lugar de trabajo o en el pasado. Las causas de muchas enfermedades pueden ser rastreadas hasta llegar a una dieta escasa, poco sueño, malos hábitos de salud, falta de ejercicio, pobre estilo de vida, y las mismas cuatro causas que subyacen a toda dependencia, de las que hablaré en el capítulo Cinco.

Por ejemplo, la ansiedad puede ser causada por una falta de vitamina B_1 y magnesio o por desequilibrios hormonales. El insomnio es frecuentemente causado por una necesidad de calcio, magnesio o potasio, por hipoglucemia o por problemas de adrenalina o tiroides. La fatiga y la poca energía pueden resultar de infecciones virales crónicas, débil función endócrina, infección de levadura, baja de azúcar en la sangre, sensitividad a los químicos, digestión lenta o una dieta pobre. Los dolores de cabeza y el mareo frecuentemente están ligados a toxicidad hepática, deshidratación, problemas de azúcar en la sangre, bajo funcionamiento de la tiroides, hipertensión o alergias causadas por alimentos.

La depresión puede deberse a un bajo funcionamiento endócrino, a deficiencias nutricionales, problemas de azúcar en la sangre, alergias por comida, o a una sistemática infección de levadura. La depresión también puede ser resultado de enfermedades médicas como infarto al corazón, cancer, mal de Parkinson y desórdenes hormonales. También puede ser ocasionada por una pérdida seria, una relación difícil, un problema financiero o cualquier cambio estresante y desagradable en la vida. Hasta puede ser desatada por un cambio anhelado en los patrones o eventos de la vida. Con mucha frecuencia, una combinación de factores genéticos, psicológicos y ambientales se involucra en la perspectiva de un desorden depresivo.

Lo que se requiere es una evaluación objetiva de tu funcionamiento antes de recurrir a un medicamento (que no se logra con una visita corta de veinte minutos al consultorio) y observación continua con y sin la droga. Una de las primeras cosas que hacemos en Passages, siempre bajo la supervisión y el cuidado de un médico, es un escrutinio despiadado de la necesidad específica de cualquier medicamento alterador de la mente o del estado de ánimo que estén tomando nuestros clientes. Tan pronto como las drogas no esenciales salen de su sistema, emergen los sentimientos que trataban de suprimir. Cuando eso sucede, podemos percibir qué sentimientos estaba enmascarando el cliente con las drogas o el alcohol. Podemos entonces identificar las cuestiones *reales* que los agobian, y podemos ayudarlos a una completa recuperación. Cada persona que ha venido a Passages y que ha vuelto sana a casa *no* fue curada de alcoholismo o adicción, sino de la condición que ocasionaba que usara alcohol o drogas para hacer la vida soportable.

Buscar el equilibrio

Sanar las causas subyacentes de la dependencia está absolutamente relacionado con devolver a tu cuerpo y a tu mente a su estado natural de equilibrio. De una u otra manera, nuestros cuerpos siempre están buscando regresar al equilibrio. Cuando un descontrol se presenta en los niveles físico, mental y emocional, siempre se manifiesta exteriormente en el plano físico o emocional, y normalmente de manera desagradable o dañina. Así es como somos avisados de que algo está mal. Es como descubrimos nuestro desequilibrio.

La mayoría de nosotros modificamos constantemente nuestro humor y sensaciones físicas con sustancias y patrones de comportamiento. Nos despertamos y nos sentimos un poco brumosos, vacilantes o lentos, y preparamos una taza de café. Al final de una comida, al sentirnos un poquito insatisfechos, podemos comer un postre. Si estamos algo estresados o deprimidos, podemos comer algo. Si nos salimos de quicio, podemos ir de compras.

¿Cuál es el objetivo de esos patrones de comportamiento? Estamos esforzándonos por tener equilibrio. Cuando sentimos un brote de ira, liberamos energía, "soltando vapor" e intentando regresar a lo "normal". Lo mismo sucede con el llanto: libera emociones y bloqueos acumulados. Cuando acudimos al alcohol o a las drogas para modificar esos sentimientos, antes de dirigirnos a lo que ocasionó el desequilibrio, nos volvemos dependientes de esas sustancias.

Buscar el equilibrio significa esencialmente que estamos tratando de ser felices. A mitad de la década de los ochenta, aprendí que todos buscan la felicidad como el fin primario de la vida. Mi entendimiento provino de una serie de talleres que conduje en Los Ángeles para ayudar a la gente que no estaba viviendo la vida que deseaba y que estaba dispuesta a escucharme durante un mes con la esperanza de cambiar esa condición.

Al inicio de cada taller, preguntaba a las veinticinco o treinta personas que se encontraban en el cuarto sobre lo que deseaban lograr al asistir. Sus respuestas eran variadas: una casa propia, ponerse a la vanguardia en su rama de trabajo, adquirir más confianza, encontrar su media naranja, superar dependencias de todo tipo, incluidas las emocionales y financieras, realizar un sueño (una persona, trabajador del acero, quería trabajar en el puente Golden Gate), ser más capaces, y el tipo de cosas que los seres humanos buscamos.

Tras escuchar a todos en el cuarto, daba una segunda vuelta y les preguntaba por qué querían aquello. La respuesta fue siempre la misma: "Creo que me va a hacer feliz." Esa era la única respuesta que las personas daban. Aun aquellos que deseaban hacer feliz a alguien más lo hacían, al final de cuentas, para hacerse felices ellos mismos.

Si examinas tu motivo para actuar, pronto descubrirás que crees que te hará feliz. Uno de los objetivos de este libro es mostrarte cómo obtener felicidad sin el uso de sustancias. Borronear lo que nos hace infelices medicando nuestros desequilibrios con drogas tiene terribles consecuencias. Por otro lado, corregir la causa del desequilibrio de manera holística y saludable, es una solución que conduce a la buena salud, sentimientos de bienestar y equilibrio perfecto.

Es por eso que nuestro programa en Passages enfatiza una aproximación holística, al combinar terapia convencional y natural que brinde equilibrio al cuerpo, mente y espíritu. Leerás en detalle sobre nuestro acercamiento de tres pasos al iniciar el capítulo 6; sabrás cómo conformar tu propio equipo de apoyo con médicos, terapeutas y practicantes especializados de la salud, que te ayudarán a resolver los problemas que originan tu dependencia.

Antes de que exploremos las causas de la adicción y los pasos clave de recuperación que provienen del programa de Passages, te invito a leer en el próximo capítulo la historia de la lucha de mi hijo Pax contra la adicción, escrita por él mismo. Te dará más información sobre cómo desarrollamos el programa de tratamiento de

Passages, y sabrás por lo que pasamos para llegar al punto donde podemos ayudarte. Leerlo también te dará un mejor entendimiento de la dependencia y de lo que puedes encontrar en el otro extremo del túnel.

Capítulo 3
Al infierno y de regreso
por Pax Prentiss

Nací en casa, en la cama de mi madre, en Pacific Palisades, California, el 28 de mayo de 1954. Durante mi nacimiento mi padre estuvo de pie con un reloj para saber el momento exacto en que mi cabeza emergiera, lo que sucedió a las 7:07:03 p.m. Según cuentan papá y mamá, fue un hermoso nacimiento natural, sin que se utilizaran drogas durante el embarazo o el parto. Claro, no lo supe entonces, pero mi padre parado junto a mí sería un tema central en mi vida. Durante mi primer mes de vida no tuve nombre, porque a mi padre no se le ocurría el apropiado. Mamá me decía que era extremadamente frustrante, porque ella pensaba que no estaba bien que yo no tuviera un nombre. Me llamaban "bebé" o "él". Tras un mes, papá salió con Pax, y quedé listo para correr con un nombre nuevecito. "Pax" es una palabra del latín que significa "Paz".

Cuando tenía tres años, nos cambiamos a un búngalo de una recámara en Venice. Papá había estado trabajando en un filme del que era escritor, productor y director, así que no lo vi mucho durante los primeros tres y medio años de mi vida, lo cual dejó a mamá como mi principal cuidadora. Después de que papá terminó el filme la situación cambió completamente. Mamá dice que si bien durante mis primeros tres y medio años papá no me vió mucho, luego fue ella la que no me volvió a ver, pues siempre estaba con él.

Una de mis actividades favoritas era ir con papá a la playa a pescar al rompeolas de Venice. El rompeolas es una larga extensión de enormes rocas y peñascos al borde del mar. Papá y yo escalábamos las rocas y arrojábamos nuestras líneas al océano esperando que los peces mordieran. Mientras esperábamos exploraba las rocas buscando cangrejitos y otros pequeños animales marinos. Cuando llegaba una ola grande papá me agarraba y escudaba para que no fuese arrancado de las rocas. Tras un día de pesca, caminábamos a casa con nuestros pescados y él los cocinaba para la cena.

Papá tiene una filosofía muy peculiar y comenzó a enseñármela desde mis días más tempranos. Te contaré un poquito de ello, porque es parte importante de lo que leerás en mi historia como en el resto del libro.

Tenía como tres años y medio cuando papá me enseñó mi primera lección de vida. Me había comprado un triciclo nuevo, y me gustaba tanto que era difícil que me pudieran bajar. Un día, lo manejé a la playa a donde íbamos a pescar. Cuando regresamos a donde lo había dejado descubrí que alguien lo había robado. Estaba descorazonado y comencé a llorar.

—¿Por qué lloras? —preguntó papá.

—¡Porque alguien robó mi triciclo!

—¿Cómo se siente?

—¡Mal...! No sé.

—Bueno, ve si puedes identificar dónde te duele.

Apunté a mi estómago y a la zona inferior del pecho.

—Aquí.

—¿Qué te gustaría hacerles si los encontraras?

—¡Golpearlos con mi bate! Y entonces recuperar mi triciclo.

—Bueno —dijo él— me contaste que ayer cuando saliste con mami, viste uno que te gustó más ¿Recuerdas? ¿El color rojo bombero con el timbre en el manubrio?

—Sí.

—Bueno, ¿qué tal si te lo compro ahora?

Así que fuimos y compramos ese triciclo. Luego regresamos al preciso lugar donde mi triciclo había sido robado.

—¿Ahora, cómo te sientes de que tu triciclo haya sido robado?

—¡Mal!

—¿Por qué? Tienes este nuevecito que te gusta más que el anterior.

—¿Y?

—Bueno, no podrías haber obtenido este triciclo si el viejo no hubiese sido robado.

—¿Y?

—¿Aún sientes dolor?

—No…

—¿Cómo te sientes?

—¡Feliz!

—¿Y respecto a la gente que robó tu triciclo?

—Todavía quiero golpearlos con mi bate.

—¿Por qué? Si no se hubiesen llevado el viejo, no tendrías este nuevo. ¿Cuál prefieres tener?

—Éste —dije.

Bueno, entiendes el sentido. Papá trabajó esta conversación conmigo durante el año siguiente o algo así, hasta que comprendí que el hecho de que me hubieran robado el triciclo fue una cosa buena y lamentarlo era una pérdida de tiempo que sólo me alejaba del momento presente, el "ahora", que es todo lo que cualquiera de nosotros tiene.

Durante los siguientes años, me enseñó que los eventos del pasado no pueden herirnos a menos que dejemos que lo hagan. Los eventos han concluido, pero cómo los tratamos y reaccionamos a ellos —el poder que les damos— determinará lo que se vuelven en nuestras vidas. Esa es sólo una pequeña parte de su filosofía, pero es una parte medular. Mi papá es la persona más feliz que he conocido.

Aquí te doy otro ejemplo de su filosofía. Cuando tenía seis años, mis papás me dijeron que se estaban separando. Mamá encontró una casa en Venice a ocho cuadras de la de papá. Ellos decidieron que sería mejor si vivía primero con ella y lo veía a él un par de veces por semana y algunas noches. Claro, papá aprovechó la oportunidad para darle el giro a la situación y mostrar que era algo bueno, entonces tendría dos casas en lugar de una. Él hizo que la trancisión pareciera simple para mí, y lo fue.

Me gustaba la casa de mamá porque tenía un gran patio, y me dieron un perro labrador llamado Sunshine. Era grande y hermoso, de pelo negro y una estrella blanca en el pecho. Sunshine y yo éramos los mejores amigos, y cada día cuando llegaba a casa, de la escuela, me estaba esperando para que jugara con él. Papá dejó claro que era debido a la segunda casa que podía tener un perro. Al verlo desde esa perspectiva, ciertamente el cambio me alegraba.

Poco después de que me mudé a casa de mamá, me inscribió en una liga de soccer. Naturalmente era un buen jugador y ella me llevaba a mis partidos los fines de semana. Durante los partidos, ella corría de un extremo a otro de la banda, gritando y motivado a nuestro equipo. Era una espectadora tan entusiasta e involucrada que parecía uno de los jugadores. Durante siete años fui miembro de la liga de soccer, y ella siempre asistió a mis partidos y prácticas. Papá fue a los juegos también y eso me hizo sentir contento.

He aquí otra parte de lo que hace a la filosofía de papá tan especial. Él oyó sobre una escuela experimental en el campus de la Universidad de California, en Los Ángeles (UCLA). Se llamaba Escuela Elemental de la Universidad, pero todos la conocían como UES (por sus siglas en inglés). Muchos de los nuevos sistemas de enseñanza de la nación se originan en UES. La escuela tiene aproximadamente cinco mil aplicantes cada año para su clase de jardín de niños, de los que sólo aceptan a cincuenta estudiantes. Cuando papá se enteró de la escuela, dijo: "Ahí es donde Pax va a ir."

Llenó la solicitud y se rehusó a ver cualquier otra escuela. Mamá estaba furiosa, pues decía que mis oportunidades de entrar en UES eran de uno en cien. Papá decía que no era así, que eran del cien por ciento. Al final del verano, UES llamó para informar que no había sido aceptado. Mamá dijo que teníamos que ir a ver otras escuelas. Papá se rehusó, argumentando que eso sólo diluiría la energía. Él aún sostenía que, si bien no pude entrar a la clase de jardín de niños, iría a UES a cursar mi primer curso el año siguiente. Mamá dijo que eso era ridículo, que primero uno de los estudiantes de jardín de niños tendría que dejarlo, y que, aún si eso ocurriese, mis oportunidades de entrar bajarían a uno en cinco mil.

Durante todo el año, ese fue motivo de discusión en la casa. Al llegar el siguiente verano, mamá se puso un poquito frenética y continuó pidiendo a papá que fuesen a ver otras escuelas para el curso de primer año, pero él se negó, diciendo cada vez que yo iba a entrar a UES. Y entonces un día de agosto UES llamó para decir que alguien se había retirado y que yo había sido aceptado. Papá sonrió y les dio las gracias.

Mamá encontró algunos otros chicos en nuestra área que iban a UES, y nos llevó a mis amigos y a mí a la escuela que estaba a cuarenta y cinco minutos de la casa. En el auto, jugábamos y reíamos. Todos mis amigos querían a mamá pues ella era muy amigable y feliz todo el tiempo.

En UES dividían la clase en dos, y un equipo de maestros, usualmente tres, enseñaba a la mitad de la clase con un nuevo método de aprendizaje. Los otros tres maestros que enseñaban a la otra mitad de la clase, utilizaban un método diferente. A la mitad del año se intercambiaban, y así al final del año sabían qué método funcionaba mejor. Otro método de enseñanza consistía en darnos alternativas. Nunca nos decían qué hacer, pero nos daban a elegir entre varias opciones. Un año hasta nos dieron a elegir por medio del voto si ser o no vacunados. Comencé en UES en el primer grado y me gradué al final del sexto, el más alto que había. Algunos de mis recuerdos más preciados se originaron en ese colegio. Leonardo DiCaprio fue uno de mis compañeros, aún entonces era un chico cool.

El esqueleto en la cochera

Los años pasaron, y todo parecía marchar bien, hasta que un día, cuando tenía como trece años, mamá me dijo que necesitaba entrar en rehabilitación por problemas con drogas y alcohol. Yo sabía que ella bebía pero no me había dado cuenta a qué grado.

Era demasiado joven para entender realmente el problema, o saber qué tan serio podía ser. Veía la drogadicción y el alcoholismo como asuntos que la gente podía superar si tan sólo ponía su voluntad en ello. Recuerdo lo enojado que estaba con ella por no ser suficientemente fuerte para vencer su adicción y alcoholismo. Era frustrante para mí que ella fuera débil y no pudiera lograrlo. No entendía por qué razón no podía parar por sí misma; pero la dura y fría verdad era que se había vuelto alcohólica y adicta, y necesitaba ayuda. Perdió su trabajo como vendedora de bienes raíces, y no tenía dinero para seguir manteniendo su casa. Recuerdo decirme que jamás permitiría que eso me sucediera a mí. Jamás me volvería alcohólico o adicto, y jamás me permitiría perder el control de mi vida.

Así que hice mis maletas, tomé a mi perro y me fui a vivir con papá. Esa fue la última ocasión en que mi mamá y yo viviríamos juntos; y la última vez en que pondría un pie en esa casa.

Desde el momento en que mamá entró en rehabilitación, nuestra relación comenzó a disolverse. Era como si ella hubiera desaparecido. Salía de tratamiento, pero volvía a recaer y a entrar de nuevo. Anduvo rebotando, sin poder realmente continuar su vida. Cada dos meses me llegaba una carta o recibía una llamada telefónica ocasional, pero luego desaparecía por meses infinitos y nadie sabía en dónde se encontraba. Papá la buscaba por todos lados. Cuando la encontraba, intentaba ayudarla a obtener asistencia, pero ella siempre se negó.

Un día, cuando tenía quince años y llevaba desaparecida varios meses, un amigo me dijo que había escuchado que vivía en una cochera cercana. Me trepé en mi bicicleta y me dirijí a la cochera. Grite: "¡Mamá, mamá!" por un par de minutos, pero nadie salió. Entonces la puerta lateral se abrió, y mamá salió y me miró. Se veía terrible. Se veía como si pesara cerca de 36 kilos. Comencé a llorar pues podía ver que estaba sufriendo. Sus jeans estaban sucios y llenos de agujeros, ella era pellejo y huesos, no tenía trabajo ni dinero y estaba sin casa, excepto por esa cochera abandonada. Todo lo que hacía era vivir en esa cochera, fumar crack y beber. El dolor centelló por mi cuerpo como si hubiese sido golpeado por un rayo.

Se acercó a mirarme, y todavía pude ver a la mujer maravillosa que acostumbraba llevarme a mis partidos de soccer y jugar conmigo y mis amigos. Podía ver aún la brillante luz interior que mamá era, pero también podía ver que las drogas y el alcohol se habían llevado casi todo lo que tenía. Su energía de vida estaba disminuyendo, y no había nada que yo pudiera hacer. La compulsión de beber y usar drogas iba a seguir poseyéndola, succionando su vida hasta que todo lo bueno desapareciera. Ella estaba totalmente fuera de control.

Estiró sus brazos hacia mí y me dió un abrazo, y comenzé a llorar todavía más. Todo lo que podía sentir era un esqueleto bajo la ropa. Al final, fue demasiado doloroso estar mirándola.

"Te amo, mamá", le dije. Entonces tomé mi bicicleta y me fuí. Arrojé todo el evento al fondo de mi mente, como un recuerdo indeseable. Cuando se lo conté a papá, dijo que era parte del viaje de su alma y que la ayudaríamos todo lo que pudiéramos, pero que lo que le estaba sucediendo era para su propio beneficio. También dijo que quizá no podíamos ver el beneficio en ese momento, pero que después sería claro. Así es como papá piensa, y tal como lo dijo sucedió.

Es hora de fiesta

En los años siguientes, papá y yo viajamos cuando no había clases. A veces rentábamos un trailer e íbamos a Canadá o a México. Siempre llevábamos a uno o dos de mis amigos. A los diez años yo era buzo junior certificado, y fuimos a varias islas fuera de la costa de Norteamérica y al Caribe, a bucear en los arrecifes de coral.

Durante todos nuestros viajes, hablábamos de su filosofía y del Universo. Me decía que nosotros *somos* el Universo, una parte de él, y que como tales somos eternos, así como éste lo es. Hablaba sobre la relación causa y efecto, y el papel que juega en nuestras vidas. Yo pensaba que papá era la mejor persona del mundo. Cada vez que me alababa por algo, me hacía sentir mejor de lo que cualquier otra cosa podía hacerlo.

En tanto, mi vida continuó. Comencé la secundaria en la escuela Westside Alternative de Venice en 1987. Fue una gran sacudida. No era para nada como UES. Los chicos eran muy diferentes de los que había conocido. Había pandillas y mucha violencia; algunos estudiantes portaban armas, y unos pocos guardaban pistolas en sus casilleros. Por el otro, circulaban drogas. Por dondequiera que miraras, las drogas estaban presentes. En las escuelas públicas de Venice, cualquier estudiante podía obtener cualquier droga a cualquier hora. Era un ambiente muy diferente del que había dejado.

En tercero de secundaria tuve un par de amigos, Paul y Sonny. Un día me preguntaron si quería beber y fumar mota durante la hora del almuerzo. Pensarás que después de ver a mi madre sufrir por las drogas y el alcohol, y después de prometerme que jamás las probaría, habría dicho que no, pero algo en mi interior sentía curiosidad. Quería saber cómo se sentía "ponerse hasta atrás". Parecía como que todos los chicos *cool* en la escuela lo hacían, entonces, ¿qué tan malo podía ser? Además, sabía demasiado como para permitirme quedar enganchado.

Así que a la hora del almuerzo decidí ir con Sonny a casa de Paul. Fumamos mota y bebimos Southern Comfort de 80 grados. Me sentí cálido y suelto. Con cada fumada y cada trago de la botella, el dolor de mis problemas se desvanecía: el dolor oculto en mi interior de lo que le sucedía a mamá, el de lidiar con la escuela y el de todos los ajustes de ser un adolescente. Gocé de estar ebrio y "pasado". La sensación del alcohol al bajar por mi garganta hacia el estómago era increíble. Calentaba mi sistema y originaba un torrente de energía muy placentero, y la marihuana amplificaba dicha sensación.

Supe que estaba jugando con algo que potencialmente podía llegar a ser muy dañino, pero también creí que nunca me iba a enganchar. No perdería el control. Sólo quería sentirme bien. Era demasiado brillante y fuerte como para acabar como mi madre. No pude percatarme de que acababa de despertar a una bestia que era más fuerte, más brillante y más escurridiza de lo que yo jamás podría ser. Era la bestia de la adicción, y quería mi vida, cada pedacito de ella, hasta que estuviera muerto.

Después de la primera vez, tomó pocas semanas antes de que estuviera consumiendo marihuana y alcohol todos los días. Pero no estaba enganchado o al menos no me sentía enganchado. Estaba haciendo algo que me proporcionaba bienestar, algo que quería hacer, y no tenía intención de dejarlo porque no sentía que me dañara a mí o a mi vida.

Los fines de semana, varios de mis amigos y yo armábamos grandes fiestas caseras a las que todos los adolescentes de Venice iban. No las hacíamos en casa de papá porque no lo permitía. Había un ciento o más de nosotros tomando cerveza, probando drogas, escuchando música y disfrutando el mejor tiempo de nuestras vidas. No teníamos ninguna preocupación en el mundo excepto drogarnos y enfiestarnos. Teníamos poderosos sistemas de estéreo en las casas donde las organizábamos. Movíamos las fiestas a casas donde supiéramos que los padres saldrían por la noche. La música sonaba a un concierto a puertas cerradas y siempre teníamos por lo menos tres barriles de cerveza, suficiente alcohol para mantener a todos borrachos la noche completa. Siempre invitábamos a muchachos más grandes que compraban la cerveza y llevaban las drogas, y ellos entraban gratis.

Realmente disfrutaba el estado que el alcohol y la marihuana me proporcionaban, pero tenía curiosidad por saber cómo me afectarían drogas más fuertes. Quería saber si eran mejores de las que había experimentado. Si la mota me hacía sentir bien, quizá la coca me haría sentir grandioso, y si la coca me hacía sentir grandioso, quizá el éxtasis me llevaría a los cielos. Decidí que probaría todas.

En un par de meses, algunos de mis amigos y yo, incluidos Paul y Sonny, probamos casi todas las drogas duras que encontramos. Cocaína, hongos, marihuana, crack, ácido, speed y éxtasis eran fáciles de adquirir, y si queríamos algo difícil de encontrar, siempre había alguien que sabía cómo conseguirlo. Al final de la noche llegaba la policía, pero no importaba, pues teníamos un encargado en la azotea para que los avistara y nos advirtiera antes de que llegaran. Así, podíamos esconder todo el alcohol y las drogas y bajar el volumen de la música antes de que se presentaran. Manejábamos bien nuestro juego y lo sabíamos. Éramos diestros artistas del engaño y nuestra labia nos zafaba de cualquier problema. Además, todos éramos menores de edad, incluso en el caso de ser atrapados, nuestros expedientes serían borrados al cumplir los dieciocho años.

Siempre había un montón de chicas alrededor, disfrutaban estar con nosotros porque les parecíamos peligrosos. Claro que no lo éramos, pero vivíamos la vida al límite y sabíamos cómo pasárnosla bien. Éramos los chicos malos y estar con nosotros era excitante pues nadie sabía nunca qué haríamos a continuación. Un minuto podíamos estar en éxtasis, roqueando en una fiesta casera, y al siguiente introducirnos al consultorio de un dentista para robarnos un tanque de seis pies de óxido nitroso para llenar globos e inhalar toda la noche. Me imagino que a las chicas les gustaba, pues era más divertido que salir con con los chicos que tomaban la escuela en serio y se quedaban en casa todas las noches haciendo la tarea. Nos parecía que esos chicos se morirían de aburrición mucho antes que nosotros lo hiciéramos por las drogas. Los libros eran para los nerds. No nos preocupaba el futuro ni qué tan exitosos seríamos en la escuela de leyes. Estábamos viviendo la vida de estrellas de rock, y éramos los chicos más exitosos de la ciudad.

A los dieciséis años comencé a engancharme con drogas cada vez más duras. Buscaba esa euforia, esa sensación de éxtasis. Y la encontré en la metilenodioxianfetamina: MDMA o "x", como es conocida en las calles. Si pudieras imaginar tu mejor experiencia sexual multiplicada por mil, apenas estarías rascando la superficie de lo que puedes llegar a sentir con MDMA pura. Mucha gente ha probado éxtasis y los ha hecho sentirse bien, pero pocos han estado cerca de MDMA pura, que te proporciona sensaciones fantásticas. La pasta en la calle no es pura, puede ser falsa o si es MDMA, seguramente ha sido cortada tantas veces con otros químicos que está lejos de ser pura, y la sensación es apenas una sombra de lo que puede llegar a ser.

Pero la MDMA no era mi única droga, también me gustaba lo que sentía con la cocaína. Si bien x era mucho mejor, no podía tomarla a diario, pues el cuerpo desarrolla tolerancia a ella tan rapidamente, que tienes que esperar por lo menos cuatro o cinco días antes de volverla a usar, si es que esperas alcanzar un buen estado. Ademas, X puro es probablemente una de las drogas más difíciles de encontrar. Cuando aparece, es sólo por pocos días, y luego ya no la vuelves a ver por varios meses. Así que durante los periodos de bajón usábamos coca. Una línea gorda de cocaína te hace sentir increíble; mis amigos y yo nos sentábamos a hablar toda la noche hasta la salida del sol, pero cuando el efecto terminaba, realmente comenzabámos a sentirnos mal. El bajón de la coca es terrible, pero eso no nos detuvo para consumirla. Tras una noche de coca, todo lo que quieres es dormir, y mientras te la estás metiendo, nunca sientes hambre, de modo que todos perdimos peso rapidamente.

La prendidez definitiva

A la mitad de esta aventura con las drogas, uno de nuestros amigos fue enseñado a fumar heroína. Una noche, trajo un poco consigo. La heroína que fumaba era una brea café, pero también viene en forma de polvo. La ponía sobre una delgada hoja de aluminio como de seis pulgadas, prendía un encendedor o cerillo bajo la hoja, lo que ocasionaba que la heroína se calentara y comenzara a desprender humo; y cuando el humo subía lo inhalabas con un tubito de aluminio. A esto se le llama "perseguir al dragón", porque se supone que el humo representa la cola del dragón que tú persigues tratando de inhalarla.

Lo miré fumarla y sin titubeo alguno le pedí un poco. El primer toque que me di fue fuerte. No era como fumar marihuana. Esto era mucho más intenso. Al principio tenía un sabor extraño. Me di otro toque conteniendo el humo y soltándolo poco a poco. En ese momento, finalmente encontré lo que había estado buscando: el estado perfecto. La sensación corrió por cada poro y célula de mi cuerpo. Era como si Dios mismo me hubiera elevado en sus brazos para llevarme al cielo. Era simplemente demasiado bueno para describirlo.

La heroína me permitía ser quien yo quisiera. Me daba una sensación de fuerza y confianza. Todos mis problemas se anulaban con el primer toque. Me sentía como si pudiera hacer cualquier cosa que deseara. Todos mis miedos se disolvían en la euforia que proveía la heroína. Era mejor que cualquier cosa que hubiera sentido. La fumé a diario durante tres semanas. En ese entonces desconocía las cualidades increíblemente adictivas de la heroína, no sabía que el cuerpo en realidad desarrolla una dependencia física y que cuando dejas de usarla te enfermas violentamente.

La heroína es una droga muy cara y no había manera de que un chico como yo, con muy poco dinero, pudiera sufragar el hábito de consumirla por mucho tiempo. Después de meterme heroína día tras día durante tres semanas, me quedé sin dinero. También comencé a sentirme enfermo. Pero no era una enfermedad como la gripe. Era algo mucho más fuerte. Mis huesos y músculos comenzaron a palpitar de dolor. Sudaba, tenía calosfríos, náusea y me sentía ansioso. Me parecía como si mis huesos trataran de salir a través de mi piel. Entonces comencé a vomitar violentamente y no pude parar. Todo lo que ponía en mi estómago era devuelto. Estuve tumbado en mi cama, dando vueltas y pataleando, tratando de no sentir que mis huesos se deslizaban bajo mi piel; pero sin importar lo que hiciera sentía los huesos como navajas bajo mi piel cada vez que me movía.

Estaba realmente asustado pues no sabía qué era lo que me pasaba. Llamé a un amigo que también usaba heroína, y le dije que no podía salir a conseguir drogas porque no tenía dinero y me encontraba demasiado enfermo. "En realidad no estás enfermo", me dijo, "estás enfermo de droga, pasando por la supresión. Todo lo que tienes que hacer es fumar más heroína y estarás bien en un segundo. Voy a llevarte un poco de la mía". Yo estaba hecho un ovillo en la esquina de mi cuarto, vomitándome encima; mis manos temblaban tanto que casi tiro el auricular, de modo que escuchar que venía fue maravilloso.

Cuando llegó, seguía en el piso, pero ahora yacía sobre un charco de orina porque los huesos me dolían tanto que ni siquiera podía pararme para ir al baño.

"¡Apúrate!", le supliqué, "pónla en la hoja para que pueda fumarla". Le habrá parecido divertido verme así, en el piso, porque comenzó a reírse de mí mientras ponía la heroína en la hoja. Entonces se arrodilló, cuidando de no hacerlo sobre mi orina, y colocó el tubo en mi boca para que pudiera fumarla cuando estuviera lista. Entonces prendió el encendedor y lo puso debajo de la hoja. En segundos la hoja comenzó a calentarse y la heroína a hacerse humo. ¡Por fin llegaba el dragón!

Fue como magia. En segundos, toda la enfermedad y los síntomas de supresión que habían sido tan intensos, desaparecieron como si nunca me hubiese sentido mal. Con la heroína, puedes pasar en cuestión de segundos, de sentirte tan enfermo por su falta y queriéndote morir, a la pura euforia. Después de darme varios toques, me senté ahí a pensar por un minuto. Me miré sentado sobre mi orina, viendo el escusado con mi vómito escurriendo por los lados hasta el piso, y me dí cuenta de que estaba enganchado a la heroína. Pero dado que no podía parar sin ponerme violentamente enfermo, la única salida que contemplé fue seguir usándola. Pero para seguir usándola, tenía que idear una manera de conseguir dinero.

Acababa de cumplir dieciocho años, y había recibido por correo muchas aplicaciones pre-aprobadas de tarjetas de crédito. Las llené, mentí sobre mi ingreso y dije ser un agente licenciado en bienes raíces que ganaba 150 000 dólares al año. Obtuve siete tarjetas de crédito, cada una con un límite de 10 000 dólares; tenía un total de 70 000 dólares. Ahí estaba, con dieciocho años de edad, 70 000 dólares de crédito y una severa adicción, de 300 dólares al día, a la heroína más fina que el dinero pudiera comprar. Dejé las demás drogas, pues no se podían comparar con lo que la heroína me proporcionaba. Provenía directamente de la India y era casi 90 por ciento pura.

Debí de haber sido muy bueno para ocultarle mi condición a mi papá, porque nunca me preguntó si algo estaba mal. Normalmente me ausentaba durante el día y pretendía que iba a trabajar a un laboratorio de revelado de fotos, si bien no tenía trabajo. Me encontraba con mis amigos y fumábamos heroína todo el día. Entonces regresaba de noche a casa y le contaba lo productivo que había sido en mi trabajo. Papá estaba tan ocupado escribiendo libros, que jamás pensó en cuestionarme porque nunca esperó que le mintiera y yo siempre parecía traer dinero. Papá escribe libros sobre espiritualidad, y cuando está muy metido en un libro se olvida de todo lo demás. Durante nueve meses viví de las tarjetas de crédito, hasta que con mis adelantos de contado las agoté y mi crédito se acabó.

Una confesión sobria

Entonces un día, mi amigo Sam vino a visitarme. Era un buen amigo que disfrutaba la fiesta, pero no estaba metido en las drogas como yo. Me pidió que saliera con él para que pudiéramos hablar. Salimos a la banqueta afuera de mi casa y la primera cosa que dijo fue:

—Tienes que decirle a tu papá que estás enganchado a la heroína.

Sentí pánico en mi interior.

—¡De ninguna manera! No puedo decirle a mi papá— le respondí.

—Escucha —me dijo levantando la voz— o le dices tú o le diré yo, porque no me voy a quedar mirando cómo te matas.

Estaba realmente furioso y asustado al mismo tiempo, así que agité mis puños y le grité: "Tú le dices a papá y voy a patearte el jodido culo", lo cual era irrisorio pues estaba totalmente "pasado" y no había modo de que pudiera patear el culo de nadie.

Discutimos por largo rato. Seguí aullando, gritando y tratando de convencerlo de que realmente podía patearle el culo si se lo decía a mi papá. Pero en realidad estaba aterrado ante la idea de tener que confesarle a mi padre que era un drogadicto, y que en los últimos nueve meses no había hecho nada más que gastar 70 000 dólares de tarjetas de crédito para comprar heroína.

Después de dos horas de gritar y discutir, Sam mantuvo su posición, de modo que me enfrenté a dos opciones: o permitía que él se lo dijera a mi papá o tendría que hacerlo yo. Supe que sería yo. Era la manera correcta. Tras maldecir la Tierra un largo rato, hice acopio de fuerza y valor, y entré a la casa para decírselo a papá.

Papá escribía en su computadora. Me miró y de inmediato comencé a llorar.

—¿Qué pasa? —preguntó.

—Uso heroína.

Lo tomó sorprendentemente bien; lo cual, si lo hubiese pensado, era exactamente lo que debía haber esperado. ¡Qué alivio! Creo que era el miedo a decepcionarlo lo que me había hecho tan difícil decírselo. Entonces me hizo la pregunta más importante de mi vida, pero no lo supe en ese momento, y creo que él tampoco se percató de su importancia.

—¿Por qué estás usando heroína? —preguntó.

Lo miré desperanzadamente.

—Porque no puedo parar. Estoy enganchado con ella.

Entonces dijo esas palabras mágicas por las que es tan famoso: "No hay problema. No te preocupes. Lo arreglaremos rápido."

Él no sabía nada de la heroína ni de su devastador potencial, pero dijo que llamaría a nuestro doctor de cabecera para averiguar qué hacer.

Le dije: "También voy a necesitar que te sientes a mi lado, pues si alguien no está conmigo cuando pase por la supresión, la compulsión y los síntomas serán tan malos que me harán salir a la calle para conectar más drogas."

Así que llamamos al doctor y él me prescribió medicamentos que me ayudaran con los síntomas de supresión: para relajar mis músculos, anti-náusea, para dormir y para el dolor.

Si no eres un adicto a la heroína, quizá desconozcas el argot de la droga, "patalear" es el término que se usa para referirse a cuando pasas por los síntomas de supresión de heroína, pues sientes como si los huesos quisieran salirse a través de tu piel y el dolor te hace patalear mucho cuando estás en la cama.

Pataleé en casa durante dieciocho días y papá estuvo conmigo en cada momento. Preparaba baños calientes, me hacía de comer y limpiaba mi vómito del suelo cuando no podía llegar al baño. Durante las ocasiones en las que yo pensaba que no podía soportar más dolor, ponía su mano en mi espalda y me hablaba hasta que me calmaba.

Papá tiene una voz muy tranquilizadora, y cuando te habla te hace sentir que todo va a estar bien. Él dejó de trabajar todos esos días para asegurarse de que estuviera bien. Fue increíble conmigo, y si no hubiese sido por él, jamás lo hubiera logrado, pues esos eran los días previos al Subutex y al Suboxone, medicamentos que contienen hidroclorido de buprenorfina, una droga que te permite descontinuar la heroína sin los brutales síntomas de supresión.

Cuando terminé de pasar por los síntomas de supresión en casa, me sonrió y dijo que había sido una gran experiencia, y me lo agradeció. "Tú y yo debimos haber necesitado esto para aprender algo especial", me dijo. Así es como es él.

Sólo una vez más

Regresé a la escuela, pero no tenía idea de cómo mantenerme sobrio o siquiera de qué se trataba estar limpio de drogas. Cuando suprimes la droga queda un espacio vacío en tu interior. Quizá has escuchado que el Universo no tolera el vacío. Bueno, es verdadero cuando abandonas las drogas: a menos que llenes el espacio con algo más, retomar las drogas es casi una certeza. Nunca recibí ningún curso o información al respecto de drogas y adicción. Estaba tan desinformado que pensaba que mientras no tocara la heroína, podía usar otras drogas. No sabía que cuando dejas de usar una droga y pasas a otra, todo lo que haces es transferir adicciones. La vida de la adicción continúa. Así que regresé a fumar mota, jalar coca, meterme éxtasis y usar alucinógenos. Aún quería encontrar una droga o combinación de ellas, que me proporcionara la sensación de euforia que me daba la heroína. Traté todo, pero nada me dio la intensa sensación de la heroína.

Luego de dos meses de utilizar todas esas drogas, de pronto se me ocurrió que podía usar heroína sólo una vez y no engancharme. Sabía que el error que había cometido en el pasado era usarla a diario, así que pensé que mientras no la usara cada día, no quedaría enganchado. Estaba seguro de ser más fuerte que la heroína. Decidí que sin importar qué tanto quisiera seguir usándola, no me permitiría hacerlo más que una vez. Sólo fumaría una última vez, y eso sería todo.

Después de idear esta insana "solución" que me permitía convencerme de que podía usar heroína sin volverme a enganchar, llamé al conecte, compré heroína, me la fumé y de inmediato reactivé la adicción que vivía tan poderosamente en mi interior, y que sólo esperaba el momento de despertar.

Al día siguiente, mis deseos eran más imperativos que nunca. Me dije que podía usarla una vez más sin engancharme, y que un segundo día no me haría daño. Eso llevó al día tres, cuatro, cinco y subsiguientes. Lo que continuó, fue descubrir que estaba enganchado de nuevo a la heroína. De hecho, había sucedido desde el primer día, pero no fui consciente de ello.

Un día, papá me dijo que quería cambiarme de Venice a un colegio en California del Norte. Él no sabía que yo estaba consumiendo heroína de nuevo, pues lo ocultaba muy bien, pero probablemente sospechaba algo. Sabía que todos mis amigos que usaban drogas eran de Venice, o la frecuentaban, así que probablemente pensó que sacarme de ahí era una buena idea.

Llamamos al colegio pero le informaron que la fecha límite de registro había pasado y que tendría que esperar hasta el año siguiente.

"Está muy bien, Pax", dijo papá, "nadie más estará registrándose, así que podemos ir y seremos los únicos".

—Pero el registro estará cerrado por un año —le dije.

Sólo hizo un guiño, sonrió y me pidió que empacara. Manejamos al colegio en donde hizo su magia y me admitieron.

Cuatro semanas después, manejaba con papá por la costa de California hacia el colegio. El camino era largo y solitario. Estaba dejando atrás a todos mis amigos, y lo peor, a mis conectes. Sólo me quedaba un poco de heroína, suficiente para un día. Sabía que cuando me despertara al día siguiente, probablemente desearía estar muerto.

Cuando llegué al campus, fuí a mi departamento y desempaqué. Los estudiantes corrían por todo el sitio pasándosela bien, excitados por la nueva escuela y los nuevos amigos que estaban conociendo. Parecía como el paraíso de los jóvenes. Muchos de ellos nunca habían estado lejos de casa o de la supervisión de sus padres. Era como si fueran libres por primera vez. Podía escuchar música ruidosa salir de varios apartamentos, y la gente estaba en sus balcones bebiendo y fumando mota.

Reí para mis adentros. Parecía que la visión que papá tenía del colegio como un ambiente seguro y libre de drogas, no era exacta. De cualquier modo, no podía integrarme a las festividades, pues lo principal en mi mente era la conciencia de que acababa de terminar con mi última bolsa de heroína y que a la mañana siguiente me estaría despertando en mi propio infierno privado de supresión. Tras guardar mi equipaje, me tiré en la cama y miré al techo. Papá se había ido durante el resto del día, mis amigos no estaban y me encontraba en un mundo nuevo. La única cosa que tenía conmigo era una adicción a la heroína totalmente desarrollada y el aterrador prospecto de patalear de nuevo.

Al día siguiente fui despertado al romper el alba por un dolor que, aún hoy, odio recordar, un dolor que me hizo pensar en matarme en lugar de padecerlo. El suicidio había comenzado a cruzar mi mente con mayor frecuencia. De cierto modo, el suicidio es una droga en la medida en que proveé un escape. Si bien sabía que no me iba a matar ese día, la idea del suicidio se alojaba en el fondo de mi mente, pues me daba la comodidad de saber que si todo lo demás fallaba, podía ser una salida.

Me las arreglé para arrastrarme fuera de mi cama, vestirme, y manejar hasta llegar al al escritorio de registro donde me iba a encontrar con papá. Estacioné mi auto, y haciendo lo mejor por esconder el dolor que sentía, me dirigí hacia donde me estaba esperando. Él no sabía que yo estaba de nuevo enganchado, y la idea de volver a confesárselo era demasiado, especialmente tras todo lo que había hecho para brindarme un nuevo comienzo.

Cada paso que dí requirió de todo mi esfuerzo. Mis pies se sentían como si pesaran una tonelada, y mis huesos eran como navajas debajo de mi piel, pero eventualmente llegué a su lado. Me saludó con una sonrisa genuina y con su actitud entusiasta; y yo, con gran esfuerzo y todo el poder de mi voluntad, hice lo que pude para devolverle una pequeña sonrisa. Todavía hoy, no puedo creer que no se diera cuenta de que estaba enfermo. Quizá le era imposible creer que me hubiera enganchado de nuevo a la heroína.

Luego de registrarme, volvimos a mi departamento. La noche anterior no había conocido a los tres chicos que lo compartían conmigo, pues había ido directamente a mi cuarto, cerrado la puerta y apagado la luz, ya que me encontraba demasiado deprimido para ser amigable. Cuando papá se alistaba para partir, le di la mano. Me dijo algunas palabras de aliento para dar un giro positivo a la nueva vida que comenzaba para mí. Mi padre tiene una habilidad maravillosa para mirar las cosas con una luz positiva, estoy seguro de que habría respondido mejor si no estuviera a punto de vomitarle encima.

Después de que partió, fui directamente a mi cuarto y caí sobre la cama como una tonelada de ladrillos. El malestar estaba empeorando. Escuchaba a los estudiantes afuera reir y gritar. Mientras yacía deseé no ser un yonqui para participar de la diversión.

Durante cinco insoportables días me quedé en cama con la puerta cerrada. Estaba demasiado avergonzado para permitir que me vieran. No dejaba entrar a mis compañeros, aunque ellos seguían tocando la puerta para preguntar si estaba bien. Seguía diciéndoles que tenía gripe y que saldría cuando me sintiese mejor. Había vómito en el piso y sobre toda mi cama, y no me había bañado durante cinco días pues no quería dejar mi cuarto. Me había orinado en la cama varias veces, pues sentía demasiado dolor para ir al baño; así que todo el cuarto apestaba. No había defecado pues no había comido a excepción de unas barras de granola y una naranja que encontré en mi mochila. Comer no tenía caso, tan pronto como la comida llegaba a mi estómago era devuelta.

Seguí mirando el reloj, contando los segundos y deseando que la maldita enfermedad cesase para que yo pudiese ser un hombre normal de nuevo. Cada vez que el reloj avanzaba un segundo, sentía como si lo mirara en cámara lenta. Los segundos parecían horas, las horas días y los días meses.

Era horrible ya que no tenía ningún medicamento que me ayudara a superar el dolor. De noche, ni siquiera podía lograr una hora de sueño. Sólo me sentaba ahí, despierto y mirando al techo, pataleando, retorciéndome y deseando que algo me trajera por lo menos un segundo de alivio. A veces el dolor era tan fuerte que me arrodillaba y pedía al Universo que tuviera piedad de mi alma y me diera un minuto de bienestar. Pero no se me concedía alivio alguno.

Al sexto día recibí una llamada de Spencer, un chico que conocía allá en Venice. Nunca me había agradado realmente. Mis amigos y yo solíamos llamarlo "Spencer la víbora" pues era un personaje sombrío. Hacía lo que le era más conveniente y si acuchillarte por la espalda lo beneficiaba de algún modo, lo hacía. También era un yonqui.

Se había mudado a San José, treinta minutos al norte de donde yo me encontraba.

—Hey, hombre ¿En qué andas? —me dijo.

—Estoy en el colegio. Enfermo por falta de droga.

Entonces pronunció las palabras mágicas.

—Deberías venir a San José, porque tengo un conecte de heroína.

Evidentemente, no le importaba que estuviese enfermo. La única razón por la cual me llamó fue porque no tenía dinero y necesitaba a alguien que conectara por él. Aún así, eran las mejores noticias que alguien pudo darme. Había sido salvado. Tenía de nuevo un conecte de heroína. En menos de una hora me volvería a sentir bien. De pronto, la escuela sería soportable, es extraño lo que hace a la escuela soportable para cierta gente, ¿no?

Estafa de dinero y Shanty Town

Me dirigí de inmediato al lugar donde se encontraba Spencer en San José. Salió a recibirme con una sonrisa maliciosa. Condujimos a un área llamada Shanty Town, que es un viejo y decadente vecindario, en su mayoría hispano. Spencer me dijo que caminara por las calles y que los conectes se me acercarían. Eso era muy diferente a lo que estaba acostumbrado en Venice, donde con sólo tomar el teléfono, mi conecte me encontraba veinte minutos después en un sitio designado. Sabía que Spencer quería quedarse atrás mientras yo iba a Shanty Town, ya que era peligroso. Me dijo que la policía estaba siempre patrullando, buscando gente a quién detener y que los gángsters y conectes que andaban por ahí, no eran confiables. También me dijo que los yonquis siempre acababan golpeados o despojados de sus autos y dinero. Pero yo me sentía tan adolorido que estaba dispuesto a casi cualquier cosa para estar mejor, así que salí del auto y caminé hacia Shanty Town.

Los conectes pueden oler carne fresca a una milla de distancia, y uno se me acercó en segundos.

—¿Hey hombre, estás buscando algo? —me dijo.

—Chiva.

Utilicé el término en el argot en español para la heroína, pues si hubiera dicho que estaba buscando heroína, habría pensado que era un policía y no me la habría vendido. La terminología correcta es importante, también lo es la actitud. Tienes que dejar que los conectes sepan que tú sabes cómo funcionan las cosas. Él me dio la droga, le pagué y caminé de regreso al auto. Había logrado con éxito mi primer intento de conectar en la calle. Pero imagino que al crecer en Venice y estar rodeado por tanta droga, ya me era natural.

Salimos del área tan rápido como pudimos y nos estacionamos a unas cuadras de distancia. Yo tenía aluminio en el auto así que hicimos un par de aparejos (así llamábamos a las hojas de aluminio y los tubos que usábamos para fumar heroína). Saqué la heroína y partí un pedazo para Spencer y otro para mí. Él tomó la suya y prendió su encendedor de inmediato, como un hombre hambriento arrebatando comida. Yo coloqué la mía en el aluminio, pero no la prendí. Mis seis días de dolor agonizante estaban a punto de evaporarse en una bocanada de humo. La mayoría de la gente enganchada se mete la droga tan rápido como puede, pero yo quise saborear el momento antes de darme el primer toque.

Casi entraba en un profundo trance al mirar la heroína sobre el aluminio. El saber que en segundos el acre humillo viajaría a mis pulmones para introducirse en mi sangre y en cada célula de mi cuerpo, me resultaba fascinante.

De inmediato me encontré "dentro de mi cabeza", donde era libre para fantasear, ubicarme en cualquier lugar del mundo e imaginarme del modo en que quisiera. Podía ser una estrella en mi propio mundo. Todos tenemos sueños que en su mayoría siguen siendo sueños, pero cuando consumes heroína, tus sueños se vuelven realidad. Puedes imaginarte como un héroe fuerte y valiente que siempre sabe las cosas correctas, qué decir y hacer, y la heroína volverá real esa sensación. La heroína siempre me hizo sentir que estaba en la parte más álgida de mi juego. Me permitió mirar al mundo como un lugar donde podía hacer cualquier cosa o ser quien yo deseara.

Spencer estaba prendido también. Le dije que lo quería dejar y regresar a la escuela. Ahora que estaba prendido y sabía dónde ir por más heroína, no necesesitaba más su ayuda. Además, quería disfrutar de mi cielo personal a solas. Él deseaba quedarse, pero me rehusé. Lo llevé de regreso y me fui.

A partir de entonces, regresé a San José cada día a obtener mi heroína. Era más difícil de lo que había anticipado pues tenía que conseguir dinero, manejar hasta Shanty Town, conectar mi droga, y manejar de regreso. Esta rutina no dejaba tiempo para nada más, de modo que mis calificaciones eran terribles. Apenas si pasaba algunas materias y reprobaba las otras. Cuando las alternativas eran enfermarme o perder una clase para ir a conectar, no había pugna. La droga ganaba cada vez.

Así me las arreglé para pasar todo el año escolar. El siguiente verano viví en el campus con otros que también se quedaron, y tomé clases para intentar mejorar mi promedio. Papá contrató un tutor para que me ayudara a estudiar durante el verano y pasar mis materias, pero en lo único que logré destacar fue en drogarme con heroína y coca.

Al iniciar el nuevo año escolar me quedé sin dinero, así que se me ocurrió hacer un pequeño fraude con los cheques. Iba a la tienda de abarrotes, escribía un cheque de 50 dólares más que el monto de mi compra, y me regresaban 50 dólares en efectivo. Estaba bastante contento con mi recién hallada fortuna. Esa cantidad no era mucho dinero, pero sí suficiente para evitar que me enfermara. Con el tiempo los dueños de las tiendas se darían cuenta de que mis cheques estaban mal. En ese momento iría a otro banco, abriría otra cuenta de cheques y comenzaría el proceso de nuevo. Sabía que cuando los bancos comenzaran a reportar lo que hacía, ya no podría abrir ninguna cuenta, así que al unísono abrí seis cuentas en diferentes bancos, a veces usando mi licencia de conducir y otras mi pasaporte. En algunas más, una licencia falsa. Esto continuó varios meses.

Un día, después de cometer todas las formas posibles de fraude con cheques que pude imaginar, y habiendo empapelado la ciudad con cheques sin fondos, dos hombres vestidos de azul, portando placas, se presentaron a mi puerta. Me mantuve en calma, aunque estaba muy asustado. Pensé que de seguro iría a la cárcel.

"¿Eres tú Pax Prentiss?", preguntó uno de ellos.

Los miré con una estúpida expresión de "no sé qué está pasando". "Sí señor, yo soy", respondí.

—Parece que has estado dando cheques sin fondos por toda la ciudad.

—Claro, oficial— dije —Lo siento tanto. Mi abuela acaba de morir. Pensaba depositar 20 000 dólares en mi cuenta, pero antes de que pudiera…" —hice una pausa para mirar al suelo con tristeza— falleció. Y pensé, oficial, que el dinero estaría ahí. Lo siento, pues lo podría haber utilizado para ayudar a pagar su funeral".

Ambos policías me miraron con simpatía, luego se miraron entre sí y el que había hablado dijo:

—Está bien, hijo. Lamentamos haberte molestado. Pero por favor sé más cuidadoso en el futuro. Hay mucha gente en esta comunidad que no está contenta contigo.

—Lo seré —les dije—. Gracias por ser tan comprensivos.

Bueno, eso estuvo fácil, pensé cuando se fueron y cerré la puerta. No me agradaba engañar a los policias pues eran obviamente hombres buenos, y habían sido muy gentiles conmigo. Creo que los policías, en general, son buenos hombres que están desempeñando un trabajo duro, pero no tuve elección. Habían creído mi historia, anzuelo, línea y plomada, pero evidentemente yo no podía continuar con mi estafa con cheques.

Así que comencé a aplicar para préstamos y becas estudiantiles. Había acumulado un déficit de 20 000 dólares en cheques sin fondos, 70 000 en deudas a tarjetas de crédito, y tenía agencias de cobro llamándome diario, pero me las pude ingeniar para obtener dos préstamos escolares por un total de 10 000 dólares. También tenía a mi abuela, vivita y coleando, que me mandaba cheques y regalos. Por supuesto, papá me enviaba una mesada, y podía obtener dinero extra de su parte al inventar alguna historia sobre más libros, una clase extra o lecciones de karate. Con eso pude arreglármelas para mantener las cosas fluyendo por un buen rato, suficiente para librar el año escolar, el siguiente verano y el comienzo de mi primer año en la carrera; pero el dinero se acabó, y no tuve suficiente para mantener mi hábito. Comencé a patalear y a patalear duro. Estaba tan enfermo como siempre por falta de droga y no sabía a dónde acudir para conseguir dinero para heroína.

Engañar a los conectes

Entonces sólo me quedaba una opción para obtener heroína: los conectes mismos. Se me ocurrió la totalmente estúpida y extremadamente peligrosa idea de manejar hasta Shanty Town y pedir mis acostumbrados cien dólares de heroína y cien dólares de coca, pero esta vez, cuando me los entregaran, arrancaría el auto sin pagar por ellos. Había visto a gente intentarlo: observar a veinte narcotraficantes propinar una golpiza a un pequeño drogadicto enganchado, no era una bonita perspectiva. Tenía amigos que habían muerto tratando de estafarlos. Golpearon a un chico que conocía hasta dejarlo irreconocible y luego le dieron ocho balazos. Pero en mi mente enloquecida, pensé que realmente era una buena idea. Me di cuenta de que si lo hacía, jamás podría regresar a ese vecindario por drogas, pues sería un hombre al que estarían buscando.

Con esta perspectiva, tenía la oportunidad de ponerme sobrio, que era lo que deseaba en mi interior. Pero incluso pensar en ello, me hacía sentir enfermo. No tenía dinero, pero estaban acostumbrados a verme manejar por su área, y pensaba que siempre tenía dinero para heroína y coca, porque había estado comprándoles consistentemente durante el último año. Cada día manejaba por ese demente vecindario en el que estaban los gángsters y los conectes, y todos se abalanzaban a mi auto pues sabían que era una fuente de dinero fácil, todos querían venderme su droga.

Brinqué a mi auto y comencé a manejar hacia Shanty Town. Mientras más me acercaba, sentía mi corazón latir más y más rápido. El sudor comenzó a perlar mi frente cuando estaba a unas cuadras de distancia. Mis manos temblaban al acercarme al último semáforo antes de entrar al vecindario. Podía sentir tintinear cada célula de mi cuerpo, estaba lleno de adrenalina, mi corazón iba deprisa y me sudaban las palmas de las manos. Al acercarme, miré a cada uno de los conectes apostados en las esquinas. Todos se veían como si acabaran de salir de la cárcel y tenían esa actitud de "si me fastidias, te mato". Portaban aretes y tenían tatuajes en todos lados. Sabía que cualquiera de ellos podía hacerme pedazos en cuestión de segundos. Había estado metiéndome droga por un año y a lo mucho pesaba 56 kilogramos.

Al acercarme, comenzaron a rodear mi coche. Todos veían la oportunidad de ganar un dólar fácil. No sabían que estaba quebrado, sin siquiera un dólar. Detuve el auto pero lo dejé encendido, con la primera velocidad metida y el pie sobre el embrague. Cuando se acercaron, bajé la ventanilla.

Uno me miró y dijo en su ruda jerga callejera. "¿Qué quieres, viviendas?"

Mi corazón corría a cien kilómetros por hora. Su brazo estaba a menos de un metro de distancia, y sabía que si me pegaba al embrague o no era lo suficientemente rápido para escapar, en un segundo me alcanzaría y atraparía.

Dije, tan calmadamente como pude, para que no sospechara que tramaba: "Dame un gran día y una gran noche", lo cual significa cien dólares de coca y cien dólares de heroína. Alcanzó su bolsillo y, sin titubear, puso las drogas en mi mano.

Las miré como normalmente lo hago, pretendiendo inspeccionarlas; al hacerlo solté el embrague y salí disparado como bala. A mis espaldas, pude escuchar a los conectes gritando que era un hombre muerto. Miré sobre mi hombro y los vi arrojar rocas y botellas a mi auto, pero había logrado escaparme. Tenía mi droga.

Manejé como tres kilómetros y me estacioné. Ni siquiera podía esperar llegar a casa para drogarme. Necesitaba prenderme de inmediato.

Después de hacerlo, encendí el auto y me alejé. Para regresar a la escuela tenía que dar una vuelta en "u", pero al momento que lo hice vi luces rojas y azules centellear tras de mí. Estaba alterado, y tenía drogas conmigo. Sabía que si me atrapaban, seguro habría cargos por delito. Lentamente me hice a un lado, detuve el auto, y miré por el espejo retrovisor al oficial bajar del suyo. Estaba nervioso y sudando. Mi corazón latía rápido por la coca, y ahora tenía a este policía frente a mí.

Le ofrecí mi acostumbrada sonrisa inocente, que había funcionado mágicamente en el pasado, y dije: "Sí, oficial ¿Hice algo indebido?".

—¿Sabías que diste una vuelta en "u" ilegal?

—No, oficial, ignoraba que estuviera prohibida. Lo lamento. Soy estudiante de la escuela local, y estaba pensando en la tarea que debo hacer cuando llegue a casa. Debería poner más atención a los señalamientos de tránsito.

Titubeó por un momento y luego dijo: "Bueno, por favor ten más cuidado la próxima vez."

—Gracias, oficial, lo tendré— le respondí.

Y eso fue todo. Mi corazón estaba a punto de estallar del torrente de adrenalina, pero sólo ayudó a elevar mi estado.

La mañana siguiente me desperté enfermo por falta de droga. La idea de ponerme sobrio por no poder conseguir drogas bajo el riesgo de que me mataran, me había sonado mucho mejor el día anterior, cuando no estaba pasando por la supresión. Como a las dos de la tarde estaba tan enfermo que comencé a vomitar y me oriné sobre la ropa. Había perdido control de mis funciones corporales. Estaba hecho un ovillo y temblando en la esquina de mi cuarto; junto a mí estaban dos ollas, una para vomitar y otra para ir al baño. Tenía un hábito de 200 dólares diarios, del que estaba saliendo sin los medicamentos adecuados, y estaba hecho un desastre.

La enfermedad resultó peor de lo que pude soportar y cedí. Ya no quería ponerme sobrio, al menos, no ese día. Mañana sería un día mucho mejor para tratar de nuevo, pero ésa era la historia de mi vida: siempre esperar para limpiarme mañana y nunca hacerlo hoy. *Hoy*, tenía que encontrar una manera de obtener más heroína y rápido.

Con todos mis temores, decidí regresar a Shanty Town. Pero esta vez iría a otra parte del vecindario y atracaría a un conecte totalmente diferente. Sabía que este truco era doblemente riesgoso que el día anterior, pues corría el riesgo de ser atrapado tanto por el nuevo conecte, como por el que había robado. Esperaba que al entrar, la gente del día anterior no viera mi auto. Shanty Town no era tan grande, sólo unas cuatro cuadras en total, así que había una alta probabilidad de que alguien me viera. Si lo hacía, yo era hombre muerto. Pero el dolor era tan intenso que estaba dispuesto a jugarme la vida sólo para sentirme mejor. Me prometí que si tenía éxito ese día, jamás regresaría, pues no había manera en la que pudiera estafar a los narcotraficantes tres veces seguidas, en un tiempo tan corto y en un área tan reducida. De seguro me atraparían.

Me metí en mi auto y manejé hasta Shanty Town. Cuando me encontraba a varias cuadras de donde estaban los conectes comencé a ponerme nervioso. Mi corazón golpeteaba aún más duro y rápido que el día anterior. No podía creer que lo estaba haciendo nuevamente, pero a pesar del miedo, quería lo que ellos tenían, y estaba dispuesto a hacer cualquier cosa con tal de obtenerlo.

Cuando estaba a una cuadra de distancia, mi pie comenzó a temblar tan violentamente que casi no podía utilizar el embrague. Estaba aterrado de que me atraparan. Podía sentir mi corazón tamborileándome en el pecho. Cuando llegué a 30 metros de ellos comencé a bajar la ventanilla. Mis manos temblaban, así que tomé el volante para mantenerlas firmes. Me detuve y uno de los hampones se aproximó a mi auto; lo dejé encendido y con la velocidad adentro.

—¿Qué quieres? — preguntó.

Casi no pude hablar, y por un segundo sentí que las palabras no saldrían de mi boca, pero me las arreglé para balbucear: "cien de chiva y cien de coca".

Me miró y se detuvo. Algo estaba mal. Y entonces dijo las espantosas palabras:

—Déjame ver el dinero.

La petición me tomó desprevenido. Había pensado que simplemente me daría las drogas, pero respondí con rapidez:

—Tengo el dinero, pero no pienses que voy a mostrártelo sin ver el material primero".

Presintió que algo me tramaba, pero no sabía qué y titubeó. Entonces, sin pensarlo, dije: "¿Por qué no me muestras un poquito de cabrón respeto y me das esa mierda? ¡La gente aquí sabe quién soy!"

Sorprendido, dio un paso atrás. No esperaba que un pequeño yonqui decrépito le hablara tan duro. A decir verdad, me sorprendí yo mismo, pero logré que pusiera las drogas en mi mano, pues me consideró serio. Y así arranqué y me esfumé, con el sonido de los gritos tras de mí: "¡Te vamos a atrapar hijo de puta! Eres un hombre muerto."

Una vez más había atracado con éxito a los conectes de Shanty Town. A las dos cuadras comencé a reír. Estaba tan feliz con lo que acababa de hacer. Es insólito que alguien trate de estafar a un conecte siquiera una vez, pero jamás escuché que alguien lo lograra dos veces seguidas. En el mundo de los yonquis, era una gran proeza. ¡Háblame de escalar el Monte Everest! ¡Lo había hecho dos veces en dos días!

Esta vez supe que se había acabado. Era el último día que iba a volver a usar coca y heroína. Había creado una situación que hacía imposible que volviera a conectar, aun si contara con el dinero. Jamás podría regresar a Shanty Town. En realidad, era lo que anhelaba. Estaba cansado de ser un yonqui. Era una vida dura y había tenido suficiente. Quería una vida para mí, libre de drogas y alcohol, en la que pudiera hacer todas las cosas que hace la gente normal.

El destructor

A la mañana siguiente me levantó mi despertador privado, llamado supresión de heroína. Siempre necesitaba mi dosis mañanera para salir de la cama. Esta vez no la tenía. Era tiempo de pasar por el pataleo y ponerme sobrio. Yacía en mi cama y me sentía cada vez más enfermo con los minutos que pasaban. La depresión comenzaba a asentarse. Los músculos comenzaron a dolerme, los huesos a deslizarse, y me sentía frío y sudoroso. Pero no me moví. En esta ocasión estaba determinado a llegar hasta el fin.

Mi mente pasaba de un pensamiento a otro y entonces se detenía y enfocaba en lo jodida que estaba mi vida. A esas alturas ni siquiera asistía a la escuela. La había abandonado completamente, aunque todavía vivía en mi apartamento del campus. Le había dicho a papá que seguía en la escuela, pero no era así. Cuando eres un yonqui es difícil pensar en el futuro. Sólo te concierne el "ahora", el cómo no enfermarte. Sabía que no podía vivir esta vida para siempre. Eventualmente todas las puertas se me cerrarían. Mi única oportunidad era ponerme sobrio en ese momento.

Para la una de la tarde, la supresión era insoportable. Traté de bloquear mis pensamientos de drogarme, pero era demasiado difícil. En todo lo que podía pensar era en el olor y el sabor del humo de la heroína, y en qué tan bien me haría sentir. La máxima liberación sería pasar de la total enfermedad a la total euforia en cuestión de dos segundos. Seguía convenciéndome de que era demasiado peligroso intentar regresar a Shanty Town. Seguía diciéndome que atravesar por la agónica supresión, era la única manera de salir de eso para siempre.

El día fue avanzando mientras yacía ahí. Los segundos en el reloj parecían alentarse como le sucede a un yonqui enfermo de droga. Cerré mis ojos y pensé. "Sólo me concentraré en mi enfermedad para ayudarme a recordar que tengo que pasar esta terrible supresión."

Miré el reloj, 3:06 p.m. Sentía cada hueso del cuerpo como si fuera una navaja debajo de mi piel. Sentí que las navajas me cortaban. Sentí la náusea. Sentí la orina descendiendo por mi pierna. Lo soporté por lo que parecían ser dos horas. Abrí los ojos y miré el reloj. Eran las 3:17 p.m. ¡Once minutos! Eso me asustó tanto que perdí el aliento. Ahí fue cuando aprendí que el tiempo se puede estirar, que no transcurre de la misma manera entre un momento y otro, sino que es algo completamente subjetivo. Me levanté y traté de obligarme a comer, pero no podía retener la comida.

El dolor era tan fuerte que quería gritar. Sentía como si estuviera enloqueciendo. Me podía oír balbuceando: "Por favor ayúdenme… por favor ayúdenme." Lo decía sin siquiera intentarlo; como si fuera un loco en un pabellón psiquiátrico. El olor de la heroína corría por la casa como si alguien la estuviera fumando junto a mí, pero nadie más estaba ahí. Mi mente me jugaba trucos. Hasta podía saborearla en mi boca. Le rogaba al aire que por favor parase: "Por favor, no lo aguanto, es demasiado."

Finalmente, por accidente caí de la cama y aterricé en el piso. Fue suficiente para devolverme a la realidad; traté de levantarme y caminar, pero caí. Los fuertes temblores me impedían el equilibrio. Me senté y comencé a llorar. ¿Qué me estaba sucediendo? ¿Cómo podía ser esa mi vida? En todo lo que podía pensar era en la heroína. No había nada más que pudiera aliviar ese dolor. Y con ese único pensamiento, decidí que ser atrapado y asesinado por los conectes sería mejor que estar sentado ahí sintiéndome morir. Opté por regresar y tratar de conseguir más heroína. Miré al suelo y me dije: "No puedo creer que vayas a hacerlo de nuevo." Estaba arriesgándome a la muerte sólo por conseguir una dosis más.

Por cierto, "chiva" también quiere decir "destructor", y eso es exactamente lo que hace.

El hombre mono

Me maldije durante todo el camino hacia Shanty Town. Estaba tan enfermo que a duras penas podía manejar. Seguí pasándome los altos hasta que la gente comenzó a pitarme y eso me despertó. A unas cuadras del vecindario, me detuve en un alto. Podía ver a los conectes a la distancia.

De la nada, un brazo se introdujo al auto y me agarró por el cuello. Era el primer conecte al que había robado. Traía un par de tijeras que iba a clavarme en el cuello. Debió de haber visto mi auto acercándose y me reconoció.

—¡Detente! —grité—. ¡Tengo el dinero. Venía a pagarte!

Me sacó por la ventana abierta del auto y me arrastró por dos cuadras hasta el centro del vecindario, donde todos se me abalanzaron. Debía haber como veinte chicos gritando, "¡Hay que matarlo!" y cada uno portaba un arma diferente. Algunos tenían cuchillos, otros bates, y los menos pistolas. Pensé que me iban a matar, estaba aterrado.

Parado en medio de la pandilla estaba el jefe. Lo llamaban "El hombre mono". A la fecha no he visto a nadie con una apariencia tan aterradora como la suya. Tenía penetrantes ojos amarillos y cabello negro grasiento engomado hacia atrás, y era enorme. Parecía como si hubiese pasado la mayor parte de su vida levantando pesas en la cárcel para poder matar a drogadictos enclenques como yo. Usaba un bigote en forma de raya y largas patillas negras. Una cicatriz blanca corría desde su frente por el ojo izquierdo hasta cruzar sus labios, confiriéndole una mueca perpetua de desprecio.

Todos gritaban: "¡Mátalo, mátalo!", pero el hombre mono les dijo: "¡No lo toquen. Es mío!"

Mi peor pesadilla se había vuelto real. Iba a morir, lenta y dolorosamente, a golpes.

El hombre mono y uno de sus secuaces me tomaron de los pies, arrastrándome de vuelta hasta mi auto, y me pusieron en el asiento trasero. Tomó el volante y su secuaz el lugar del copiloto. El hombre mono me miró y dijo: "Estás muerto. Te llevaremos al desierto, vas a cavar tu propia tumba, entonces te golpearemos hasta el cansancio, luego te abriremos el estómago hasta que te cuelguen las tripas, y entonces vamos a dejarte en la tumba, enterrado de modo que sólo tu boquita salga."

Me condujeron hacia el desierto en mi propio auto, y después de veinte minutos pude ver que estábamos aproximándonos al límite de la ciudad. Llegamos a un seco y polvoroso camino que parecía infinito. El hombre mono lo tomó y siguió conduciendo. Mis manos sudaban, mi corazón me golpeaba el pecho y no sabía qué hacer. Me iban a matar para dar el ejemplo de lo que les sucede a los yonquis que roban sus drogas. En realidad, tenían muchas ganas de hacerlo.

—¿Puedo tasajearlo? —preguntó el secuaz.

—No —le respondió el hombre mono—. Tú lo haces muy rápido. Quiero ver su rostro mientras va sintiendo cómo el cuchillo lo abre.

Mi cerebro corría a 150 kilómetros por hora. Sabía que tenía que idear un plan, pero no parecía haber ninguna salida. Entonces se me ocurrió que los conectes sólo quieren una cosa: dinero. Si lo convencía de que tenía dinero, quizá me dejaría ir. Pero tenía que hablar rápido.

—Hombre mono, tengo 400 dólares, si me dejas ir, son tuyos. Era una mentira absoluta, pero fue lo primero que salió de mi boca.

—Estás mintiendo —me dijo.

—¡No, es verdad! Mañana me pagan mi cheque quincenal y te lo doy —dije desesperado—. Puedes tenerlo todo si me dejas vivir.

—¿Cómo me puedo asegurar de que me lo vas a dar?

Detuvo el auto. Estaba obviamente interesado. Podía ver que lo estaba repensando. No lo dudé un segundo:

—Te lo traeré mañana —le aseguré.

Miré alrededor. No había casas ni edificios, sólo un seco y polvoriento desierto donde nadie veía si me mataban. Me miró sin decir nada. Yo sólo era un triste, sin sentido, esquelético, pequeño yonqui, blanco como un fantasma, que estaba sentado en el asiento trasero de mi propio auto suplicando por mi vida. Estaba en sus manos y él lo sabía. El momento de la verdad se cernía sobre mí. O creía mi mentira o en los próximos diez minutos me mataba.

Su secuaz le dijo:

—Tú no le vas a creer esa mierda, ¿o sí? Está mintiendo.

—¡No! —lo interrumpí—. ¡Por favor, tienes que creerme! ¡Te traeré el dinero mañana!

El hombre mono me volvió a ver, entonces giró y me agarró del cuello.

—Buen intento, amiguito, pero hoy no es tu día para vivir. Hoy es tu día para morir.

Y con estas últimas palabras me arrastró por el cuello fuera del auto y me tiró en el suelo.

—¡Por favor! —Estaba desesperado. Las lágrimas corrían por mis mejillas—. ¡Por favor. Tienes que creerme!

—¡Cállate! —gritó. Y me pegó en la cara.

Al intentar pararme, su secuaz, que estaba a mis espaldas, me pateó y volví a caer. Entonces comenzaron a arrastrarme hacia el borde del camino. Piedras y palos abrían mi piel y gritaba de dolor, mi cabeza rebotaba en el suelo.

—Esto no es nada, amiguito —dijo el secuaz—. Espérate a sentir el cuchillo cortar tus tripas. Ese sí es dolor, *real*.

Me arrastraron como noventa metros desde el camino hasta una zanja que había sido parcialmente cavada. Me percaté de que esto debía ser una rutina para ellos, pues ya contaban con una zanja para mi cuerpo. Me ordenaron que cavara, y cavé, mientras buscaba desesperadamente las palabras que pudieran salvar mi vida. Seguía repitiendo una y otra vez que tendría el dinero al día siguiente. Al momento en que terminé, el secuaz me arrojó al suelo rodándome hasta la zanja. Sonrió maliciosamente y dijo: "Ahora te vamos a oír aullar, amiguito."

El hombre mono buscó en su pantalón y centelleó un cuchillo como de veinticinco centímetros de largo. Lo miré, me miró, y en ese momento supe que moriría. Descendiendo, arrancó mi camisa de mis pantalones para exponer mi estómago. Miré a lo alto al cielo y cerré los ojos. Tomé un hondo respiro y esperé a sentir el cuchillo rebanarme el estómago. Dejó caer el frío acero a lo largo de mi vientre con la punta, picándome. Hubo un momento de calma que provenía de la aceptación de la muerte. Pero lo que sucedió en seguida no era lo que yo esperaba.

—Muchacho —dijo el hombre mono—, si me estás mintiendo vas a tener una muerte lenta.

Me tomó del cuello, me jaloneó fuera de la zanja como si fuera una muñeca de trapo, me sacó la cartera del bolsillo trasero y se quedó con mi licencia de conducir. Comenzó a escribir la dirección de mi casa.

—Vas a encontrarme mañana a mediodía —me dijo— y si no tienes todo el dinero, voy a ir a tu casa a cortarte la garganta. Y no estoy bromeando, muchacho. Te lo prometo, te encontraré y acabaremos lo que empezamos hoy.

El alivio me inundó. Sabía que iba a vivir, al menos por hoy.

—Te lo prometo —dije—. Te encontraré y no vas a arrepentirte de tu decisión.

Entonces me arrastraron de nuevo a mi auto, me regresaron a Shanty Town y me dejaron ir.

Una patada en la cabeza

Manejé a casa en completo sobresalto. Cuando llegué le conté a mi compañero lo que había pasado y le pedí 400 dólares para poder regresar al día siguiente a pagarle al hombre mono. No sabía si creerme o no, puesto que yo estaba tan metido en las drogas: "Probablemente estás mintiendo para obtener dinero para drogas", me dijo, pero le supliqué hasta que cedió y me dió el dinero.

Al día siguiente, conduje de nuevo hacia Shany Town para encontrarme con el hombre mono y darle su dinero. Había guardado los 400 dólares en mi calcetín en caso de que alguno de los dos conectes que había robado me encontrase y quisiera su dinero. Me estacioné en la gasolinera a una cuadra de Shanty Town y me estaba bajando del auto cuando —quién lo diría— el segundo conecte al que había atracado, se estacionó bloqueándome el paso.

Saltó de su auto blandiendo un desarmador de 45 centímetros de largo. La gente en la gasolinería, aparentemente demasiado asustada para tratar de ayudarme, se quedó ahí mirando. Estaba de nuevo en una situación de vida o muerte. Comencé a hablar de inmediato:

—Espera un segundo —grité—. Vine a ver al hombre mono.

Él siguió avanzando hacia mí.

—Vine a ver al hombre mono —grité—. Él me dijo que si tenía algún problema dijera que vengo a verlo y que todo estaría bien.

Se detuvo y me miró. Pensé que iba a creerme, pero entonces, de la nada, me golpeó en la cara y caí al suelo, casi perdiendo la conciencia.

Desde el rabillo del ojo podía verlo mirar alrededor para asegurarse que nadie lo veía clavarme el desarmador; pero todos esos testigos estaban ahí. Así que guardó el desarmador y comenzó a patearme en la cara con sus botas de punta de acero. Con cada patada sentía quebrarse los huesos de mi cara. Cada vez sentía que perdía la conciencia. La sangre me corría por la frente y me entraba a los ojos, lo cual me dificultaba ver. Me puse de rodillas para tratar de cubrirme, pero no tenía caso. Sus patadas eran demasiado poderosas para detenerlas.

Eventualmente, caí de lleno en el suelo aterrizando sobre mi espalda, no podía mover los brazos, pero aún estaba consciente. Las patadas siguieron, pero era incapaz de moverme. Luego de darme cinco o seis golpes en la cara, todo acabó. Se subió a su auto y se fue. Debió de haberme pateado el rostro cerca de treinta veces. Me quedé tirado en un charco de sangre, apenas consciente.

Todos le temían tanto que nadie vino a ayudarme. Después de unos minutos, lentamente me senté. Estaba empapado en sangre. Mis ojos estaban cerrados por la hinchazón y no podía mover la mandíbula. Traté de pararme, pero me caí, así que me arrastré sobre los codos hasta mi auto. Entré y me miré en el espejo a través de las ranuras de los ojos, que casi no podía abrir. Arroyos de sangre corrían por mi rostro y mis dientes estaban chuecos. Al lado izquierdo de la mandíbula parecía como si alguien hubiese hundido un bate, justo en la mejilla. Supuse que los huesos se habían partido en dos y trataban de atravesar la piel. No podía mover la boca, así que no había modo de que hablara.

Entonces me di cuenta de que todavía tenía el dinero. No lo había encontrado. A pesar del dolor, sabía que tenía que ir a pagar al hombre mono, pues si no lo hacía, se presentaría en mi casa en la noche.

Volví a salir de mi auto. La gente se acercó a tratar de ayudarme, pero yo los hice a un lado y comencé a caminar. Mi misión era encontrar al hombre mono y no podía detenerme. De la mejor manera que pude, me dirigí a Shanty Town. Era difícil ver, tenía los ojos casi cerrados y la sangre seguía derramándose por mi cabeza y mi rostro, pero hice mi mejor esfuerzo.

Cuando llegué al lugar donde me encontraría con el hombre mono, estaba ahí esperándome.

Cuando me vió, pareció sobresaltarse: "¿Qué te pasó?", preguntó.

Tenía que balbucear pues no podía mover la quijada.

—Me golpeó uno de tus amigos al que trancé hace dos días.

—¿No le dijiste que venías a encontrarme?

—Sí, le dije, pero no le importó.

Entonces me hizo la pregunta del millón de dólares.

—¿Todavía tienes el dinero?

A la que di la respuesta del millón de dólares.

—No, él me lo quitó y me ordenó decirte que te chingaras.

—¿Qué? —gritó.

—Es verdad —balbuceé— él tomó tu dinero.

El hombre mono creyó mi historia pues era obvio que me habían golpeado. Sin decir más, brincó a su auto y se fue tras el otro conecte dejándome ahí con la sangre corriendo por mi rostro, la mandíbula severamente rota, y 400 dólares en mi calcetín. Me quedé ahí, sorprendido por todos los sucesos de los días previos.

Miré alrededor de Shanty Town. Era una tarde tranquila sin nadie alrededor, exceptuando a unos perros. Había un viejo restaurante mexicano en la esquina. Y sabía que adentro había alguien que siempre estaba ahí, sentado en su mesa, de las nueve de la mañana a las diez de la noche; alguien que vendía una de las mejores drogas del mercado. Había conectado con él muchas veces en el pasado y mi trato con él aún era bueno, nunca lo había tranzado. Su nombre era Santiago.

Trastabillé hasta el restaurante y entré, y ahí estaba en su mesa. Me senté frente a él y no dije nada. Me miró y tampoco dijo nada.

Era uno de esos momentos en los que no es necesario intercambiar palabras. Sabía lo que había ocurrido; era uno de los conectes más viejos del vecindario, se encontraba a la mitad de sus cuarenta, y no había mucho que no hubiera visto después de tantos años en las calles. Casi me agradaba, aunque era un conecte y sólo quería mi dinero. Aún así, habíamos sido amigables y en muchas ocasiones hasta me había animado a obtener ayuda para mi drogadicción.

—Señor Pax —dijo tras varios momentos de silencio— ¿cuándo vas a dejar este mundo? Esto no es para ti. Tú eres un buen chico. ¿Por qué no asistes al colegio y haces felices a tus padres?

—Santiago —balbuceé— hago lo que tengo que hacer. Esta es mi vida.

Lo pensó por un instante y replicó:

—Bueno, señor Pax, lamento oírlo. Me agradas. Eres un buen chico y mereces algo mejor.

Me detuve un segundo pues me percaté de que la sangre que goteaba de mi cara comenzaba a formar un charco en la mesa. Entonces balbuceé: "Santiago, eres un buen hombre. ¿Por qué no dejas de vender droga y encuentras un empleo legal?"

Se rió de eso. Entendió mi punto, era tan improbable que él dejara de hacer lo que hacía como que yo lo hiciera. No sé si fue mi comentario o el que lo balbuceara, lo que le hizo tanta gracia.

—Oh, señor Pax, no puedo hacer eso. Es todo lo que sé hacer.

Nos quedamos sentados compartiendo otro momento de silencio, y entonces pregunté:

—Bueno, Santiago, ¿qué tenemos en el menú de hoy?

—Bueno, señor Pax, tengo una nueva entrega para ti. Limpia y sin cortes, tal como te gusta—. Santiago jamás utilizaba el argot conmigo, pues sabía que no era policía.

—Bien, Santiago, considerando que hoy es mi día de suerte, quiero 400 de coca y heroína.

Escupió cuatro pelotas a su mano y las puso en la mesa. Dos eran de heroína, negras, y dos de cocaína, blancas. Los conectes guardan pelotas de heroína y cocaína en sus bocas. Cada pelota es del tamaño de un cacahuate. También tienen siempre una botella de agua al lado suyo. Así, si la policía los detiene ellos pueden tragarse las pelotas. Toda la evidencia queda en sus estómagos y no los atrapa.

Alcancé mi calcetín y le di el dinero. Entonces tomé las pelotas.

—Hasta la vista, Santiago.

—Adiós, señor Pax —dijo, mientras yo salía del restaurante.

Llegué a mi auto, conduje como una milla y me detuve. Había sido otro día en la vida de un yonqui; pero seguía vivo y feliz pues tenía mi droga. Saqué la hoja de aluminio que conservaba siempre bajo mi asiento e hice un tubito. El primer toque fue increíble. Todo el dolor en mi rostro desapareció. Entonces hice una línea gorda de coca, lo que incrementó el placer de la heroína. Luego conduje de regreso a la escuela.

Cuando llegué a casa, mi compañero se horrorizó:

—¡Dios mío! ¿Qué te pasó? ¡Tenemos que llevarte al hospital!

Le dije casi todo lo que había pasado, pero no que había conservado el dinero para comprar drogas, así que pensó que se lo había dado al conecte.

Cuando llegué al hospital, tomaron rayos x de mi quijada. Tenía rotura total de hueso en dos lugares y estaba dislocada de la juntura. Varios de mis dientes estaban torcidos. Me dijeron que era necesario realinear la mandíbula y mantenerla cerrada con alambres por dos meses. El procedimiento costaría 15 000 dólares, porque sería necesario un cirujano bucal para colocar correctamente todo en su lugar.

Sabía que tenía que llamar a papá, pues obviamente yo no tenía dinero. Pero, ¿qué iba a contarle?: "Hey, papá, he estado enganchado a la heroína por más de un año, sin asistir a clases; además, debo 20 000 dólares en préstamos y deudas de cheques; y necesito 15 000 dólares más pues tengo la quijada dislocada y rota en dos lugares por una paliza que me propinó el conecte a quien le robé las drogas."

Las consecuencias no detienen a los adictos o a los alcohólicos

Fui a casa y miré el teléfono durante una hora, tratando de juntar el valor para levantarlo. Eventualmente llegó el momento en que llamé a papá y le conté todo. Bueno, no todo; pero la parte de haber sido golpeado.

Como puedes imaginar, fue una conversación extremadamente dolorosa y sumamente vergonzosa para mí. Amo a mi padre y lo tengo en alta estima, y deseo que él me vea del mismo modo. Imaginar que me viese en una luz tan patética era mi peor pesadilla, pero ahora ya sabes suficiente de papá para imaginar cuál fue su respuesta.

—No te preocupes —dijo— llamaré al hospital y haré arreglos para ti; y tomaré el próximo avión.

En el hospital cerraron mi boca con alambre. Me dieron una botella de codeína líquida para el dolor, lo cual estaba bien, porque al día siguiente estaría gravemente enfermo por falta de droga. Aún me quedaban dos dosis de coca y heroína; las consumí esa tarde. Fue justo cuando me estaba metiendo la segunda —¿te imaginas?— que entró mi papá.

Estaba sorprendido de encontrarme consumiendo heroína después de todo lo que me había pasado. Él presenció lo sucedido la primera vez que pataleé; y probablemente no podía imaginar que alguien pasara por eso una segunda vez. Imagino que pensó que yo era suficientemente listo para no volver a tocar las drogas.

Entonces hablamos, y se lo conté todo. Dijo que lo que me estaba pasando era parte del viaje de mi alma y que seguramente algo bueno saldría de todo aquello. Está tan convencido de su filosofía que pondría su vida en riesgo por ella. Pero, aunque yo había crecido con su filosofía, encontraba difícil de creer que algo bueno pudiese resultar.

Después de un rato, me hizo la misma pregunta que me había hecho la primera vez que se sentó conmigo a lo largo de mi desintoxicación: "¿Y has descubierto por qué sigues usando heroína?"

Le contesté lo mismo que la vez anterior: "Porque estoy enganchado y no me puedo zafar."

—No es eso —dijo—. Hay más. Estabas sin ella, ya no eras adicto, los síntomas de supresión habían terminado; y, sin embargo, regresaste. Hay algo que conduce tu adicción.

—Es la sensación más increíble en el mundo —proseguí—. Y no he podido repetirla de ninguna otra forma.

—Debe de haber más de fondo.

Le expliqué una vez más el increíble estado que consigues, pero sólo movió la cabeza: "Bien, gracias a ti, estoy aprendiendo mucho sobre la adicción. Verte fumar heroína con la mandíbula cerrada con alambre, me convence totalmente de que las consecuencias no detienen a los adictos."

Me dijo que había estado buscando información sobre la adicción desde que se había enterado de que consumía heroína. Cuano papá quiere saber sobre algo, encuentra todo lo que se puede saber al respecto. Finalmente, me preguntó si planeaba hacerlo de nuevo.

—No —aseguré—. He decidido acabar con ello para siempre. Jamás volveré a meterme heroína.

La parte más difícil de tener la mandíbula cerrada con alambre es que no podía masticar. Toda mi comida era procesada por una licuadora. Si ya estaba flaco por usar drogas, esto empeoró aún más las cosas, pues sólo podía introducir muy poca comida a mi sistema. Las grandes cantidades de codeína que bebía a diario, me ayudaron a dejar la heroína; dos semanas después, estaba de vuelta en la escuela, intentando redimirme.

Todos sabían que yo era un yonqui y la historia de lo que me había sucedido se diseminó rápidamente por el campus. Odiaba ir a mis clases, pues cuando tenía que hablar, sólo podía balbucear a través de mis dientes y alambres. Era increíblemente vergonzoso, haber sido golpeado por un conecte de heroína hasta perder la conciencia. No hay nada fácil en ser un yonqui, y mientras más lo haces, peores se ponen las cosas. A la hora del almuerzo cuando los demás estudiantes comían en la cafetería, yo tenía que beber mi comida con un popote. Podía escuchar a algunos estudiantes reírse y hacer chistes sobre mí.

Luego de casi tres semanas, la codeína líquida se terminó y comencé de nuevo a ansiar fuertemente la heroína. Quería probarla por última vez. Sé que ya has leído esto anteriormente, pero entonces, verdaderamente creía que podía hacerlo solamente una vez y luego parar. Papá creía que había dejado de usar droga, lo que me daba la oportunidad perfecta para ir y conectar, ya que el no estaría esperándome. Probablemente piensas que después de todo lo vivido, había aprendido la lección, pero no era así. El único problema era que no podía regresar de nuevo a Shanty Town. Necesitaba una nueva conexión.

Encontrar mi conexión

Tomé la sección amarilla y busqué clínicas de metadona. La metadona es una droga que las clínicas distribuyen a los adictos a la heroína, para evitar que se enfermen, y enloquezcan, roben a la gente o cometan otros crímenes para conseguir dinero y comprar drogas. Los adictos a la heroína no se enferman cuando toman metadona, porque ésta utiliza los mismos sitios receptores en el cerebro que la heroína, pero no produce las mismas sensaciones placenteras. También permanece en el sistema tres veces más que la heroína. Los adictos que toman entre 40 y 120 miligramos diarios de metadona, no se enferman por supresión de droga.

Muchos adictos a la heroína entran en programas llamados "de mantenimiento de metadona", pues pueden seguir enganchados a la heroína pero sin preocuparse por enfermarse. Si usan metadona y no tienen dinero para comprar más heroína, no necesitan hacer nada peligroso para conseguirla, ya que la supresión no los empujará a hacerlo con tal de liberarse de los síntomas.

Sin embargo, hay una desventaja: cuando decides dejar la metadona, te enfrentas al pataleo de tu vida. La supresión de la metadona es la madre de todas las supresiones: es dos veces peor que la de la heroína y dura dos veces más. De cualquier manera, no estaba buscando engancharme a la metadona, estaba buscando una conexión, y si quieres encontrar una, vas a donde los yonquis van, a las clínicas de metadona.

Encontré la dirección de una clínica cercana y me dirigí a ella en mi auto. Cuando llegué, un grupo de yonquis estaba en la puerta esperando su dosis matutina. Me acerqué a uno y le dije que le compraría heroína si me presentaba a su conecte, lo que hizo.

Cuando obtuve mi droga, manejé algunas cuadras y me detuve. Mi boca seguía cerrada con alambre, así que tenía que fumarla a través de los alambres y con los dientes cerrados. Una visión desagradable que presenciar. Engancharse a la heroína nunca tiene un final feliz; pero ahí estaba, inhalando el humo a través de los dientes alambrados, persiguiendo al dragón otra vez: tenía que probarla una vez más. De nuevo me dije que no repetiría después de ese día. Sólo necesitaba sentirla y dejar que corriera por mi cuerpo una última vez. Pero, como probablemente sabrás, no sería sólo una vez más. Había liberado nuevamente a la bestia. Y comencé a comprarle a diario a mi nuevo conecte.

Dos meses después me quitaron los alambres, pero estaba enganchado y había perdido una considerable cantidad de peso. Mido casi 1.80 metros de altura pero pesaba tan sólo 53 kilos. Parecía que era cierto que sin importar lo malas que fueran las consecuencias, tal como mi padre había dicho, éstas no me detendrían. La necesitaba. Era la única cosa que sabía hacer realmente bien, y lo que me hacía sentir realmente humano. Era mi vida. Siempre podía confiar en que ella me proporcionaría sensaciones increíbles, y que nunca me defraudaría.

Dejé de contestar el teléfono por varios días y papá comenzó a sospechar. Creo que la única razón por la que no sabía que seguía usándola, era porque confiaba en mí. Tomó un avión y vino a mi casa; y ahí estaba yo, hecho un ovillo en el lecho, adormilado y babeante por la heroína.

Ni siquiera tuvo que preguntar, era obvio que estaba enganchado de nuevo. Él había querido creer que podía lograrlo solo, lo que es una forma de negación que los padres experimentan cuando sus hijos son adictos; la mayoría de las veces, los padres simplemente no quieren creer que su hijo o hija es un drogadicto, así que lo empujan al fondo de su mente y pretenden que no está sucediendo.

Pero mi padre se dió cuenta de que yo no podía, había ido demasiado lejos. Papá ya no iba a dejar la situación en mis manos. Así que actuó. Llamó a una clínica de rehabilitación al sur de California y me hizo una reservación.

En ese momento no lo sabía, pero mis días de colegio habían llegado a su fin. Había estado en el campus un total de dos años y medio, y había usado heroína y coca ininterrumpidamente. Empaqué mis bolsas y llamé a la recepción para que Larry, el gerente de los departamentos, viniera a inspeccionar el inmueble. Cuando llegó, papá y yo nos quedamos afuera mientras lo revisaba.

Tras casi diez minutos, Larry volvió a salir: "Encontré una hoja de aluminio en el baño", nos dijo, "con pedazos de heroína derretidos".

Mi boca se abrió de la sorpresa. No podía creer lo que había escuchado.

La encontró detrás del escusado, que era el lugar donde siempre guardaba mis drogas; pero me había olvidado completamente de ese guardadito. Y realmente lo quería ahora, pues comenzaba a enfermarme.

Larry tomó su *walkie-talkie* y se comunicó con el departamento de policía del campus: "C4 a la base, C4 a la base. Necesito una patrulla aquí de inmediato. Encontré drogas en un apartamento."

Tan pronto como papá lo escuchó decir eso, lo tacleó y detuvo con un abrazo de oso.

—¡Auxilio! —gritó Larry—. ¡Ayúdenme. Me están atacando!

—Métete, toma el material y tíralo por el escusado me gritó papá mientras luchaba con Larry.

Corrí al baño y tomé el aluminio. Entonces me detuve. Miré la heroína en su interior. Pude sentir la enfermedad deslizándose por mis huesos. Cada célula de mi cuerpo me pedía que no la tirara.

La miré. La quería con tanto ahínco, pero la policía estaba en camino y no sabía por cuanto tiempo más papá lograría contener a Larry. Podía correr a mi cuarto, tomar un encendedor, comenzar a fumarla y correr el riesgo de que me atraparan, o podía tratar de esconderla en algún otro lugar del apartamento. Pero entonces pensé que la policía traería perros. No podía decidirme.

¡Nunca en mi vida había tirado heroína por el escusado! Era un acto impensable. Escuchaba a Larry gritar afuera, y sabía que papá estaba haciendo un enorme esfuerzo por mí, entonces, la poca decencia que aún quedaba en mí, me hizo soltar la mano y miré a la heroína caer dentro de la taza. Jalé la palanca del escusado y vi cómo era succionada. Luego regresé corriendo afuera.

Para entonces, muchos estudiantes habían salido de sus apartamentos para ver lo que pasaba. Cuando papá me vio salir, soltó a Larry. Me sorprendía que hubiera podido contenerlo, pues Larry era más grande y mucho más fuerte. Papá corrió adentro y tomó unos pedacitos de carbón de la chimenea. Los puso en un pedazo de aluminio que escondió tras el escusado y salió de nuevo. Entonces llegó la policía.

Larry les dijo lo que había encontrado y en dónde estaba; también les dijo que papá lo había atacado, mientras se sostenía las costillas porque, como dijo, le dolían bastante. La policía entró al baño y encontró el aluminio con los pedacitos de carbón. Lo inspeccionaron. Evidentemente no era droga.

—¡Eso no es lo que encontré! —gritó Larry—. ¡Y su papá me atacó!

Entonces apareció un ángel: una joven mujer que trabajaba en el colegio, llevó a Larry aparte y le dijo que el colegio no necesitaba ese tipo de publicidad y que debía retirarse de inmediato, ir a casa y olvidar el asunto de las "rocas negras". Él miró a su alrededor desconsolado, pero ella apuntó hacia su auto. La joven parecía tener algún peso en el colegio, porque los oficiales la secundaron, y luego se retiraron.

Estábamos entre una multitud de chicos de la escuela, algunos de los cuales eran mis amigos. Me habían visto pasar por toda esa locura durante los últimos dos años y medio, y tan sólo se quedaron ahí, mirándome.

Sabían que papá había venido para llevarme a rehabilitación. A todos les mostré una media sonrisa e hice un guiño como diciendo: "Hey, no se preocupen, todo está bien." Subí al auto con mi padre y partimos; eso fue lo último que vieron de mí.

Sé que durante meses contaron historias sobre mí. Ninguno había visto a nadie como yo en esa escuela. Creo que no es nada de lo que uno pueda sentirse orgulloso —arriesgar su vida por un pedazo de brea café— pero lo hice. Eso sucede cuando eres un adicto. Después nos enteramos de que papá le había roto dos costillas a Larry, aunque no levantó una demanda.

De resgreso a Los Ángeles, papá volvió a preguntarme si ya había descubierto porqué utilizaba heroína. Lo único que se me ocurría responder era que esos instantes eran los más sagrados de toda mi vida.

—He estado hablando con mucha gente —me dijo—, y empiezo a pensar que la curación de la adicción aún se encuentra en una etapa oscurantista, como el sistema carcelario, que sigue castigando a la gente en lugar de educarla. Después de todo, el número de gente que sale de la cárcel para volver a delinquir, debería ser suficiente para convencer a cualquiera con un poco de inteligencia, de que el castigo no es la respuesta.

Me platicó haber hablado con la gente más prominente en el campo, y que todos le habían dicho la misma cosa: "La adicción y el alcoholismo son enfermedades incurables."

—Pero eso no puede ser verdad —añadió— porque tú vas a curarte.

Yo tenía mis dudas.

Correr un maratón

Cuando regresamos a Los Ángeles, entré a la clínica que mi padre dispuso para mí. Era un lugar muy estricto. Teníamos que levantarnos cada mañana a las 6:30. La primera parte de la mañana todos los pacientes limpiábamos las instalaciones, lo que nos tomaba una hora. Luego me sentaba en sesiones de terapia de grupo durante todo el día. Esa clínica en particular tenía, entonces, ciento veinte pacientes, y algunos de estos grupos eran de sesenta o más personas. No se diga aburrido, era difícil mantenerse despierto.

Con ese número de adictos bajo un mismo techo, tenían que surgir problemas, tales como pacientes teniendo relaciones sexuales y gente metiendo droga a las instalaciones. Cuando los problemas surgían, los administradores nos castigaban a todos. Un castigo, por ejemplo, era "correr un maratón", lo que significaba encerrarnos a todos en el comedor desde la mañana hasta que fuera hora de dormir. No se nos permitía hablar ni hacer nada, sólo sentarnos en una silla dura y quedarnos callados.

Eso podía seguir durante días. Los únicos paréntesis que hacíamos eran para comer y dormir. Si había cosas estúpidas, este castigo se llevaba el premio. Nada estaba más alejado de la verdad que pensar que podían quitarnos la adicción con castigos. De todo lo que hablábamos entre nosotros, incluído yo, era de salir a conectar.

El día que ingresé, estaban corriendo un maratón, así que entré en el comedor y me senté. Estaba pataleando por falta de heroína, así que lo que realmente necesitaba era una cama y algunos medicamentos que me ayudaran con el dolor. Desafortunadamente, eso no sucedió. En vez de eso, acabé sentado en el maratón por tres días, en lo que fue uno de los peores pataleos de heroína de mi vida. Normalmente, durante un maratón que duraba de tres a cuatro días, quince o veinte personas se levantaban y se iban. Supongo que preferían vivir en las calles, enganchados a la heroína o a sus drogas preferidas, que tener que atravesar por esa clase de castigo y degradación.

Como ya lo he descrito, el tiempo se mueve con increíble lentitud cuando estás pataleando, pero estar en un maratón, donde todo lo que puedes hacer es mirar el reloj y orar porque el dolor desaparezca, es insoportable. De noche, cuando nos dejaban ir a nuestras camas, yacía ahí mirando al techo. Durante diez días no dormí, sólo me desvanecía de vez en cuando por diez minutos, antes que el dolor volviera a despertarme. Casí no podía ver por la falta de sueño. A veces, el dolor me hacía alucinar.

Mientras yacía en mi lecho, me preguntaba cómo había acabado en rehabilitación. Pensaba en la promesa que me había hecho tiempo atrás, de que jamás permitiría que las drogas arruinaran mi vida tal como lo habían hecho con la de mi madre. Entonces pensaba en ella. Y me sentía mal, pues ahora entendía por qué no había podido parar. No era tan fácil como entonces pensaba. Era necesario algo más que fuerza de voluntad. Recordé mi viejo vecindario, cuando todo era diversión, cuando a los dieciséis años consumía drogas y hacía fiestas con mis amigos. Luego observé a dónde me había llevado el inicio. Siempre desprecié a la gente que tenía que entrar en rehabilitación para dejar las drogas, pues pensaba que eran débiles. Sin embargo, ahí estaba, en rehabilitación, adicto a la heroína, yonqui, incapaz de parar con mis propios medios.

Durante el primer mes, la clínica no me permitió comunicación interna ni externa. Después, escribí a mi papá. Estaba seguro de que iba a estar sobrio por el resto de mi vida y le agradecí permanecer a mi lado. Cuando me contestó, preguntó si ya había descubierto la razón por la que utilizaba heroína. Le contesté que no había otra razón mas que el deseo de prenderme.

Mientras estaba en rehabilitación, fue a cada junta que pudo en búsqueda de una respuesta a su pregunta: "¿Por qué los alcohólicos y los adictos lo hacen? ¿Por qué no pueden parar?" Él creía que tenía que haber una razón; habló con todos mis asesores, visitó psiquiatras, psicólogos, asesores en drogas y alcohol, especialistas en adicciones y centros de tratamiento. Empedernidamente investigó en internet, buscando algún tipo de programa o tratamiento diferente al de las juntas de grupo que yo estaba recibiendo. No había ninguno.

Estar en esa clínica fue una experiencia particularmente desagradable. Sentarse en grupos todo el día para hablar siempre de lo mismo, provocaba lágrimas de aburrimiento. Tener que levantarse en la mañana a hacer limpieza, ¡ugh! No poder hacer o recibir llamadas telefónicas. Que te digan qué decir. No poder hablar con gente del sexo opuesto. Decirnos que teníamos una enfermedad. No permitirnos abandonar las instalaciones. Darnos mala comida. Compartir el baño con cincuenta personas. Dormir en el mismo cuarto con cuatro personas. Ser castigado por las cosas que otros hacían. Después de tres largos meses completé el programa. Me fui, determinado a no drogarme nunca más.

Cambiar adicciones

Mi resolución duró una semana, luego volví a la heroína. Papá lo descubrió y me envió a una clínica diferente, pero a la primera semana de haber salido, ya estaba persiguiendo al dragón otra vez.

Luego de varias clínicas y recaídas más, papá decidió que teníamos que hacerlo con nuestros propios medios. Nos fuimos a vivir de Venice a Big Sur, donde teníamos una cabaña. Mi padre estaba determinado a mantenerme fuera de las drogas.

Big Sur es una franja de más de 100 kilómetros de tierra en la costa de California del Norte; casi no ofrece nada además de la belleza intacta del mundo. Ir de nuestra cabaña al supermercado era un viaje redondo de 160 kilómetros. Supongo que papá pensó que, al estar en un lugar tan apartado, me abstendría de regresar a las drogas, y tuvo razón, lo hice. Él dejó su vida; literalmente abandonó todo lo que hacía, sus negocios, sus relaciones; renunció a sí mismo para partir a Big Sur conmigo y ayudarme a estar a salvo.

Para mí fue duro estar ahí pues tenía veintidós años y necesitaba estar con chicos de mi edad. Pasaba la mayor parte del tiempo trabajando en la propiedad. Tras un par de meses, conseguí un empleo diurno en uno de los restaurantes locales. Había estado viviendo sobrio en Big Sur por nueve meses, entonces papá tuvo que salir de la ciudad unos días por negocios. Era la primera vez que estaba solo desde que nos habíamos mudado.

En su primera noche lejos, hice un fuego en la chimenea y me senté a un lado. Era cálida y hermosa. Durante mi estadía en Big sur, había aprendido a disfrutar la paz de estar solo. Pero mientras estaba sentado junto al fuego, un pensamiento cruzó mi mente: "¿No sería bueno tomarme un trago mientras miro el fuego?"

Sabía que había licor en la casa, si bien papá nunca bebía mucho, lo había dejado de hacer completamente para ayudarme a permanecer sobrio. Volví a pensarlo. Por nueve meses había estado sobrio, tras todo ese tiempo, sentía que había adquirido maestría interior sobre el alcohol y las drogas. Ya que era el maestro, estaba seguro de poder permitirme un trago. Además, el alcohol no era mi droga favorita, así que ni siquiera valdría como una reincidencia real.

Mi proceso de pensamiento me convenció de que era una buena desición, así que me dirigí a la alacena, me serví un trago, y me volví a sentar junto al fuego. Un gran cálido fuego naranja brillante. Sentado ahí miré el vaso y entonces lentamente lo elevé hacia mis labios. La sensación al beberlo fue increíble. Había pasado tanto tiempo desde que había sido estimulado por última vez con una sustancia, que mi organismo estaba muy sensitivo.

Disfruté tanto esa noche de sentarme y beber, que lo hice cada noche hasta que papá regresó a casa. No le conté lo que había sucedido.

Poco después de su regreso, una gran tormenta cerró el camino a Big Sur. Papá dijo que no importaba, pues no teníamos que ir a ningún lado; pero cuando se interrumpió el servicio telefónico, opinó que era tiempo de partir. Él necesitaba el teléfono para hacer su trabajo. A mí me dió mucho gusto porque estaba harto de vivir en Big Sur. Quería regresar a casa y eso fue exactamente lo que hicimos.

Cuando regresamos a Venice fui a la escuela y obtuve mi licencia de agente de bienes raíces. Papá también tenía la licencia, así que trabajamos juntos. Generalmente, nuestro negocio era comprar una casa, arreglarla y ponerla de nuevo en el mercado. Disfrutaba hacerlo y era bueno para ello. Tenía una habilidad natural para detectar un buen prospecto. Durante ese tiempo, bebía de noche después de trabajar, pero evité que papá lo supiera. También me las arreglé para mantenerme lejos de la heroína. Mis experiencias con ella verdaderamente me habían asustado, y realmente no tenía intención de volver.

Fue bueno regresar a la vieja ciudad. Tenía muchos recuerdos gratos, y había muchas cosas que hacer para alguien de mi edad. Encontré que varios de los que solían ser amigos de fiesta cuando éramos adolescentes, habían corrido suertes similares a la mía.

Unos habían estado en rehabilitación al menos una vez. Otros seguían consumiendo drogas y necesitaban ir a rehabilitación. Algunos habían muerto de sobredosis. Así era la vida en Venice. De todos mis amigos, sólo conozco a uno, John, que jamás tuvo problemas con las drogas y llegó a graduarse en la universidad. John y yo, con otros dos amigos, Bob y Alex, salíamos a beber después del trabajo y los fines de semana. De los cuatro, John era el más conservador, sólo bebía los fines de semana, mientras el resto lo hacíamos casi cada noche.

Poco después de regresarnos a Venice, papá conoció a una mujer llamada Lisa. Por un tiempo sólo salieron, pero eventualmente se volvió una relación seria. Un día me avisó que se mudaría con ella y que yo podía tener su casa para mí. La vida realmente me sonreía. Trabajaba con él y ganaba decentemente. Andaba con mis amigos por la noche; llevaba dieciocho meses libre de heroína. Me excitaba la idea de vivir solo. A la edad de veintitrés años es algo bastante bueno.

La mayoría de las noches después de trabajar, Bob, John, Alex y yo nos reuníamos a beber en mi casa. Nos sentábamos a reír, escuchar música y contar historias sobre los días en que éramos adolescentes. Algunas noches íbamos a clubs a bailar y beber. Y aunque no consumía heroína, bebía más de la cuenta, casi diario. Aun cuando mis amigos no podían venir, iba a la licorería por una botella de whiskey para beberla solo. Pero mi hábito no era tan malo como para dañar mi vida diurna. Todavía podía trabajar.

No me había dado cuenta, pero había cambiado mi adicción de la heroína al alcohol.

De nuevo persiguiendo al dragón

Mi vida era plena con una excepción: por consumir heroína como lo había hecho, no tuve tiempo de tener novia. Bob, John y Alex, todos tenían novias, pero yo no. Sabía que eventualmente encontraría a alguien especial, así que estuve atento al momento en que sucediera.

Una bella tarde de verano en Marina del Rey, papá, Bob y yo decidimos salir a pescar en la hermosa Chris Craft de 42 pies de Lisa. Nos la pasamos muy bien pescando y asoleándonos. La brisa con aroma salado, la caricia del sol en la cara, y la compañía de Bob y papá que atrapaban peces de cola amarilla, eran algo verdaderamente sublime.

El sol había descendido cuando entramos en el canal mayor por el que todas las embarcaciones se enfilan lentamente hacia sus repectivos lugares en el atracadero. El canal mayor es una milla de agua calma y protegida, y toma como diez minutos recorrerlo. Papá viró hacia nuestro sitio y Bob y yo nos preparamos para atracar. Cuando estábamos como a cincuenta yardas, pude ver un bello velero en el lugar que estaba junto al nuestro, con un grupo de gente en el muelle. Entre todos se distinguía una chica. Su cabello era del color rubio más hermoso y lo llevaba sujetado en un moño; al moverse, brillaba con la luz anaranjada del sol poniente. No podía despegar mis ojos de ella. Era hermosa, se movía con la gracia de una bailarina, como si estuviese escribiendo un poema con cada paso que daba. De ella surgía un hermoso brillo y su belleza aumentaba a medida que nos acercábamos.

Di un ligero codazo a Bob y las palabras salieron de mi boca sin siquiera pensarlas: "Esa es mi nueva novia." No supe qué me hizo decir eso, pero al momento siguiente, la mano del miedo cirnió mi garganta. Desde que era niño, jamás he podido hablar con las chicas bonitas. Las palabras se enfrían en mi garganta. A las que no son tan bonitas les puedo hablar todo el tiempo, pero no a las bonitas, a veces ni siquiera puedo articular un "hola".

Nuestra embarcación atracó junto a la suya. Salté de la cubierta, Bob me arrojó una cuerda para que pudiera amarrarla a la cornuza. Traté de hacerlo como si fuese un experimentado marinero, pero al no poder quitar mis ojos de ella, no lograba atinar a la cornuza. Empezó a notar lo que estaba sucediendo, quizá le divertía que fuese tan torpe. Me sentía nervioso, pero me las arreglé para decir: "Hola."

—Hola —respondió.

Y entonces maravilla de maravillas, le dije: "Mi nombre es Pax, ¿Cuál es el tuyo?"

—Ashley —contestó.

Me quedé ahí como paralizado, no podía ignorar sus hermosos y grandes ojos verdiazules. Sentí que las siguientes palabras que quería decir tomaron un millón de años para formarse, como si el tiempo se hubiera detenido y ella y yo fuéramos los únicos en el mundo. Ni siquiera me había dado cuenta de que aún no había amarrado la cuerda alrededor de la cornuza. Papá me grito desde el bote: "Qué necesito hacer para que puedas amarrar esa cuerda", y entonces ocurrió algo chistoso, la mamá de Ashley contestó gritando: "¡Intenta alejar a la chica!"

Creo que era obvio que había sido flechado por cupido. Comencé a sonrojarme. Volteé hacia Bob para ver si él podía poner las palabras correctas en mi boca y así finalizar la conversación. No me percaté por mirar a Bob, de que Ashley se había soltado el cabello y lo estaba agitando al sol. Los ojos de Bob se abrieron enormes al verla hacerlo. Con una rápida mirada me instó con urgencia a que siguiera hablándole.

Di la vuelta y la volví a mirar, pero antes que pudiera decir palabra, papá me gritó: "¡Amarra el barco!"

Había olvidado completamente mi tarea. Trate de llevarla a cabo con toda mi atención y, finalmente, pude asegurar el bote. Tras hacer ese trabajo digno de Hércules —que debería haber sido fácil— subí la mirada hacia Ashley y, aunque difícilmente podía creerlo, comencé a hablar. Las palabras empezaron a fluir como un río, y antes que me diera cuenta estaba teniendo una conversación real con ella. Me daba miedo detenerme, pues pensaba que si lo hacía la magia pararía y mi lengua quedaría atada de nuevo.

Papá y Bob comenzaron a lavar el bote, de vez en cuando volteaba hacia Bob para que me animara, lo que hacía con diversos gestos manuales y expresiones faciales, parecía más emocionado que yo. Continué hablando con ella, hacia el fin de nuestra conversación me dijo que vivía a una hora de distancia de mi casa. Sabía que tenía que pedirle su número de teléfono, pero mis habilidades conversacionales de pronto me abandonaron. Cuando su madre le dijo que era hora de partir, simplemente me quedé ahí. Me miró como esperando que le preguntara algo, pero no lo hice. Ella dijo "Adiós", se dio la vuelta y se fue. Yo me quedé petrificado.

Bob vino corriendo y preguntó:

—Entonces, ¿conseguiste su número?

—No —le respondí.

—¿Cómo que no? ¡Qué ridículo! Es perfecta para ti.

Comencé a pensar en ello y mientras más hablaba, peor me sentía. ¿Cómo había dejado pasar una oportunidad así? Comenzaba a oscurecer cuando de pronto vi acercarse la silueta difusa de alguien. Era Ashley. Mi corazón comenzó a apresurarse. Era demasiado bueno para ser verdad. ¿Podía ella haber intuído lo que pensaba? Bob se emocionó también y exclamó: "¡Dios mío, está regresando!". Decidí no dejar pasar la oportunidad, aunque tuviera que escribir la pregunta en papel.

Bob continuaba incitándome, pero estaba totalmente concentrado en Ashley como para notarlo. Salió de la oscuridad como un ángel y llegó hasta mí, me entregó un pedazo de papel y dijo: "Pensé que te gustaría llamarme alguna vez, aquí está mi número."

Lo tomé, sonreí y asentí con la cabeza como uno de esos perritos que ponen en los tableros de los taxis. Luego entró de nuevo en la oscuridad, como si nunca hubiera estado ahí.

Comenzamos a salir; durante los siguientes meses, Ashley y yo creamos un fuerte amor mutuo. Le conté todo sobre mí, incluida mi batalla con la heroína. Nadie quiere realmente tener como novio a un adicto a la heroína, pero me dijo que en tanto no estuviera en nuestro futuro, lo aceptaba. Le prometí que no tenía nada que temer.

—Sin importar qué suceda —le dije— jamás volveré a meterme heroína.

Lo aceptó, pero también dejó claro que si volvía a la heroína, me dejaría. Le dije que lo entendía totalmente.

¿Qué daño puede hacer un poco más?

Dado que Ashley vivía tan lejos, sólo nos veíamos los fines de semana. Durante la semana bebía. También ocasionalmente me metía coca, porque sabía que podía hacerlo sin que ella o mi papá se enteraran. Ambos sabían que bebía, pero no cuánto. Mi forma de beber había aumentado al grado de que cada noche me emborrachaba con cerveza y whiskey. Si papá o Ashley llamaban, podía arreglármelas para tener una conversación sin que notaran que estaba intoxicado. Una vez por semana, elegía una noche para consumir coca y no ser descubierto.

Entonces no lo sabía, pero la única razón por la que no usaba heroína, era porque la había reemplazado con otras drogas.

Sin embargo, cada noche que bebía, desde el fondo de mi mente un pensamiento incesante me instaba a probar heroína. El alcohol era bueno, pero no me producía la misma sensación que la heroína y la cocaína. Seguía luchando con la idea de usar heroína, aunque no la había tocado por casi dos años. Sabía que no debía permitirme pensar en ello, pero sin importar cuánto me lo decía, no podía dejar de jugar con la idea de usarla sólo una vez más. Obviamente, había demostrado que podía vivir sin ella, entonces, ¿qué podía pasarme si la usaba una vez más?

Batallé con la idea durante varios meses, hasta que un día finalmente me derrotó. Tomé el teléfono y llamé a mi conecte de heroína. Ashley y papá estaban fuera de la ciudad, de modo que la oportunidad era excelente. Tuve una noche maravillosa en la comodidad de mi propio hogar, y no me preocupé porque me descubrieran.

Desafortunadamente, mi plan falló, pues volví a usarla la siguiente noche y la siguiente; y para cuando papá y Ashley regresaron a la ciudad, de nuevo estaba totalmente enganchado a la heroína. Todo lo que realmente hice al dejar de consumir heroína, fue cambiar mi adicción al alcohol; éste me llevó a la cocaína, y aquella me regresó a la heroína. Mis dos años de abstinencia de heroína habían terminado.

Por supuesto que cuando Ashley regresó no le dije que estaba otra vez usando heroína. En vez de eso, empecé a discutir con ella para no tener que ir a verla los fines de semana. Sabía que si me veía, descubriría de inmediato que algo estaba mal. Cada vez que estábamos a punto de vernos, iniciaba otra tonta discusión para tener una excusa y no ir; y ella no entendía lo que pasaba. Me convertí en un novio abyecto, durante los siguientes tres meses mi comportamiento cambió tan drásticamente que terminamos le relación.

Papá comenzó a sospechar. Él trabajaba en otro libro y creo que si no dijo nada fue porque no le constaba y no quiso sacarlo a la luz sin estar seguro. Comencé a llegar tarde al trabajo, lo dejaba varias veces al día para ir a conectar. Mi peso empezó a disminuir otra vez, mi rostro empalideció, y, además, hacía varios viajes al baño. Todo apuntaba a que consumía heroína nuevamente. No había modo de que pudiera guardar el secreto para siempre. En el fondo, no quería ser un yonqui. Cada día me decía que dejaría el hábito al día siguiente.

No tomó mucho, antes de que se acabara mi dinero y me viera obligado a buscar otras maneras de obtenerlo. Comencé a empeñar mi casa entera. Tenía un hermoso sistema de estéreo en mi auto que valía 3000 dólares, lo arranqué y se lo di a mi conecte por ochenta dólares de coca y heroína. Vendí las cosas de la casa que tenían algún valor. Dejé de hablar con mis amigos. Arruiné mi relación con Ashley. Destruí todo, pues dedicaba cada momento de vigilia, ya sea a meterme droga o a idear la manera de conseguirla cuando se terminara.

Cada día, mi vida se derrumbaba más. Mi cuarto estaba vacío. Había vendido todas mis posesiones personales, y, dado que dejé de hablar con mis amigos, me encontraba completamente solo.

Pensaba en Ashley a menudo y deseaba que estuviera conmigo. Papá definitivamente se dio cuenta de que había algo mal, así que un día me sentó y me preguntó si estaba drogándome de nuevo. Le dije que no. Pude notar que quería creerlo con todo su ser, así que fue contra sus instintos y creyó lo que dije. Yo sabía, sin embargo, que mi suerte acabaría, y que tarde o temprano tendría que desintoxicarme.

Decidí que quería estar sobrio de nuevo, y que la única manera de lograrlo era irme de Venice. Llamé a mi amigo Alex y le pedí que viniera conmigo a Big Sur para acompañarme mientras pataleaba por dos semanas. Alex era un buen amigo y no quería verme enganchado, por ello aceptó acompañarme.

Tomé la heroína suficiente para sortear el viaje de ida, cuando llegamos consumí lo último que quedaba. Desempacamos el auto y llevamos todo a la cabaña. Estaba de regreso en el mismo lugar en el que había estado hacía casi dos años y medio. Era triste. No sabía cómo podía estar viviendo esa espantosa pesadilla de nuevo.

Tras desempacar, hicimos un fuego en la chimenea y nos preparamos para el pataleo que habría de comenzar al despertar del día siguiente. Llamé a papá y le dije que todo estaba bien y que Alex y yo estaríamos dos semanas de vacaciones en Big Sur. Pienso que se quedó contento porque creía que no había heroína en Big Sur. Lo que no sabía es que yo había ido ahí para intentar desintoxicarme. Dejamos el fuego consumirse y luego nos fuimos a dormir. Sabía que al día siguiente me sentiría miserable, pero quería la sobriedad suficientemente como para atravesar por el dolor.

Línea principal

La mañana siguiente fue horrible. Me sentía más enfermo que nunca. Aguanté como tres horas antes de anunciarle a Alex que iríamos a San José a conseguir más droga. Era estúpido pensar que podía atravesar por todo eso solo. Era un chiste, ni siquiera podía resistir un día. Mis intenciones eran buenas, pero todas las buenas intenciones del mundo no eran suficientes para sobrepasar el horrendo pataleo. Lo que realmente necesitaba era una instalación donde alguien me vigilara. Alex trató de persuadirme de no ir, pero fue inútil. Me había decidido.

Manejamos hasta San José, estaba de vuelta en Shanty Town, donde era un hombre conocido. Habían pasado tres años, pero no quise arriesgarme a ser visto por alguien que pudiera recordarme. Así que esperé en la calle a encontrar otro yonqui que quisiera conectar y le dije que le daría algunas drogas si él las compraba por mí. Regresó con mis drogas y Alex y yo llegamos hasta el lugar donde había fumado aquella vez, luego de que me rompieran la mandíbula.

Puse la heroína en la hoja, pero me detuve antes de fumarla. Quería saborear el momento. Miré alrededor y me pareció increíble que después de tantos años estuviera de nuevo en el mismo lugar donde casi había perdido la vida por las drogas. Ahí estaba una vez más persiguiendo al dragón. Fue como si todo el tiempo se hubiera detenido y sólo existiéramos la heroína y yo en el auto. El momento era irreal. Prendí el encendedor y lo coloqué debajo del aluminio. En segundos el dolor había desaparecido y mi mente se encontraba en un estado de euforia.

Fuimos de regreso a la cabaña y decidimos que lo único que quedaba era llamar a papá para reingresar a la clínica. Esa vez, no tuve fuerzas para hacer la llamada. Era demasiado duro tener que decirle que estaba de nuevo enganchado a la heroína. Alex hizo la llamada mientras permanecía sentado a su lado. Cuando lo oí decir las palabras, "Pax está de nuevo enganchado a la heroína", pude sentir cómo temblaba mi cuerpo. Me pregunté qué estaría pensando papá. Con la promesa de que al día siguiente me llevaría a casa, Alex terminó la llamada. Mi carrera con la heroína llegaba otra vez a su fin.

Cuando vi a papá al día siguiente, lo primero que me preguntó fue si ya había descubierto por qué usaba otra vez heroína. Le dije lo que siempre había dicho: que era por esa grandiosa sensación por la que la buscaba.

—He seguido investigando todo esto —me dijo—, y estoy convencido de que hay condiciones subyacentes que son responsables de la adicción. No sólo en tu caso, sino en el de todos los que la padecen. Estoy armando un plan para descubrir lo que hay detrás de ello.

Tuve bastante suerte en esa ocasión, pues fui admitido en un hospital para desintoxicarme antes de entrar a rehabilitación. El pataleo fue horrible, pero al menos fue mejor que sentarse sin medicamentos en un "maratón". Estaba agradecido y al mismo tiempo severamente deprimido. Mi vida era una ruina. No tenía idea de lo que haría. Había perdido casi todo. Lo único que me quedaba era el apoyo de mi padre.

En mi segundo día en el pabellón de desintoxicación recibí una llamada de mi madre. ¡Estaba feliz de escuchar su voz!

Me he limpiado —me dijo— y estoy viviendo con mi novio. Fue otro momento irreal para mí. Mamá estaba limpia y sobria, viviendo una vida feliz, y yo era el que estaba en rehabilitación.

Sentado sonreí mientras la escuchaba hablar. Recordé la vez que había ido en mi bicicleta hasta la cochera donde ella vivía y la encontré enganchada al crack y al alcohol. Recordé la promesa que me hice de jamás usar drogas. Todo me parecía tan irónico, por un segundo mi situación me hizo gracia. Le pedí que llamara a Ashley y le contara lo que me había sucedido. Esperaba que Ashley me perdonara y que cuando saliera de rehabilitación reconsiderara volver conmigo. También esperaba poder regresar a trabajar con papá. Quería reconstruir mi vida. Pero puede ser difícil recuperar la confianza de la gente una vez que la has engañado.

Tras desintoxicarme, fuí transferido a otro centro de rehabilitación durante un mes. Cuando el mes terminó, papá me permitió regresar una vez más a casa. Le aseguré que esta vez las cosas serían diferentes.

A mi regreso busqué arreglar las cosas con Ashley. Ella me comprendió y ofreció su apoyo; y sólo porque me amaba, estuvo dispuesta a darme una segunda oportunidad. Yo estaba feliz por ello. Pasaron varios meses y lentamente mi vida retomó su cause. Me veía saludable de nuevo, tenía dinero en el banco debido a mi empleo en bienes raíces con papá, mi relación con él era otra vez sólida, y Ashley y yo estábamos felices. Era un sueño hecho realidad para cualquier adicto a la heroína, perderlo todo y luego recuperarlo.

Entonces, luego de seis meses de sobriedad, un día el deseo irrefrenable de heroína me pegó como un golpe demoledor. Me resistí. Quise decir que no, pero el pensamiento de disfrutarla tan sólo una vez más, fue demasiado para mí. Sé que lo encontrarás difícil de creer. Quería mantenerme limpio, ser honesto con papá y Ashley y, sobretodo, conmigo mismo. Pero, aún después de todo lo que había experimentado: el dolor, la pérdida y las terribles consecuencias que sufrí, tenía que hacerlo una vez más.

Cedí, tomé el teléfono, marqué el número y arreglé un encuentro con mi conecte para veinte minutos después.

Manejé al estacionamiento de la pequeña tienda donde nos citamos. Para matar el tiempo, escuchaba a Led Zeppelin, golpeteaba el volante como si tocara la batería, cuando, con el rabillo del ojo, pude ver a otro chico sentado en su auto. De inmediato supe que era otro yonqui. Hay una comunicación única entre yonquis que te permite reconocerlos, simplemente lo sabes.

Me bajé del auto y me dirigí a saludarlo. Era como de mi edad. Por picarse continuamente, tenía rastros arriba y debajo de los brazos. No parecía muy saludable, sin embargo, se veía que en el pasado había sido un niño bien, como yo, que había caído víctima de la heroína. Comenzamos a hablar y me preguntó cómo me gustaba la droga.

—La prefiero fumada— le dije.

—Acostumbraba hacerlo —dijo—, pero el prendidón es más intenso y dura más si te picas. También es más barato y un poco puede durarte un buen rato.

Dado que llevaba seis meses limpio, no estaba bajo de recursos, pero la idea me fascinaba. Siempre me había dado curiosidad saber cómo sería el picarte heroína directo al corazón.

En ese momento llegó mi conecte en su auto, así que me despedí del yonqui y me lancé de nuevo a mi auto para seguirlo. Él siempre conducía a cinco o seis cuadras de donde lo esperaba, en caso de que alguien estuviera mirando. Estaba feliz de verme, pues sabía que ello significaba otra carrera para mí y montones de dinero para él.

Escupió un par de pelotas de heroína y un par de pelotas de coca. Entonces conduje hacia el restaurante más cercano, me estacioné y me dirigí directamente al baño. Rompí la pelota de coca y la derramé sobre el lavabo. Saqué una tarjeta y comencé a cortar una línea. Era brillante, centelleaba con la luz y tenía esa textura suave y húmeda propia de la coca muy pura. Podía sentir mi boca salivar. Tras cortar la línea, enrollé un billete, me incliné y la inhalé.

Sentí de inmediato el torrente de energía. Mis dientes comenzaron a entumecerse, otro signo de la coca de alta calidad. Al incrementarse la sensación, pude sentir cómo el torrente de dopamina golpeaba mi cerebro, creando ese estado de completa y total euforia. Con el dedo, alcé el resto de coca del lavabo y lo froté en mis encías para aumentar la sensación. Entonces desgarré una pelota de heroína. La alquitranada sustancia café no era tan bonita como la coca, y su olor casi me hizo vomitar. Rápidamente coloqué una porción en la hoja de aluminio cuando la coca alcanzó su clímax, fumé una gran bocanada de heroína. Ambas combinadas crearon una sensación que las palabras jamás podrán explicar.

Adoraba la sensación de consumir coca y heroína en el baño de un restaurante, pues añadía emoción. Tenía que entrar en el restaurante sin que nadie lo notara, usar las drogas y salir de nuevo, sin ser descubierto. Adoraba el riesgo, mantener la identidad secreta, sobre todo, y guardar el secreto de lo que hacía. Me sentía un poco como James Bond.

Cuando llegué a casa esa noche, no me pude quitar de la cabeza la idea de inyectarme la droga. Sabía que el estado sería más intenso, pero también sabía que sería mucho más peligroso. Era fácil sobredosificarse y morir, te podía provocar un absceso que obligara a que te amputaran un miembro. Inyectarte droga conlleva muchas complicaciones, y por muchos años, no había estado dispuesto a tomar ese riesgo.

Pero esa noche decidí que quería intentarlo.

Al día siguiente llamé a mi conecte y le dije que añadiera un paquete de diez jeringas a mi provisión acostumbrada. Me dió la droga y las jeringas y me apresuré a llegar a casa. Hacía unos meses papá había terminado su relación con Lisa y regresó a vivir a casa, pero en ese momento no se encontraba.

Había visto a gente inyectarse, de modo que sabía cómo hacerlo. Fuí a la cocina por una cuchara y me dirigí al baño. Vacié un poco de coca y un poco de heroína en la cuchara. A esto se le llama pelota veloz. Tenía que consumir muy poco, pues era mi primera vez y mi tolerancia al piquete era baja. También sabía que las peltoas veloces podían matarte si usabas demasiado. Arranqué un pedacito de filtro de un cigarrillo y lo puse también en la cuchara. El filtro era para asegurarse que ninguna sustancia extraña fuera absorbida por la jeringa. Entonces añadí a la cuchara un poco de agua y la mezcle con la coca y la heroína. Un momento después tenía un líquido café claro y el filtro flotando en él. Tomé la jeringa, clavé la punta en el filtro y jalé el émbolo hasta succionar todo el líquido. Me quité el cinturón y lo enrollé alrededor del brazo para que mi vena resaltara y evidenciara el blanco. Entonces tomé la jeringa y lentamente la clavé en la vena. Despacio seguí jalando el émbolo hacia atrás para asegurarme de haber atinado a la vena. La sangre comenzó a llenar la jeringa, ya estaba adentro.

Todo lo que faltaba era meter despacio el émbolo y soltar el cinturón. Hice una pausa. No sabía qué esperar. Me quería poner más prendido que nunca, pero no quería caer muerto al piso. Lentamente metí el émbolo hasta el fondo y rápidamente solté el cinturón.

Por dos segundos nada sucedió, y entonces, de pronto, el sabor de la heroína y la cocaína inundó mi boca como si me las hubiese comido en vez de inyectado. Al segundo siguente me golpeó y caí de rodillas. El torrente fue tan intenso que ni siquiera podía pararme.

Empecé a respirar con rapidez y me agarré del escusado para evitar caer de lleno al piso. Me senté sobre él un segundo y traté de mantenerme enfocado. El éxtasis corría por mi cuerpo como una enorme ola. Podía sentirlo ponerse más intenso con cada latido de mi corazón, hasta que finalmente se niveló y me encontré navegando en una nube rosa. Dejé de apretar el escusado y me dejé caer al piso. Partí en un placentero viaje por mi mente y pude vivir todas mis fantasías sin tener que dar un paso. Era un héroe, era fuerte, la gente me admiraba. Reviví experiencias de la niñez y las reconstruí como hubiese querido que sucedieran. En cada experiencia que pude imaginar, era siempre lo máximo, alguien super sereno, como James Dean. Me encantó. Me quedé ahí por treinta minutos antes de levantarme.

Asi no es como vas a morir

Pasé los siguientes seis meses inyectándome durante todo el día. Mi tolerancia se incrementó y mientras más lo hacía más me inyectaba. Pronto mis brazos estuvieron llenos de trazas de las agujas, y mis venas comenzaron a colapsar por el constante piqueteo. Me puse camisas de manga larga para ocultarlo. Mi salud se fue severamente en picada. Pasaba días sin comer, era sólo pellejo y huesos. Gastaba hasta el último centavo que tenía en conseguir más droga.

Una noche, como diez meses después de que comencé a picarme, me encontré en un cuarto de hotel comprando drogas de un conecte que se hospedaba ahí. Le pregunté si podía inyectarme antes de irme, me dijo que sí. Me senté sobre la cama, llené la jeringa y la vacié en mi vena. Me había inyectado durante todo el día, de modo que mi mente no estaba clara; sin darme cuenta de lo que estaba haciendo, abrí otra pelota y volví a llenar la jeringa. ¡Ni siquiera me percaté de haberme picado apenas unos minutos antes!

Metí la aguja en mi brazo y poco a poco empujé el émbolo hasta el fondo. De repente, sentí todo el aire salir de mis pulmones como si alguien me hubiera pateado de lleno en el pecho. Caí al suelo y comencé a hiperventilarme. No podía mantener mi respiración. Sentía como si mi pecho subiese y bajase violentamente sin que pudiera hacer nada. Mi corazón se aceleraba. Entonces me percaté de lo que había hecho. Me había ocasionado una sobredosis de cocaína y estaba teniendo un ataque al corazón. Comencé a sentir pánico. Podía ver la negrura cernirse sobre mí, y mi visión estrecharse en un túnel de luz que fue todo lo que pude ver al pasar los segundos.

Luché por seguir consciente. Sabía que si me mantenía así por otros treinta segundos, el estado se nivelaría y viviría. Pero la sensación siguió incrementándose y me sentí desvanecer. El conecte me tomó por los pies y comenzó a arrastrarme fuera del cuarto. Sabía que estaba teniendo una sobredosis y no quería que muriera en su cuarto. Me mantuve enfocado en el poco de luz que aún podía ver mientras me arrastraba por el pasillo hacia las escaleras.

Comencé a vomitar, mi cuerpo quería liberarse de la sustancia extraña, sentí cómo mis dientes mordían mi lengua hasta casi cercenarla, mientras me convulsionaba. Ríos de sudor bañaban mi rostro y mi respiración se tornaba más y más violenta. Traté de mantenerme enfocado y de no desmayarme, pero era difícil. Sentía que dejaba el cuerpo.

—¡No! —me dije—. Así *no* es como vas a morir.

Entonces, de súbito, como si mi declaración funcionara, comencé a sentir que me nivelaba. Lentamente el túnel comenzó a ampliarse hasta que casi pude ver con claridad de nuevo. En unos minutos, todo había terminado; yacía en el suelo en un charco de vómito. De vez en cuando me convulsionaba, pero me aferré al pasamanos y pude levantarme.

Me sentía como si un autobús me hubiera pasado por encima. Eran como las tres de la mañana y parecía como si todo el mundo supiera lo que acababa de suceder. Me aterraba que alguien hubiera llamado a la policía, así que entré en mi auto y me acosté en el asiento del conductor. La cocaína me volvía tan paranóico que pensaba que la policía estaba por todos lados. Había estado metiéndome cocaína toda la noche, y deja que te diga: cuando usas coca toda la noche sus efectos duran mucho más de treinta minutos y la paranoia dura horas.

Seguí fuera de mí, estaba seguro de estar rodeado y de que los policías habían sacado sus armas. Hasta podía escucharlos gritar que pusiera las manos arriba. Tenía el asiento del auto echado hasta atrás para que no me vieran, convencido como estaba, de que en cualquier momento vendrían a arrestarme, puse las manos arriba sobre la ventanilla para mostrarles que no estaba armado. Después de aproximadamente veinte minutos, bajé las manos lentamente, pero me quedé en esa posición durante tres horas, hasta que salió el sol. Finalmente, junté el valor para asomar la cabeza sólo para encontrar que no había nadie.

Después de darme cuenta de que lo había imaginado todo, conduje a casa. No estaba en condiciones para conducir pero obviamente, en ese momento de mi vida no estaba tomando decisiones racionales. Cuando llegué fui directamente a mi cuarto. Asegurándome de no despertar a papá, me metí en la cama y jalé las cobijas sobre mi cabeza. Mi corazón seguía acelerado y podía sentir las gotas de sudor descender por mi rostro.

Entonces escuché lo peor que podía imaginarme en ese momento, el ruido de las pisadas de papá al acercarse a mi cuarto. Mi corazón se aceleró aún más y el sudor comenzó a derramarse como agua de una manguera. Podía escuchar las pisadas acercarse más y más, hasta que alcanzó mi puerta y la abrió. Se sentó sobre mi cama y puso la mano en mi espalda. Estaba aterrado.

—¿Te encuentras bien? —preguntó.

Con las cobijas cubriendo mi cara, murmuré: "Sí". No dejé que viera mi ropa cubierta de vómito. "Estuve hasta tarde con amigos", balbuceé. Podía oir como temblaba mi voz, "sólo necesito descansar un rato".

Se levantó y salió del cuarto. Pienso que supo que algo andaba mal, de hecho, pienso que supo que estaba enganchado. Era demasiado obvio como para que lo ignorara —me veía espantoso— pero simplemente no quería aceptarlo.

Creo también que su deseo era que un día yo fuera suficientemente fuerte para patalear la heroína por mí mismo. A veces parecía que me daba mi espacio. Es difícil asegurarlo, pues me había vuelto muy bueno para ocultar mi adicción; pero tras un uso prolongado es difícil ocultar los efectos de la droga en tu cuerpo.

Finalmente me quedé sin dinero. Nunca deseé robar a mi papá, pero había vendido todas mis cosas y sólo quedaban las suyas. Al principio tomaba dinero de su cartera cuando él no veía. A veces, cuando él no estaba en casa, tomaba su videocámara o su computadora y las abarataba. Cuando llegaba a casa le decía que un amigo las había tomado prestadas. También conocía los números de acceso de sus tarjetas de crédito, así que las tomaba cuando no se daba cuenta y sacaba tanto dinero como podía.

Eso continuó durante meses, hasta que un día se dió cuenta de lo que estaba sucediendo. Quizá hacía tiempo que lo sabía, pero no había querido decir nada porque la última cosa que un padre desea saber es que su hijo le está robando. Yo había estado sacando sus estados de cuenta bancaria de la correspondencia para deshacerme de ellos, pero un día, tras varios meses de no recibirlos, llamó al banco para averiguar cuál era el problema. Entonces descubrió que durante meses lo había estado robando. Eran varios miles de dólares de su cuenta, que se habían ido por una jeringa.

Ese día, cuando llegó a casa, hizo que nos sentáramos.

—Pax —me dijo—, he decidido internarte en un anexo.

—¡Yo puedo parar solo!

—No, no puedes —insistió.

—Pero no puedo hacer eso, ¡me he estado inyectando! ¡Necesito un centro de desintoxicación! ¡Los anexos no ofrecen esos servicios!

Así, decidimos que me quedaría en casa a desintoxicarme con medicamentos durante dos semanas, antes de ingresar al anexo.

"Compre mis zapatos por 10 dólares"

Papá tenía que ir a trabajar durante el día y necesitaba que alguien se sentara conmigo. Me había quitado el auto y aunque yo no tenía dinero, él sabía que los adictos a la heroína son implacables cuando se trata de conseguir droga, así que suponía que encontraría una manera de hacerlo si no estaba bajo constante supervisión. Así que llamó a mamá, quien ya era una ciudadana modelo, y ella estuvo de acuerdo en sentarse a mi lado todos los días y esperar a que papá regresara del trabajo.

Mamá fue increíble. Dejó todo lo que estaba haciendo en su vida y se sentó conmigo durante las siguientes dos semanas mientras papá iba a trabajar. En el primero de sus días, yo ya estaba buscando una manera de conectar, pero no se me permitía usar el teléfono, lo que lo hacía mucho más difícil.

Esperé que fuera al baño y entonces hice una rápida llamada al conecte y le dije que nos viéramos en mi casa. Me senté junto a la ventana para verlo pasar en su auto y, cuando lo hizo, esperé a que mamá fuera a la cocina. Entonces salí corriendo a encontrarlo. No le gustó que no tuviera dinero, pero le rogué que por favor me la fiara, y le juré que le pagaría.

Esa vez lo hizo, pero sabía que tendría que contar con dinero la siguiente ocasión. Corrí para volver a entrar, pero me detuve en el buzón para retirar la correspondencia. Mamá estaba frenética. Se había dado cuenta de que no estaba en la casa y ya estaba llamando a papá.

—¡Mamá, espera, sólo salí por la correspondencia! —le dije, y se la mostré.

Sabía que ella sospechaba, así que en lugar de correr al baño con la droga, me fuí a sentar en el sofá. Mamá había sido una adicta tan dura, que era difícil engañarla, así que por una hora me senté en ese sofá sin ir al baño. Había escondido las drogas en mi calcetín, y podía sentirlas rozar mi pierna, gritándome que me apresurara y fuera al baño. Cuando pasó el tiempo suficiente y pude ver que ella empezaba de nuevo a relajarse, le dije que necesitaba usar el baño pues iba a vomitar.

Una vez en el baño, mis manos temblaban tanto por la enfermedad que tuve problemas para picar la vena. Después de algunos intentos, eventualmente piqué una y vacié el fluido en mis venas y en mi corazón. Totalmente pasado, esperé unos minutos para regresar a la estancia. Entonces volví y me senté de nuevo en el sofá, traté de parecer normal, pero era difícil ocultar la intensidad de lo que sentía. Cuando mamá me miraba, pretendía que estaba realmente enfermo y que había estado vomitando.

El día pasó y papá regresó para iniciar su turno conmigo. Él es un gran padre e hizo lo mejor para mantenerme entretenido mientras, supuestamente, me desintoxicaba. De hecho, realmente comenzaba a sentirme enfermo de nuevo, pues el conecte sólo me había fiado lo suficiente para una pelota veloz. Pasamos la tarde jugando juegos de salón, resolviendo crucigramas y mirando películas. Después me dió helado y preparó una tina caliente para mí. No escatimaba esfuerzos para que mi desintoxicación fuera lo más cómoda posible, pero el único pensamiento en mi mente era conectar cada vez que pudiese. Al llegar la hora de dormir, me hacía acostarme en el mismo cuarto que él, para asegurarse de que no saliera a conectar mientras él dormía. Estaba en lo correcto, lo habría hecho. Una vez que estuve acostado, cerró la puerta del cuarto y se quedó con la llave, así que no hubo manera de que pudiera salir.

La mañana siguiente, estaba verdaderamente enfermo. Papá se fue a trabajar y mamá inició su turno. Ella también hacía todo lo que podía para hacerme sentir mejor, preparaba mis alimentos y me hacía compañía. Pero cometió un error fatal. Dejó las llaves de su auto sobre la mesa. Las noté cuando estaba sentado intentando comer la poca comida que mi estómago toleraba. Las miré fijamente por un minuto.

Eran las llaves de mi libertad. Esperé a que ella fuera al otro cuarto y cuando lo hizo las tomé y corrí. La oí gritar pero no me importó. En todo lo que podía pensar era en conseguir heroína. Corrí hacia fuera, entré en su auto y me fuí. Por el espejo retrovisor la vi correr tras de mí, pero no había manera de que me alcanzara.

Tras unos cuantos kilómetros, me detuve y salí del auto. Mis manos temblaron por la desintoxicación y estaba desesperado por conectar, pero no tenía dinero y sabía que el conecte no me volvería a fiar. No me importaba lo que tuviera que hacer para conseguir el dinero, así que me acerqué a la gente para preguntar si compraban mis zapatos por diez dólares. Había salido de casa con tal locura que hasta me había olvidado de ponerme una camisa, así que era obvio por mis trazos y mi esquelético cuerpo blanco que era un yonqui en búsqueda de su próxima dosis. Eso no me detuvo. Seguí yendo de una persona a otra, rogando y suplicando: "¡Por favor compren mis zapatos!"

La mayoría de la gente a la que me acerqué, trató de evitarme, como si fuera una persona sin hogar mendigando dinero, pero seguí intentándolo. Después de un rato, me encontré con un adolescente que aceptó comprar mis zapatos por diez dólares. Me los quité y me dio el dinero. Entonces llamé a mi conecte desde el teléfono público más cercano, y conecté.

En el momento en que tuve las drogas, corrí a un restaurante que estaba lleno de gente y me dirigí directamente al baño. Literalmente empujaba a todos fuera de mi camino. Ellos me gritaron, pero nadie me tocó pues les causaba demasiado temor —un muchacho cubierto de cicatrices, sin camisa ni zapatos y que parecía recién salido de la alcantarilla. Sabía que la gerencia probablemente llamaría a la policía, pero no me importaba, necesitaba mi piquete.

Corrí al baño, desgarré la pelota tan rápido como pude y llené la jeringa. De nuevo mis manos estaban temblando y tuve problemas para atinarle a la vena. En un intento desesperado clavé la aguja a través de la vena hasta salir por el otro lado. Saqué la aguja e iba a comenzar a picarme todo el brazo para encontrar otra vena, cuando me vi en el espejo.

La sangre descendía por mi brazo hasta el piso. Mi color era blanco pastoso y pesaba menos de 60 kilos. Mi cabello estaba grasiento y no llevaba ni zapatos ni camisa. Con los dientes detenía un cinturón alrededor de mi brazo, en mi mano tenía una jeringa cubierta de sangre y cargada de heroína. El gerente golpeaba la puerta y gritaba que iba a llamar a la policía. La perspectiva y la situación eran horrorosas.

Supe que si lograba atinar a una vena, podría salir de ahí antes de que llegara la policía, así que continué cavando en mi brazo hasta que finalmente le atiné a una. Hundí el émbolo. Pasaron unos segundos y el dolor se esfumó cuando llegó la pelota veloz a mi corazón. Esperé un minuto disfrutando la sensación. A esas alturas no me importaba lo que pensaran de mí, así que abrí la puerta del baño con el cinturón alrededor del brazo, la jeringa en la mano y la sangre corriendo, y procedí a cruzar el restaurante. La gente comenzó a voltear, a mirar y a gritar, pero no me importó. Un día más en la vida de un yonqui. Me subí al auto de mamá y arranqué antes de que los policias llegaran.

La hora más oscura viene justo antes del alba

Al conducir a casa, la realidad de mi situación se cayó sobre mí y comencé a sentirme severamente deprimido. Sabía que cuando llegara, papá me iba a llevar directamente a la clínica de rehabilitación o al anexo, donde tendría que patalear sin medicamentos o supervisión médica. Había perdido todo lo que era importante en mi vida, exceptuando el apoyo de mis padres; y temía que pronto lo perdería también. Me daba pavor regresar a casa y enfrentarlos. Comencé a pensar en Ashley y en cuánto la extrañaba. Me sentí tan solo que rompí en llanto. Ideas de suicidio comenzaron a correr por mi mente. Quería morir, pero me preocupaba lo que harían mis padres. No deseaba dejarlos así. Si no hubiera sido por ellos, me habría colgado. Estaba comenzando a creer que viviría preso de las drogas para siempre. La idea de pasar el resto de mi vida como un adicto a la heroína en búsqueda de su siguiente dosis, me aterró tanto que decidí darme una última oportunidad para estar sobrio.

Cuando llegué a casa papá y mamá me esperaban. No tenía caso tratar de disfrazar lo que había sucedido. Papá quería asegurarse de que no tuviese más drogas conmigo, así que me tensó como lo habría hecho un oficial de policía. Fue humillante, pero entendí su lógica. Él ya tenía listas mis maletas.

No dije nada mientras me condujo al anexo. Fue una época triste de mi vida. No deseaba ser un mal hijo, no quería decepcionar a papá. Me sentía como una lacra. No tenía idea de cómo me había sucedido todo eso. Después de haber visto a mamá pasar por ello, debí ser más consciente.

—Pax —me preguntó papá de nuevo mientras íbamos en el auto—, ¿sabes por qué utilizas heroína?

—Creo que no —le dije—, fuera de que me hace sentir realmente bien.

—No, tiene que haber más en ello que eso —dijo—. Tiene que haber algo que te lleva a usarla. Deberías pensar en esto mientras permaneces en el anexo, porque si puedes encontrar por qué lo estás haciendo, quizá eso te ayude a sanar.

—La única razón por la que la uso es para sentirme bien —insistí. Finalmente dijo: "Sé que existe una razón por la cual usas las drogas y el alcohol. Ignoro cuál sea, pero la vamos a descubrir. Te he concertado una serie de citas con personas que nos ayudarán a encontrar la respuesta. Hay una razón más profunda o un problema existente en tu vida anterior a que empezaras a usar drogas, que causa esto y tú lo vas a descubrir."

De entrada no acepté esta idea. No me gustaba pensar que hubiera algo más que estuviera mal en mí, además de ser un adicto a la heroína. ¡Así como estaba ya tenía suficientes problemas! La última cosa que quería hacer era investigar mi alma y excavar en busca de más complicaciones. Pero a partir de entonces, de alguna forma, esa pregunta permaneció en mi mente como nunca antes.

El anexo alojaba a otros veinte hombres que también estaban sobrios. No era una casa grande, de modo que las instalaciones estaban repletas. Compartía la recámara con tres de ellos. Había literas y yo tenía una de las camas de arriba. Me sentía muy solo y asustado. Podía sentir la enfermedad deslizarse por mis huesos. Y sabía que en cuestión de horas estaría literalmente incapacitado para moverme. Me acomodé en la litera mirando al vacío y preguntándome por qué me sucedía eso. Había pasado diez años de mi vida consumiendo drogas. No estaba seguro de la razón, pero sabía que ahora tendría tiempo para descubrirlo. Estaba en el anexo sin dinero y sin auto, y quedarme ahí era mi única opción. Cuando estás pataleando, puede ser difícil pensar en cualquier cosa que no sea lo mal que te sientes, pero estaba determinado a descubrir lo que me impulsaba a consumir heroína.

¿Por qué usaba heroína? La pregunta de papá regresaba constantemente a la superficie de mi mente; aunque yo sólo tenía la misma respuesta: la uso porque me hace sentir bien. Entonces comencé a pensar un poco más en ello. ¿Qué era lo que me hacía sentir tan mal, y por qué la heroína me hacía sentir tan bien? Pero aún no tenía respuestas.

Entonces papá tomó una de las decisiones más importantes en ese momento de mi vida. Decidió que crearíamos nuestro propio programa de curación. De ahora en adelante, no confiaríamos en ninguna opinión mas que en la suya. Insistía en que existía una razón por la que yo usaba drogas, y en que la íbamos a encontrar.

Tan pronto como pasó lo peor de la enfermedad, papá comenzó a llevarme a una ronda de citas y pruebas. Acupuntura, acupresión, análisis de sangre, orina, saliva, aminoácidos, péptidos, triglicéridos y hormonas. Me llevó a ver psicólogos, un terapeuta de matrimonios y familia e hipnoterapeutas. También me consiguió un entrenador personal y comencé a fortalecerme. A intervalos irregulares fuí examinado por drogas durante las semanas siguientes. Al comenzar a sentirme saludable y fuerte de nuevo, mi mente empezó a aclararse. Y la pregunta de papá se mantuvo en la superficie, pues continuamente me recordaba: "Lo que estamos buscando es la razón por la que consumes drogas y alcohol. Nadie puede averiguarlo por ti. Podemos ayudar, pero tú debes encontrar la respuesta por ti mismo."

Encontrar la respuesta

Una noche, tras un día particularmente intenso de terapia, estaba sumergido en un baño caliente de tina que había preparado. Eran como las tres de la mañana y, exceptuándome, todos estaban dormidos. Mientras estaba ahí, seguía pensando en la pregunta: "¿Por qué usaba drogas?"

Comencé a inquirir en la naturaleza de mi adicción. ¿Qué hacía cuando estaba drogado que no hacía sobrio? ¿Qué era lo que estaba mal y que el pinchazo de heroína arreglaba?

Y entonces, en un destello, ¡lo supe! Fue como si las puertas del cielo se abriesen y Dios saliera para decir: "Pax, hijo mío, voy a liberarte de tu adicción. Voy a dejarte ver por qué has estado consumiendo heroína y todas las otras drogas durante los últimos diez años."

¡Supe con cada célula de mi cuerpo *por qué!* De hecho, salté de la tina. Sabía lo que estaba detrás de mis diez años de adicción.

Cada vez que consumía heroína, cuando estaba en la profundidad de ese estado usaba la imaginación para verme como una persona exitosa y poderosa, una persona que siempre sabía decir y hacer lo correcto. Era el maestro de cada situación. Me imaginaba como el héroe de mis sueños. Y papá era parte de ello, de hecho, era gran parte de ello. Lo había puesto en un pedestal; habíamos estado muy cercanos durante todos los años en que íbamos a pescar, acampar y viajar, y lo había visto hacer cosas maravillosas: escribir libros; escribir, dirigir y producir una película; conducir seminarios; crear varias compañías exitosas; ser experto negociante; tener millones de amigos y gente que le pide consejo, poseer bienes raíces en diversos lugares; montar a caballo; viajar mucho; ser completamente dueño del lenguaje y sostener brillantes conversaciones en las que me gustaría participar, pero no puedo, pues está más allá de mis habilidades.

Sentí que no había nada que él no pudiera hacer, mientras yo buscaba desesperadamente ser validado por él, era lo que más deseaba. En la profundidad de mi interior, creía secretamente que él jamás me vería como yo quería ser visto. Pero con la heroína podía remontarme, podía volar. Era todo un héroe, un conquistador. Podía vivir mi más grande sueño, realizar mi proeza más indómita, y todo en la seguridad de mi propia mente.

Bajé corriendo hasta el teléfono. Sin importarme que fueran las tres y media de la mañana, lo llamé:

—¡Papá! —grité cuando tomó el auricular.

¿Adivinas lo que dijo?: "Encontraste la respuesta, ¿verdad?"

—¡Sí! —grité—. ¡La tengo!

Soltó un largo suspiro de alivio y susurró: "Gracias a Dios".

A la mañana siguiente, nos encontramos para desayunar. Comencé a decirle que en esencia, todo lo que había estado haciendo durante los últimos diez años de mi vida era huir de mis miedos. Las drogas eran mi escape. Me permitían sentirme del modo en que quería hacerlo en la vida, pero no podía. Sabía que siempre había querido ser una persona confiable, fuerte, guapo, brillante y capaz de hacer cualquier cosa; y eso era lo que las drogas hacían por mí. Me permitían tener las fantasías de todas las cosas que temía ser incapaz de hacer en la vida real. "¿Y sabes por qué lo quería?"

Asombrado, negó con la cabeza.

—Porque quería que pensaras que era tan grandioso como yo pienso que tú eres —continué.

Sus ojos se llenaron de lágrimas y dijo: "Jamás pensé que no lo fueras, Pax". Y entonces nos levantamos a abrazarnos.

Hablamos por un largo rato. Me dijo que cuando tenía mi edad tampoco sabía nada. Dijo que la mayor parte de lo que sabía, había llegado luego de cumplir los treinta años. Que todo lo que quería era que yo fuera feliz, que estuviera sano y que llevara a cabo la misión para la cual estaba en este planeta, cualquiera que ésta fuese. Dijo que mis diez años de adicción jugarían un papel importante en lo que vendría después en mi vida. No tenía idea de lo increíblemente proféticas que resultarían sus palabras. En ese momento, él me dijo que estaba tan orgulloso de mí como podía ser posible.

Después de que partió, di una larga caminata. Las reflexiones se sucedían con rapidez. Me sorprendió tener una muy mala imagen de mí y sentimientos internos de debilidad, como si no pudiera tener éxito. Eran esos sentimientos los que me habían llevado a buscar el escape de la heroína. La heroína era el mecanismo que había usado para manejar mis miedos subyacentes. Ellos eran mis problemas reales; la heroína no era la causante de la adicción, lo eran mis miedos. Esto se volvía más y más claro para mí en la medida en que transcurrían mis pensamientos. Y si esto era verdad para mí, quizá también lo era para todas las personas adictas. Quizá era tal como papá creía; tal vez ellos también medicaban sus problemas subyacentes. Claro, los problemas son diferentes para todos, pero la premisa es la misma: son los problemas los que ocasionan que se consuman sustancias.

Pasaron por mi mente mis tres compañeros de anexo. Uno era adicto a los analgésicos, pues se había dañado la espalda en un accidente de auto. Era claro que había comenzado a usar drogas para medicar su dolor, pero el dolor ya no estaba ahí y yo me preguntaba con qué otro dolor los médicos lo ayudaban una vez que el dolor físico había desaparecido. Él me había contado algunos de los problemas familiares que tenía, así que pensé que la clave podría encontrarse en algún lugar de su pasado.

Entonces pensé en otro de mis compañeros. Era bipolar y tenía severos cambios de ánimo que fluctuaban entre la manía y la depresión. Cuando estaba deprimido, decía que se sentía morir y que la única cosa que lo hacía sentirse mejor era la cocaína. Me quedó muy claro que si su desorden bipolar recibía el tratamiento adecuado, no necesitaría la coca para sentirse mejor.

Mi tercer compañero sufría de uno de los problemas más comunes, un descorazonamiento. Su mujer lo había abandonado y no se había podido recuperar de esa terrible pena. Cada noche cuando llegaba a casa, bebía hasta quedarse dormido. El proceso de anestesiarse, lo ayudaba a evadir el dolor de la pérdida. Lo que necesitaba era un buen psicólogo que lo ayudara a procesarla.

Así proseguí con todos los ocupantes del anexo, como si fuera un científico en un proyecto de investigación y acabara de descubrir el eslabón perdido para algunos problemas irresueltos.

En todos los programas de rehabilitación en los que había estado me habían dicho que la adicción era una enfermedad incurable. En algunos llegaron a decirme que la adicción era algo innato y que esa era la razón por la que consumíamos drogas. Ninguno de los expertos identificaba los problemas subyacentes como las causas, pues no creían en ello. Su idea era que si tenías la enfermedad, simplemente la tenías; y debías aprender a vivir con ella.

Había sido guiado en la dirección incorrecta todos esos años. Los programas de tratamiento en todo el mundo, constantemente nos repiten que la enfermedad que tenemos es incurable. Pero ese concepto no sanará los problemas subyacentes de nadie, porque descarta incluso la posibilidad de intentar detectarlos. Como consecuencia, cuando después de treinta días los adictos abandonan esos centros de tratamiento, aún conservan los mismos problemas con los que ingresaron. Nada ha sido resuelto, nada ha sido curado, y la reincidencia es casi segura.

Medicar el miedo y el dolor

Sentí que comenzaba a sonreír. Supe que desde el principio papá había señalado el eslabón perdido. Aunque él no sabía con exactitud de qué huía, sabía que más allá de mí, había una causa para buscar el estado que las drogas me proporcionaban. Ahora, por primera vez, podía entender con claridad a lo que se refería todos esos años. Que realmente existía una razón para mi consumo de drogas y alcohol, y comenzaba a creerlo, para el consumo de los demás adictos. Pasé el resto de ese día y la mayor parte de la noche pensando en los cientos de personas que había conocido en los centros y anexos de rehabilitación y en las calles. ¡Todos estábamos medicando nuestros miedos y nuestro dolor!

La mañana siguiente llamé a papá y le compartí lo que pensaba. Se entusiasmó porque sabía que iba en la dirección correcta. Luego continué con mi propio programa de rehabilitación. Durante el día veía terapeutas y doctores, y por la noche hablaba con papá.

Con el paso de las semanas, noté que mi mejoría era mucho más rápida que la de los demás ocupantes del anexo. Ellos aún parecían enfermos, y estaban tristes, pues les habían dicho que siempre estarían así debido a su infortunio de haber nacido con una enfermedad. Tras un rato, los demás residentes comenzaron a preguntarme qué estaba haciendo para verme tan bien y por qué estaba tan contento.

Les conté de mi descubrimiento. Comencé a hablar con ellos de lo que posiblemente los aquejaba. Abrí sus mentes a la posibilidad de que no fueran adictos o alcohólicos, sino simplemente personas que, como yo, medicaban sus miedos. Comenzaron a ver la dependencia a las drogas bajo una luz completamente diferente, una que prometía un resultado exitoso. Les compartí mis reflexiones y dije que deberían buscar ayuda para encontrar lo que se encontraba en el fondo de su dependencia.

Estaba comenzando a sentirme confiado en mi nueva fuerza, pero también temía. Había sido adicto y alcohólico por tanto tiempo que desconfiaba de mi nueva creencia, aun si creía que era correcta. Había estado trabajando con un terapeuta casi diario, así como con muchos otros sanadores, incluído un psicólogo, un nutriólogo, un internista, un doctor en medicina china y un terapeuta en masaje shiatsu. Si bien me sentía con más confianza, no quería dejar el anexo hasta que tuviera la certeza de que todos mis problemas subyacentes se habían resuelto.

Un mes después, al yacer sonriente en la cama, feliz de que mi vida fuera tan saludable, se me ocurrió otra idea. Si la aproximación a curar la dependencia mediante el descubrimiento y solución de problemas subyacentes funcionaba tan bien para mí, quizá funcionaría también para otra gente.

Corrí al teléfono, llamé a papá y le dije: "¡Pienso que deberíamos platicar sobre abrir un centro de rehabilitación de drogas enfocado a la curación de los problemas subyacentes, usando todas las clases de terapeutas que estoy viendo ahora!"

Claro que ahora sabes suficente sobre papá como para imaginar su respuesta: "Eso suena como una gran idea —respondió—, hablaremos sobre ello después."

* * *

Ese fue el inicio de lo que se ha convertido en el centro de tratamiento más exitoso del mundo. Ahora que hemos usado nuestro método holístico para curar a cientos de personas dependientes, le aseguramos a cada una que viene a Passages que él o ella puede tomar su terrible y degenerativa adicción para transformarla en algo maravilloso, tal como yo transformé mi adicción en un centro de sanación de clase mundial.

Papá nunca se dio por vencido conmigo, no obstante mi consumo de drogas durante diez años. Jamás se rindió, sin importar lo mal que se pusieron las cosas o todo el dinero que le robé. Imagínate la fe que debió tener en mí para apoyarme en la creación de Passages, cuando continuamente había demostrado que no podía permanecer sobrio. Él supo que estaba curado y que jamás volvería a consumir drogas. A la fecha, me sorprende que haya querido ayudarme. No me dio una segunda oportunidad, era la oportunidad número cuarenta, pero la abrazó con todo el corazón.

He estado sobrio y limpio por cinco años, y papá y yo seguimos trabajando tiempo completo en Passages. Mamá sigue sobria y es un maravilloso ejemplo para mí pues siempre se encuentra feliz.

Ashley encontró en su corazón la forma para darme otra oportunidad, y hoy seguimos felizmente juntos. Nunca me he sentido mejor, he resuelto mis problemas, enfrentado los miedos y debilidades subyascentes, de modo que dejen de arruinar mi vida.

Me gustaría agradecer de nuevo a papá por creer en mí. Si no fuera por él, Passages jamás se habría vuelto realidad:

> Papá, has probado ser un padre entre los padres. Eres la estrella en mi mundo y tu increíble sabiduría alumbra el camino. Ser tu hijo ha constituido un verdadero honor. Eres la persona más sabia que jamás he conocido, y cada vez que estoy cerca de ti siento como si estuviera con un ser antiguo de incuestionable sabiduría. Gracias por enseñarme todo lo que sabes. Sin las valiosas lecciones que me has dado, jamás me hubiera convertido en el hombre que hoy soy.

Finalmente, quisiera agradecerte por leer mi historia y pedir ayuda. Eres fuerte y valiente, y este es el primer paso que das hacia la sanación para que el resto de tu vida se encuentre libre de drogas y alcohol. Se requiere una persona valerosa para enfrentar el destino y superar los obstáculos que se interponen en el camino a la libertad y el éxito, pero yo creo en ti. Tú puedes lograrlo.

Capítulo 4
Cambia el paradigma de tratamiento

El día que a los dieciocho años Pax vino a casa y me dijo que estaba enganchado a la heroína, yo no sabía nada de ella, excepto que se trataba de una droga ilegal y que era poderosamente adictiva. Ignoraba, por ejemplo, que era una de las adicciones más difíciles de superar, que el promedio nacional de reincidencia es de 86 por ciento y que sólo 14 por ciento de los adictos a ella se recuperan totalmente. Ignoraba también que los síntomas de supresión son severos.

Pax lloraba ese día, pero no por la severidad de los síntomas de supresión, que aún no había experimentado. Lloraba porque, más que nada en la vida, quería parecer grande ante mis ojos. La idea de aparecer como un adicto, era más terrible para él que los posibles síntomas de supresión. Aunque su sentimiento de inferioridad era parte de lo que estaba en la médula de su dependencia, ni Pax ni yo nos dimos cuenta de ello.

Permanecí tranquilo. No entendí por qué hacía tanta alharaca. Pensé que simpemente "lo bajaríamos de la droga" y eso sería todo. "No hay problema", le dije. "No te preocupes por nada. Lo arreglaremos de inmediato." No sabía que era el comienzo de un viaje al infierno.

Ya conoces la historia de Pax, así que abreviaré la mía. Llamé a nuestro médico de cabecera, conseguí prescripciones para lidiar con el insomnio, los calambres, el dolor de cabeza, los espasmos musculares, el dolor y la náusea, y me senté con Pax durante los siguientes dieciocho días, mientras se desintoxicó de la heroína. Los primeros cinco días fueron los peores, con calambres musculares, insomnio, náusea, dolor de huesos y una sensación general que lo hacía querer morir; le ofrecí videos, conversación, películas cuando sentía ganas de verdad, así como baños calientes e infinidad de cuidados amorosos. Luego de ese tiempo, cuando se sintió bien de nuevo, lo mandé de regreso a la escuela. Estaba contento por la experiencia y contento de que hubiese sido dolorosa y severa, pensé: "¡Él jamás volverá a hacerlo!"

Los siguientes seis años fueron una batalla por la vida de mi hijo. Logré que se limpiara cuarenta o más veces, y en cada ocasión reincidió. Con cada retroceso le preguntaba: "¿Sabes por qué lo haces?" En el fondo, en ese lugar intuitivo que todos tenemos, sabía que había una razón detrás de su adicción. Sin embargo, cada vez que le preguntaba el motivo por el que la usaba, respondía que no sabía, pero que era la sensación más increíble que había experimentado. Cuando le pregunté qué sentía al usar heroína, me dijo que era como "mirar en el rostro de Dios".

Curar las causas, no castigar a la persona

Llevé a Pax con terapeutas de drogas, terapeutas de alcohol, psicólogos, psiquiatras y asesores de todo tipo. Ellos sugirieron programas de tratamiento residenciales por abuso de sustancias, programas de doce pasos, y más asesoría; pero ninguno de ellos buscó jamás descubrir *por qué* Pax consumía heroína. Además, todos querían siempre prescribir medicamentos, cosa a la que nos rehusamos, excepto cuando Pax se encontraba "pataleando". En casi cada caso las sugerencias se dirigían a crear un ambiente que redujera las oportunidades de usar heroína: cambiar su círculo de amigos, asistir a juntas de doce pasos, no permitirle salir de casa solo, no dejarlo salir de noche, recogerlo de la escuela, no premiarlo con películas, televisión o videos, y hacerlo trabajar en la casa o en el patio. En otras palabras, me estaban sugiriendo castigarlo por su mal comportamiento y mantenerlo lejos de los proveedores de heroína. Nada de eso funciona. Las drogas están en todos lados.

Los enfoques de tratamiento basados en el "castigo" y las "malas consecuencias", son la base del tipo de pensamiento que prevalece en cada centro residencial de tratamiento por abuso de sustancias que conozco en Estados Unidos. Ellos creen que limpiar escusados y pisos, y en general, ocuparse en tareas domésticas, es parte del proceso de rehabilitación. Piensan que si tratan a sus clientes como si fueran "malos", los desaniman a usar alcohol o drogas. Su otra gran estrategia de tratamiento está en decir a sus clientes: "Si no te detienes, perderás la salud, el crédito, esposa, padres, novia, auto, casa, dinero, amigos, etcétera."

Sin embargo, como aprendiste con la historia de Pax, ese enfoque no funciona, incluso si alguien se encuentra al borde de la muerte. He visto alcohólicos que continuaron bebiendo aún cuando sus médicos les dijeron que morirían en seis meses si continuaban con la bebida. Sin importar cuál sea la amenaza o el peligro —el divorcio, ser expulsado de una sociedad, ser impedido para ver a los hijos, perder la salud, perder el trabajo, ir a la cárcel—, los alcohólicos y adictos continúan usando el alcohol o las drogas. Si esa clase de amenazas no funciona, trapear pisos, limpiar escusados y hacer tareas domésticas, lo hacen mucho menos.

Un ejemplo de este enfoque llevado al extremo, lo leí en 2003 en un artículo periodístico sobre un exitoso programa de tratamiento de heroína en Rusia. El centro de tratamiento se encontraba en Siberia. El método utilizado era encadenar al adicto a un camastro y golpearlo severamente a intervalos con un cinturón, a lo largo del día y durante treinta días. El centro reportó un grado de éxito de 95 por ciento. En efecto, puede ser un tratamiento exitoso en Rusia, pero intuyo que aún cuando sea exitoso y los adictos dejen de utilizar heroína, harán algo más para paliar las condiciones subyacentes, que son las que se evaden con el uso de heroína. Tal condición resurgirá de otras formas, como en ataques de ira, depresión severa, nerviosismo, algún tipo de comportamiento abrupto, o hasta el suicidio.

Son las causas, no la persona dependiente, las que deben ser corregidas. Por eso veo que la "guerra contra las drogas" en Estados Unidos, está siendo peleada de manera poco realista. Esta "guerra" está enfocada a luchar con los distribuidores de droga, y con el uso de las drogas en territorio nacional y en el extranjero; cuando el esfuerzo debería estar dirigido, antes que nada, a tratar y curar las causas que llevan a la gente a usarlas. No tendríamos mucha necesidad de una guerra si la gente dejara de usar drogas. Es como pelearse contra el uso de remedios para dolor de cabeza; jamás funcionará hasta que la condición que causa los dolores de cabeza sea aliviada. Los programas carcelarios también se beneficiarían grandemente si se entendiera la importancia de tratar las causas subyacentes al comportamiento delictivo. Desconozco cuál es el porcentaje de ofensores reincidentes, pero es alto, y prueba suficientemente que las consecuencias no los detienen.

Los programas unitalla no funcionan

El modelo de tratamiento de la dependencia vigente en los centros de tratamiento para el abuso de sustancias, deberá cambiar si es que el alcoholismo y la adicción han de ser superados en nuestra sociedad. Deberá corresponder al malestar y *el malestar no es el alcoholismo, la adicción o las drogas y el alcohol.* Una vez diagnosticada la causa correcta, la sanación comenzará y la tan esperada cura se llevará a cabo.

Lograr el objetivo es difícil cuando los programas de tratamiento no son individualizados. En casi todos los centros de tratamiento en el mundo, entre 96 y 97 por ciento del tiempo de cada programa, está enfocado a juntas de grupo y sólo se programa una sesión individual por semana. La mayoría de los centros ofrece un programa unitalla para servir a todos, como una tienda departamental que ofrece una sola talla de ropa para los compradores. Ellos esperan que, mientras sus clientes están sentados en sus juntas de grupo, alguna palabra mágica caiga en sus regazos y los libere de pronto de la adicción a las drogas y el alcohol.

No sucede así. Cada cliente es diferente, por tanto, las razones que tienen para volverse dependientes son diferentes. Es como llevar diez personas a una clínica para un tratamiento, una por un hueso roto, otra por tos, otra por una cortada en un dedo, otra por diarrea aguda, otra por una infección en un ojo, y otros por diversos problemas, y tratarlos a todos enyesándoles el brazo. En el centro de tratamiento unitalla, los pacientes se sientan en juntas todo el día y toda la tarde, y escuchan las historias de todos. Al finalizar la primera semana, saben las historias de los demás. Esto continúa por tres semanas más, y entonces, la mayoría regresa a casa con los mismos problemas con los que ingresaron.

Gran parte del "tratamiento" consiste en esperar que las amenazas que mencioné funcionen, amenazas sobre las tenebrosas consecuencias que obtendrán más adelante, tanto los adictos como sus seres amados. Tratar de asustar a la gente para que permanezca sobria; al advertirles de las terribles consecuencias, no detiene a alguien dependiente. Solamente descubrir y sanar las causas de cada dependencia particular, acaba con el problema. Las sesiones de uno en uno son la clave, porque los problemas en la médula de la dependencia son exactamente eso: completamente individuales.

Otro aspecto del paradigma de tratamiento tradicional, que contribuye a su deplorable nivel de éxito, es que frecuentemente el tratamiento mismo refuerza una imagen propia negativa. Primero, piensa en el estigma que conlleva la idea de que el alcoholismo es una enfermedad, un mal incurable, y luego considera que tú lo padeces. Es una idea terrible que infligirle a alguien. Etiquetar el alcoholismo como una enfermedad, una causa en sí, simplemente ya no cuadra con lo que sabemos hoy sobre sus causas.

Aún más potente es el estigma que rodea nuestra imagen de los alcohólicos y adictos. Cuando éramos niños, todos sabíamos lo que era un "borracho". Los veíamos escarbando en los botes de basura, apestando a orina y calzando tenis con agujeros. Los veíamos dormidos en callejones y pasillos. Escuchábamos historias de borrachos que golpeaban a sus esposas e hijos. Peor aún, algunos de nosotros vivimos tal abuso, y supimos que no queríamos crecer y ser ebrios. Hay un estigma en ser un alcohólico que es imposible borrar, aun cuando somos adultos y han pasado muchos años. El estigma existe en la mente de todos. Lo mismo es verdad para los adictos. Supimos de los "yonquis" y supimos que nunca quisimos ser uno. Sin embargo, hoy, al hablar en una junta de AA, a la gente se le pide que se presente como alcohólica, adicta o ambas.

Poder, no impotencia

Sé que AA y otros programas de doce pasos han salvado muchas vidas. En 1935, cuando no existían otros programas, los fundadores de AA, Bill Wilson y el doctor Robert Smith, subieron a la platea y actuaron para ayudar a una población lisiada. Todo el crédito por el establecimiento de un maravilloso grupo salvador de vidas es de ellos y de quienes han llegado después de ellos para continuar la tradición. Pero existen cientos de millones de personas que aún necesitan ayuda y que no se encuentran entre los dos o tres millones que asisten a juntas de doce pasos.

Pax y yo recibimos todas las llamadas que se hacen a Passages, y hablamos con miles de personas. Muchos de ellos están en contra del programa de AA. Nosotros de hecho usamos una versión modificada del programa de doce pasos que gusta a la gente y que encuentra efectiva. La mayoría de la gente con la que hablamos, a la que no le gusta el programa de AA, nos dice que no asisten a las juntas de AA por la simple razón de que no les agrada llamarse adictos o alcohólicos.

AA se propone estar abierto a cualquiera, tal como declara la Tercera Tradición: "El único requerimiento para ser miembro de AA es el deseo de dejar de beber", pero no está abierto para todos. Está abierto sólo para aquellos que están dispuestos a declararse públicamente como alcohólicos o adictos y que están dispuestos a renunciar a su derecho inherente de independencia, declarándose impotentes ante las drogas y el alcohol, tal como lo enuncia el Primer Paso: "Admitimos ser impotentes ante el alcohol y que nuestras vidas se han vuelto ingobernables."

Tener que abandonar nuestro poder para mejorar, es en sí mismo desagradable para cualquiera; y forzar a la gente a afirmar que es adicta y alcohólica para que pueda hablar en una junta, es vergonzoso y desmoralizante. El estigma de tales etiquetas es tan grande, que la mayoría de las personas no lo toleran. Tales declaraciones arruinan la autoimagen saludable. Nos convencen de que aun si alcanzamos la sobriedad, permanecemos quebrados en lugar de enteros, arruinados en lugar de renovados y ligeros.

Creo que aquellos que son renuentes a afirmar que a pesar de haber alcanzado la sobriedad, aún son adictos y alcohólicos saben, quizá de modo inconsciente, que la programación mental inherente al declararte como tal, es enormemente dañina. El pequeño beneficio anexo a dicha admisión, misma que es un recordatorio de que el que fuera alcohólico está en constante peligro de reincidir, es superado con mucho por la pobre imagen propia que genera. Cuando la gente que se cree adicta o alcohólica sufre de gran estrés o trauma, mentalmente se otorga permiso para beber o usar drogas como remedio. Después de todo, ¿no son ellos adictos o alcohólicos? ¿Y qué cosa hacen los adictos y alcohólicos? Ellos beben y usan drogas.

La literatura de AA proclama que nadie sabe qué origina el alcoholismo. En el pasado, la gente creía que la Tierra era el centro del universo, pero luego Copérnico y Galileo cambiaron ese punto de vista. Hoy, si alguien afirmara tales sandeces, nos reiríamos de él. De manera similar, las causas del alcoholismo son hoy bien conocidas, en este libro leerás sobre ellas. Es tiempo de dejar de repetir la misma desinformación de que el alcoholismo es un "misterio" y en su lugar lanzarnos hacia el futuro con un nuevo paradigma de tratamiento, uno que contenga conocimientos actuales y que dé un lugar a nuestro poder innato, en vez de generar impotencia.

Cuando a Pax y a mí se nos ocurrió abrir Passages, un conocido me recomendó que hablara con un abogado de Beverly Hills, quien podría tener algunas buenas ideas. Dado que mi conocido sabía de las reservas que abrigaba ante los programas de doce pasos, me advirtió: "Sé cuidadoso, él es un *docepasero* empedernido."

Llamé al abogado y le hablé de nuestras intenciones. De inmediato preguntó: "¿Tu centro tendrá una orientación de doce pasos?"

Le aseguré que la incluiría, pero le dije que tenía algunas reservas sobre el programa de doce pasos. Lo podía escuchar resollando sobre el teléfono al preguntarme: "Oh, ¿sí? ¿Cuáles son?"

—Bueno —dije— el Primer Paso—.Y hasta ahí llegué.

—Se acabó, me perdiste, me voy— estalló.

—¡Espera! —dije—. ¡No cuelgues! Dime qué te molesta tanto.

—Desperté en un hospital hace dos años —respondió—, había estado en coma tres días por beber alcohol, y supe absolutamente, sin duda alguna, que no tenía poder sobre el alcohol. Decidí entonces, ahí mismo, hacer algo al respecto. Llamé a AA, me hice de un padrino, al que llamo cinco veces al día y voy a cinco juntas por semana. ¿Qué piensas de eso?

—Me parece como que tu poder entró pateando con toda la fuerza —le dije. Él azotó el auricular.

¿Cómo pudo no ver lo que era tan evidente? Decidió tomar el control sobre su hábito de beber y lo hizo. Eso no era ser impotente. Era lo opuesto. Cada persona que es exitosa en el programa de AA es una prueba viviente de que tiene poder sobre las drogas y el alcohol: el poder de dejarlas. Cuando el *Libro Grande* (la biblia de Alcohólicos Anónimos) habla del Primer Paso, dice: "Admitimos que *éramos* impotentes ante el alcohol." Nota que el *éramos* está en tiempo pasado, no presente. No dice que *somos* impotentes; dice que *éramos* impotentes ante éste. La declaración puede interpretarse de diversas maneras, pero me parece que implica que si bien alguna vez fuimos impotentes, luego decidimos usar nuestro poder para hacer algo al respecto de nuestra dependencia.

Una oportunidad de magnitud sin precedentes

Los tiempos cambian y se hacen descubrimientos que producen nuevos enfoques, bajo cuya perspectiva las técnicas y acercamientos anteriores son menos efectivas. El cambio es inevitable. Permanecer rígido cuando todo el mundo cambia y avanza es invitar al infortunio. En particular, el programa de AA está siendo retado por una oportunidad de magnitud sin precedentes. El no enfrentar dicho reto no hará justicia al alto precedente establecido por los dos valerosos hombres que fundaron AA, ni tampoco favorecerá el crecimiento de AA en el futuro, para que ilumine un nuevo camino para la gente necesitada de todo el mundo.

Pido disculpas a los miembros de cada grupo de doce pasos en el mundo, particularmente a los miembros de Alcohólicos Anónimos, por las veces en que en este libro he escrito lo que podrían parecer comentarios desfavorables sobre algunos de los pasos y principios utilizados por los grupos de AA. No es mi intención ofenderlos. Me encantaría ver al programa de AA despegar y remontarse, para incluir a muchos más millones de gente. Después de todo, nuestro objetivo es el mismo: ayudar a quienes abusan del alcohol y las drogas a alcanzar la completa recuperación. Como tú, yo creo que una vez recuperada, la gente jamás debe de volver a consumir alcohol o drogas. La única diferencia entre nosotros es el camino al que nos avocamos para alcanzar y mantener el objetivo de la sobriedad.

Han pasado los días en que no había más remedio que pertenecer a una fraternidad que ofreciera apoyo a la gente que luchaba para alcanzar la sobriedad. Hay una forma más efectiva. Bill Wilson y el doctor Bob Smith eran visionarios, hombres que vieron un problema y dieron valientes e intrépidos pasos para hacer algo al respecto. Deseo que puedas cambiar ligeramente y adecuar el programa a tus necesidades, quitando las partes que muchos, si no la mayoría de personas, desaprueban y encuentran poco útiles.

La reincidencia no es parte de la recuperación

Todas las veces que he usado la palabra cura para hablar sobre alcohólicos o adictos en presencia de personas que trabajan dando un tratamiento para el abuso de sustancias, me interrumpen a mitad de la frase, como si hubiese proferido una obscenidad: "¡No existe tal cosa! ¡El alcoholismo y la adicción son para siempre!", se me ha repetido una y otra vez. De hecho, algunos terapeutas se sienten amenazados cuando me escuchan hablar de una cura, incluso se vuelven bastante agresivos. Ellos se adhieren constantemente al precepto básico de Alcohólicos Anónimos:"Una vez alcohólico, alcohólico para siempre", y: "Una vez adicto, adicto para siempre"; y lo ofrecen como prueba de que tienen razón sobre que una cura es imposible.

Aparentemente existe evidencia para justificar tal creencia. Un estudio del gobierno estadounidense sobre más de 1.5 millones de consumidores de drogas y alcohol destacó que más de 25 por ciento de los consumidores de heroína ha estado en cinco o más centros de tratamiento sin éxito.[1] El nivel de reincidencia nacional para todas las drogas es casi del 80 por ciento y aún más alto (86 por ciento) para los consumidores de alcohol y heroína.[2] La mayor parte de las reincidencias ocurre pocas semanas después de que los alcohólicos y adictos han intentado estar sobrios, y muchas ocurren a los pocos días. Aun gente que ha permanecido sobria por diez, veinte o treinta años reincide. La mayoría de los adictos y alcohólicos reincide no sólo una sino muchas veces. Sin importar qué tan desesperadamente quieren dejarlo, repetidamente regresan al alcohol o a sus drogas favoritas.

De hecho hay un principio que se menciona en los programas de doce pasos y en la mayoría de los centros de tratamiento que dice que: "La reincidencia es parte de la recuperación." Es una frase peligrosa que se basa en un mito, y que da a la gente permiso para reincidir, pues piensan que cuando lo hacen, se encuentran en el camino hacia la recuperación. Que el nivel de fracaso de algunos programas de tratamiento sea tan elevado no significa que la reincidencia tenga que ser la norma. *La reincidencia no es parte de la recuperación* sino del fracaso. La reincidencia es un regreso a la dependencia. La *sobriedad* es parte de la recuperación. Puedes comenzar a entender el motivo de que el nivel de reincidencia sea tan alto: la gente intenta recuperarse sin curar las causas subyacentes, y eso es como tratar de no rascarte cuando tienes comezón en la pierna.

Cuando miras el promedio mundial de reincidencia entre alcohólicos y adictos, es difícil no creer el refrán "la reincidencia es parte de la recuperación". Pero el éxito del programa de tratamiento de Passages ha probado lo contrario. De hecho, hemos registrado el término "Sobriedad fácil,", que significa que permanecer sobrio es fácil una vez que has curado exitosamente las causas subyacentes responsables de tu dependencia.

Muchos de nuestros graduados nos llaman para darnos noticias de sus éxitos en negocios, matrimonio, relaciones y condiciones generales de vida. Hay un innegable aire de certeza, incluso de victoria, en sus voces. Están agradecidos por su cura más allá de lo que las palabras pueden expresar. Y son libres. Podemos escuchar el sonido de la libertad en sus voces cuando hablan de los objetivos que han logrado desde que se fueron de Passages y de los planes que tienen para el futuro. No hay trazas de incertidumbre en sus voces, ni de que estén temerosos de defraudarse en el futuro como lo hicieron en el pasado. El fantasma de la reincidencia no se cierne sobre ellos. Se casan, tienen hijos, inician nuevas carreras, participan en nuevos negocios, retoman negocios anteriores, continúan con los intereses descubiertos durante el tratamiento, sanan viejas heridas emocionales, renuevan amistades interrumpidas y hacen enmiendas.

Descubrir el dolor que te lleva al uso y al abuso

¿Qué hace posible la maravillosa recuperación de nuestros clientes? Primero que nada, ellos se merecen el crédito. Cada persona lo hizo por sí misma. Participaron de lleno en nuestro programa; aunque algunos hayan entrado al programa con reticencias, a los pocos días respondieron enteramente a la atmósfera de sanación, al amor y a la gran experiencia de nuestros terapeutas.

Estuvieron dispuestos a mirar con profundidad su pasado, los recesos de su mente, y las razones por las cuales abusaban de las sustancias.

Es decir, que estuvieron dispuestos a buscar en su interior los motivos de su abuso de sustancias y quisieron realizar cambios dentro de sí mismos para liberarse de la dependencia. Ellos dejaron de culpar a otra gente y circunstancias por su condición, y se hicieron responsables de sus acciones, tanto pasadas como presentes. En muchos casos, hemos encontrado malestares físicos que constituían las causas directas de su dependencia, y cuando éstos sanaron, su dependencia terminó, particularmente en los casos en los que los analgésicos eran la droga predilecta.

Una clave esencial para la recuperación en Passages, es que cada miembro del equipo considera a la dependencia como, ni más ni menos, el esfuerzo de alguien para enfrentar la vida. Así es como tú también deberías considerarla. Sabemos que no quieres ser un borracho y que no quieres engancharte a las drogas. Lo haces porque no puedes enfrentar tu vida sin algún tipo de apoyo, aun si tal apoyo es dañino.

Reconocemos que has usado sustancias para tratar de recuperar tu equilibrio perdido, porque buscas sentirte como lo hacías antes de que surgiera la necesidad de consumir drogas o alcohol. Sabemos que usas sustancias para alterar tu ánimo, para encubrir tu tristeza, para suavizar tu descorazonamiento, para aligerar tu carga de estrés, para borrar tus recuerdos dolorosos, para escapar de tu hiriente realidad, para hacer soportables tus insoportables días o noches.

Nada más ha funcionado para ti. Ningún doctor, terapeuta, centro de tratamiento, especialista en adicción, padres, cónyuge, novio/a o amigo/a te ha ofrecido un remedio para tus problemas y tu dolor; pero has encontrado un remedio que funciona. Ese es el problema con las drogas y el alcohol: funcionan. Te ofrecen liberación del dolor que te lleva a usar y abusar de sustancias. En Passages, nunca hemos encontrado que sea de otro modo, en el fondo de toda dependencia de cualquier persona, siempre hay dolor. *Descubrir el dolor y sanarlo es un paso esencial para terminar con la dependencia.*

Nancy había estado bebiendo veinticinco años. Bebía hasta desvanecerse y tenía múltiples moretones por sus caídas. Ella estuvo sin éxito, en incontables centros de tratamiento y había asistido a muchas juntas de AA. El día que Nancy llegó a Passages, nuestro director médico tomó sus signos vitales —su pulso, presión y temperatura— y le dijo: "Querida, tu pulso en reposo es de ciento dos en lugar de setenta y cinco, el considerado normal. ¿Estás bebiendo para poder dormir de noche?"

—Claro —respondió, como si fuera obvio. Él le dio un medicamento que bajó su rango de latidos al normal. Nancy terminó el programa y partió a casa sobria.

Vivió todo eso por tratar al alcoholismo como la enfermedad que no es. Esa pobre alma se había estado noqueando durante veinticinco años, cuando cualquier doctor competente o hasta una enfermera, la hubiera salvado de todos esos años de abuso.

¿Y qué decir de los centros de tratamiento a los que acudió por ayuda, donde le dijeron: "Una vez alcohólica, alcohólica para siempre"? Lo que le repitieron es que era una alcohólica, que lo sería para siempre, porque el alcoholismo era una enfermedad incurable que padecía. La verdad es que en lo que la ayudaron fue en decirle que el alcoholismo era para siempre.

¿Qué podemos pensar de las juntas de doce pasos a las que asistió, donde le dijeron: "Una vez alcohólica, alcohólica para siempre"? ¿Puedes ver que lo más probable sea que las juntas y centros de tratamiento que no tratan las causas reales de la dependencia, sean de poca o nula ayuda? De hecho pueden ser muy dañinas. Uno de los trabajos más duros que tenemos en Passages es ayudar a nuestros clientes a *desaprender* lo que han aprendido en otros centros de tratamiento. Una conversación frecuente que sostengo con mis clientes cuando recién ingresan es la siguiente:

—Hola, soy Chris. Bienvenida a Passages.

—Hola. Soy Mary. Soy una alcohólica.

—No. No lo eres.

—¿Qué?

—Tú no eres una alcohólica.

—Sí. Lo soy.

—No. No lo eres.

—¿Qué soy yo?

—Eres una dulce y maravillosa persona, que está interiormente herida y que simplemente se ha vuelto dependiente del alcohol para poder librar el día a día.

Poco tiempo después, invariablemente, esa persona se acerca a mí para decirme: "Cuando me dijiste que no era una alcohólica, hiciste mi día. Es tan grande el alivio… no tienes idea."

Un respiro de aire fresco

Lo que tú creas es uno de los aspectos más importantes para curarte y vivir una vida feliz. ¿Recuerdas la historia que conté anteriormente sobre Roger Bannister, que rompió el paradigma existente de que era imposible correr una milla en menos de cuatro minutos? Y, ¿cómo una vez que hizo añicos tal creencia, muchos corredores más lo hicieron?

Lo repito de nuevo. Ahora te toca acabar con tu paradigma sobre el alcoholismo, la adicción y tú. *Tú no eres un alcohólico o un adicto. Tú no estás incurablemente enfermo. Simplemente te has vuelto dependiente de sustancias para enfrentar las condiciones subyacentes, que ahora vas a sanar, y entonces tu dependencia terminará completamente y para siempre".* Por favor toma un momento para

repetir en voz alta: *"Yo no soy un alcohólico"* o *"Yo no soy un adicto".*
(Si usas tanto drogas como alcohol, repite: *"Yo no soy un alcohólico o
un adicto".*) Ahora añade: *"Yo simplemente me he vuelto dependiente
al alcohol (o a las drogas, o a ambos) y voy a romper esa dependencia
para siempre.*

¿No es éste un respiro de aire fresco? Puedes sentir ahora cómo
te quitas un peso de encima, un peso que te habría mantenido sub-
yugado por años, bajo la falsedad de que padeces una enfermedad
incurable? Será de ayuda que repitas estas declaraciones positivas
varias veces por día. Es esencial para tu cura total que las creas.

Del resultado de la historia de Pax, de la información dada en
este capítulo y, quizá, hasta de tu propia experiencia, ahora sabes
por qué los enfoques de tratamiento tradicionales no funcionan
para la mayoría de la gente. Pax y yo pasamos seis aterradores años
lidiando con su dependencia a la heroína, cocaína y alcohol; así
como los cuatro años anteriores, cuando principalmente consumía
marihuana y alcohol. Pero el resultado final de esa odisea valió cada
segundo invertido. Tú no puedes rendirte respecto a tus hijos, a
tus seres queridos o a ti mismo. Simplemente recuerda que *no son
las drogas o el alcohol las que estás combatiendo, sino las causas de
la dependencia,* que destacaré en el próximo capítulo.

No necesitas experimentar lo que Pax y yo vivimos. Puedes
lograr la cura, lo sé. Al seguir la propuesta de este libro, pronto
estarás completamente libre de la dependencia. Puedes confiar
absolutamente en ello.

Capítulo 5
Las cuatro causas de la dependencia

Lo que te deseo es que tengas una vida en paz, feliz y saludable, completamente libre de la necesidad de usar drogas y alcohol. Para lograrlo, tú y yo viajaremos por las profundidades de tu mente y tu cuerpo, en donde habitan las causas de tu dependencia, que son cuatro:

Causa 1: Desequilibrio químico.

Causa 2: Eventos del pasado sin resolver.

Causa 3: Creencias que son inconsistentes con la verdad.

Causa 4: Incapacidad para manejar circunstancias actuales.

El desequilibrio químico (la causa número 1) es siempre el principal culpable de la dependencia. No sólo los problemas físicos ocasionan desequilibrios químicos, también cuando las causas 2, 3 y 4 están presentes, los originan. Así, aunque estarías en lo correcto si dijeras que toda dependencia se origina por un desequilibrio químico, aún deberás descubrir las razones específicas (a las que se refieren, y las causas 2, 3, y 4) que operan en tu interior, y sanarlos si es que vas a liberarte para siempre de la dependencia.

Antes de esta lectura, podrías haber pensado que las causas de la dependeccia se encontraban fuera de ti, pero no es el caso.

Es fácil notar que la causa 1 (desequilibrio químico) y la causa 3 (creencias que son inconsistentes con la verdad) existen en tu interior. En el caso de la causa 2 (eventos del pasado sin resolver), dichos eventos existen sólo en tu mente, aun si te enfrentas cada día con los resultados de tales eventos. En la causa 4 (incapacidad para manejar condiciones actuales), si bien las condiciones son externas a ti, tu incapacidad para manejarlas reside en el interior de tu ser. Todas las causas están dentro, y allí iremos para descubrir y sanar las raíces de tu dependencia.

No enlisto al alcohol y a las drogas como causas de la dependencia porque no son causas, ni siquiera entran en el problema. Nos podemos volver adictos a ciertas drogas, como la morfina, por sus cualidades adictivas, pero tras unas semanas lejos de ellas, los síntomas de supresión desaparecen con la dependencia física. Así que alguna otra —una de las cuatro causas— debe estar activa en nosotros para continuar usando esas drogas. Hay muchas sustancias a las que podemos volvernos psicológicamente adictos debido a la sensación o a la exitación que provocan, pero fácilmente podemos romper con esas dependencias, una vez que curemos alguna o las cuatro causas enlistadas anteriormente.

Tampoco considero la herencia genética como causa de dependencia por dos razones: primero, sólo son tendencias; si bien te predispone a la dependencia al alcohol o a las drogas, no necesariamente te vuelves dependiente sólo porque tus antepasados lo hayan sido. Algunas personas tienen tendencia genética a engordar, pero eso no quiere decir que ellos sean gordos o que vayan a serlo. Existe mucha gente que es completamente sobria o que bebe socialmente, aunque sus padres y abuelos hayan sido dependientes de las drogas y el alcohol.

Es cierto que si tienes tendencia genética a padecer una lenta función tiroidea, ésta te podría conducir a una disfunción glandular, y produce un desequilibrio químico. Sin embargo, antes de poner el factor genético en primer plano (ya que es algo que no puedes controlar), será mejor decir que padeces una disfunción glandular que origina un desequilibrio químico (y ésto es algo que puedes controlar con un tratamiento médico adecuado para esa disfunción).

La segunda razón por la que no considero a la genética como una causa, es que si bien puedes estar genéticamente predispuesto a volverte dependiente, una o más de las cuatro causas debe de estar presente para que en efecto lo hagas. Las cuatro causas son mucho más apremiantes que la genética. Sin embargo, he visto a profesionales de la industria del tratamiento para el abuso de sustancias, asentir sabiamente con la cabeza al escuchar que alguien tuvo padres o abuelos que fueron dependientes, como si eso explicara todo.

Es importante que no asumas que la historia de tu familia te ha destinado a la dependencia. Si tienes antepasados que fueron dependientes a las drogas o el alcohol, y *crees* que tienes una predisposición genética a volverte dependiente, eso influirá enormemente en tu vida. *La genética desempeña un papel, pero sólo uno pequeño, y tu tendencia para volverte dependiente, si es que la tienes, es fácilmente superada al curar las cuatro causas.*

Muchos de nuestros clientes nos han confesado tener personalidades adictivas como resultado de provenir de padres adictos; pero tantas veces como hemos investigado al respecto, siempre fueron las causas las culpables. Entre nuestros clientes exitosos en Passages, hay muchos que clamaron tener personalidades adictivas o ser genéticamente proclives a la dependencia. Lo más importante que hicimos para ayudarlos a lograr una cura, fue convencerlos de otra cosa. Adicionalmente, casi todos los dependientes tienen baja autoestima. No la enlisto como causa de la dependencia porque tener baja autoestima es un síntoma que tiene raíces en una o más de las cuatro causas.

Para ayudarte a entender mejor las cuatro causas de la dependencia, daré algunos ejemplos de cómo opera cada una.

Causa 1: Desequilibrio químico

El desequilibrio químico puede deberse a una gran variedad de causas. Las glándulas corporales secretan sustancias químicas que van a tu cerebro y originan sensaciones como ansiedad, estrés, depresión, ira, alegría, éxtasis, euforia y bienestar. Los alimentos que comes, los líquidos que bebes y los químicos que ingieres, también influyen en cómo te sientes y esto, a su vez, origina más químicos. Además, los pensamientos y emociones también influyen en la generación de químicos al interior de tu cuerpo.

Mucha gente, y quizá tú eres uno de ellos, vive con un desequilibrio químico, sintiéndose terrible casi todo el tiempo. Algunos sienten que no tienen suficiente energía para librar el día, mientras otros sienten que no pueden alentarse. Algunos se sienten como si estuvieran enfermos o nerviosos, agitados, o incluso paranóicos de que algo malo les ocurra en cualquier momento. Unos más, experimentan su pensamiento brumoso. Todas esas sensaciones son el resultado de un desequilibrio químico.

Imagina por un momento que sales a cenar y al finalizar apeteces una taza de café. No deseas café con cafeína pues sabes que te mantendrá despierto y tienes que levantarte temprano para una cita importante, así que ordenas descafeinado. El mesero trae tu café y sabe tan bien que tomas dos tazas más. De camino a casa, sientes como si te hubieran inyectado adrenalina. El mesero obviamente se equivocó y te sirvió café con cafeína.

Te quedas despierto dando vueltas, sintiéndote atolondrado y tenso, sabiendo durante todo el tiempo que debes levantarte a las seis de la mañana. Te gustaría ahorcar al mesero. Te levantas, caminas un rato, bebes leche tibia para relajarte, pero a las cuatro sigues totalmente despierto. Te sientes terrible, como si hubieras andado por la cuerda del equilibrista toda la noche. Estás desencajado y furioso, y temes que darás una terrible impresión en tu cita.

Finalmente, luego de sólo dos horas de sueño, te levantas sintiéndote como si hubieras peleado en la II Guerra Mundial. El día transcurre mal y hacia el final sólo quieres arrastrarte a la cama, jalar las cobijas sobre tu cabeza y esperar que ese día acabe. El desequilibrio químico ocasionado por el error del mesero no fue tu culpa. No se te puede culpar por lo que sucedió. Sin embargo, tuviste un desequilibrio químico y padeciste el sufrimiento consecuente.

Cuando sufres un desequilibrio químico, causado por una disfunción en una glándula, puedes, por ejemplo, recurrir a una sustancia adictiva para tratar de sentirte mejor. Si tienes un exceso de adrenalina, estarás tenso, nervioso, tembloroso y no podrás relajarte. Eso te puede llevar a que uses alcohol para deprimir tu sistema nervioso y aquietarte; o a que tomes una droga de prescripción, como el Valium, para tranquilizarte. Si tu cuerpo no secreta suficiente adrenalina, quizá te sientas perezoso y sin suficiente energía para librar el día y utilices cocaína o metanfetaminas para lograr un levantón.

En suma, quizá seas una buena persona, bien intencionada, que no tiene malos hábitos y que normalmente no es bebedora o adicta a drogas, pero un desequilibrio químico puede ocasionarte malestar. Entonces, por desconocer otras opciones, bebes o te drogas para modificar tu estado anímico. Uno de los principales problemas con el alcohol y las drogas, como dije antes, es que funcionan. A menos que identifiques el problema esencial y lo corrijas, probablemente continuarás siendo dependiente de esas sustancias para obtener alivio.

De la ira a la paz

Mientras escribía este libro, recibí el siguiente correo electrónico de un antiguo cliente, cuyo desequilibrio químico fue curado y, con él, su dependencia. Tuve dudas de incluirlo aquí, pues está lleno de cumplidos para mí, pero es tan representativo de la correspondencia que recibimos casi a diario de personas cuyo desequilibrio químico anulamos, que decidí transferirlo tal cual:

Querido Chris:
Quiero agradecerte una vez más—y otra—y por el resto de mi vida, ¡gracias por salvarme! Eres una persona verdaderamente notable, talentosa y bendita. Los hechos son estos: ¿cuántas personas han usado la expresión: "has salvado mi vida"? De broma, todos lo hemos dicho, pero hoy lo digo en serio. Estaba apenas vivo hace dos años, cuando llegué a Passages, y por tu compasión humana ante la inminencia de mi muerte, me mostraste el camino y me diste las herramientas para estar sobrio

y cómodo conmigo mismo. Jamás olvidaré mi tratamiento en Passages, y cómo me mostraste el camino, y el modo de recorrerlo. Pensé que estabas loco, pero, ¡cómo pensarlo! Si todo lo que necesitaba era mirar al espejo para darme cuenta de que ¡yo era el loco! Me has inspirado a ayudar a otros como tú lo has hecho. Cuando era un niño, pensaba que el Mago de Oz vivía en Ciudad Esmeralda; en verdad nunca lo hizo, me enteré siendo mayor. Él reside en la pudiente comunidad marina llamada Malibú y lo conozco bastante bien: su nombre es Chris Prentiss, el Mago de Oz, de Malibú, California. ¡Jamás dejaré de agradecerte! En verdad ahora tengo la vida más maravillosa —por primera vez en mis cuarenta y cuatro años—, al encontrar paz en mi alma, el saneamiento de mi cuerpo y mente. Sigamos siempre en contacto. No puedo esperar hasta la reunión

Te desea lo mejor,
Joseph

Joseph vino a nosotros hace dos años, era un hombre furioso. Una orden judicial le impedía ver a sus hijos. Lo habían corrido de la compañía que ayudó a formar y estaba en medio de un desagradable divorcio. Estaba furioso con todos. Era tan intolerante que al final de la primera semana de tratamiento le pedí que se fuera de Passages, pues perturbaba a los demás. Pax vino a verme y me dijo que le permitiera quedarse unos días más. Yo acepté con reservas.

Fue el diagnóstico del doctor que recomendamos a Joseph el que le salvó. El resultado fue que Joseph padecía un desequilibrio químico sin tratar desde hacía muchos años. El doctor lo descubrió y le dio un medicamento que balanceó los patrones de sus ondas cerebrales. En un día, se volvió el más querido del lugar: con un gran corazón, generoso, bueno, útil y amoroso. Todas esas características eran sus dones naturales, pero durante muchos años había estado a merced de un desequilibrio químico que lo hacía iracundo, y por el cual no era responsable. Una vez que el desequilibrio fue corregido, Joseph se volvió un hombre completamente diferente, y, como puedes notar por su mensaje, continúa siéndolo dos años después de graduarse.

Encontramos que quienes padecen un desequilibrio químico como el de Joseph, ocasionalmente requieren de algún medicamento que funcione como un bálsamo sanador momentáneo. Sólo en raros casos requieren medicación continua. Cuando es así, casi siempre el desequilibrio químico ha estado presente desde el nacimiento. En la gran mayoría de los casos, sin embargo, la causa del desequilibrio puede ser descubierta con la ayuda profesional adecuada (descrita en el Capítulo 7) y corregida permanentemente sin la necesidad de medicación continua.

Causa 2: Eventos del pasado sin resolver

Cargar con las heridas que has causado a otros o que otros te han causado; o con resentimientos sobre pérdidas sufridas —ya sean financieras, espirituales o emocionales, como la de un ser querido— causa disonancia en tu vida, originando un desequilibrio químico (causa 1). Eventos sucedidos durante la niñez, incluso los que no recuerdas, pueden ocasionar que hoy abuses de las sustancias.

Mary, procedente de Nueva York, una mujer ahora en sus cincuenta, había estado consumiendo alcohol al punto en que perdía el conocimiento casi cada noche. Perdió peso, no podía funcionar durante el día y había estado hospitalizada varias veces. Estaba casada y con dos hijos, y toda la familia sufría. Mary había pasado sin éxito por varios centros de tratamiento y su marido la trajo a nosotros sin ninguna esperanza real. El psiquiatra le había recomendado Passages, así que decidió intentar con nuestro programa como última salida.

Mary sabía la causa de su sufrimiento, pero no podía hablar de ello. Era literalmente incapaz de decirnos lo que le causaba tanto dolor. Habían abusado tanto de ella y estaba tan avergonzada, que no se atrevía a hablar de los recuerdos humillantes y dolorosos que guardaba. Nos tomó dos meses saber el origen de su dependencia: fue víctima de incesto. Sus cinco hermanos y su padre habían tenido relaciones sexuales con ella por varios años, comenzando cuando era una niña. Durante muchos años suprimió los recuerdos y, cuando finalmente resurgieron, no pudo manejarlos. El alcohol los borraba momentáneamente, pero necesitaba grandes cantidades para desvancerse.

En Passages, finalmente pudo enfrentar lo que le había sucedido. Una vez que lo expresó su ansiedad por el alcohol terminó. Pero si bien la ansiedad había acabado, tenía pesadillas extremadamente dolorosas y aterradoras. A lo largo de su tratamiento, trabajó con terapeutas para sanar su dolor, pronto se recuperó y ya no consume o ansía alcohol, ni padece de pesadillas.

Causa 3: Creencias que son inconsistentes con la verdad

Las creencias que son inconsistentes con la verdad ocasionarán que lleves a cabo acciones que no producen los resultados esperados. Eso conduce a la desilusión, la frustración y a la falta de armonía, estados que originan el desequilibrio químico.

La causa 3 se debe principalmente al hecho de que tu filosofía personal no es efectiva para atravesar tiempos difíciles; por lo tanto, experimentas angustia, estrés e incapacidad para lograr tus objetivos. Si lo que crees es contrario a "lo que es"—lo que otros llaman "realidad" y lo que yo llamo "Ley Universal"— chocarás contra esa realidad.

Por ejemplo, si crees que la forma de hacer amigos es insultar continuamente a tus nuevos conocidos, tus esfuerzos para convertir a tus conocidos en nuevos amigos serán vanos y pronto descubrirás que tu creencia es inconsistente con la realidad sobre la manera de relacionarte con otros. Sin embargo, si ajustas lo que crees de modo que esté de acuerdo con lo que es verdadero sobre hacer amigos, y actúas según esas creencias —quizá haciendo un esfuerzo extra por ser amable, cordial y útil—, tendrás amigos.

Si crees que el mundo está lleno de gente que te engañará a la menor oportunidad, serás desconfiado y transmitirás esa desconfianza a todos los que conozcas. Ya que nadie desea que se le piense persona desconfiable, hacer amigos y mantener socios de negocios te será difícil. Si eres dueño de un negocio y crees que tus empleados te van a robar en cualquier oportunidad, crearás condiciones de trabajo en las que tus empleados no querrán trabajar para ti. Va a ser difícil que obtengas la lealtad de tus trabajadores. Las mujeres que creen que lo único que buscan los hombres es tener relaciones sexuales con ellas, encuentran difícil hallar el amor verdadero.

Todos hemos escuchado a personas expresar cuando algo aparentemente malo les sucede: "Es solamente mi suerte", queriendo decir que regularmente tienen mala suerte. He escuchado a mucha gente afirmar: "Si no fuese por la mala suerte, no tendría suerte alguna." En realidad, la gente que cree que tiene mala suerte, crea mala suerte. Entonces, cuando experimentan lo que parece ser mala suerte, dicen: "Lo sabía." Por otro lado, aquellos que se piensan muy afortunados, que creen que el mundo es un lugar generoso lleno de gente confiable, viven exactamente en ese mundo.

Lo más importante, si crees que vives en un Universo indiferente que no se percata de ti y que eres una parte tan insignificante de él que cosas verdaderamente malas pueden pasarte, vivirás en un estado de miedo permanente, sin confianza en el futuro. Vivir así genera infelicidad, lo que a su vez produce un desequilibrio químico que te puede ocasionar que veas al alcohol o a las drogas como un remedio. En contraste, cuando aprendes a vivir de acuerdo con lo que es verdad en el Universo, generas sentimientos de paz, prosperidad, relajación, felicidad, alegría y armonía. Dichos sentimientos producen un balance químico en tu cuerpo, que a su vez produce buenos sentimientos y llevan a la producción de más químicos que generan sentimientos positivos, y así sucesivamente.

Cambiar nuestras creencias
puede cambiar nuestras vidas

Muchas personas mantienen creencias que no están apoyadas por lo que es verdad en el Universo, y ello puede afectar adversamente sus vidas. Una de nuestras clientes, Simone, una mujer de treinta años del Bronx, creía ser poco atractiva. Colgaba la cabeza gran parte del tiempo, se jorobaba, y echaba los hombros hacia delante para ocultar sus bien desarrollados senos. Tenía el cabello largo y lo dejaba colgar para ocultar su rostro, y le costaba trabajo relacionarse con la gente. Sus padres creían que ella no era atractiva y le habían fortalecido esa imagen propia negativa. Su madre acostumbraba decirle: "Simone, vas a tener que aprender a complacer a la gente con tu personalidad, porque con tu apariencia no llegarás a ningún lado." Cuando Simone tenía nueve años, su padre le dijo: "Simone, no te sientas mal porque no eres tan bonita como las otras niñas en tu clase. Papito te ama así."

En la recepción con sus padres ellos me dijeron que el mayor problema de su hija era que no era atractiva y ella lo sabía. Me sorprendí al conocer a Simone pues de inmediato pensé que era hermosa.

—No puedo evitar el no ser atractiva —se lamentó durante mi primera sesión con ella.

—Simone, eres una de las más bellas mujeres que jamás he visto —repliqué.

—Por favor no te burles de mí —dijo ella.

—Simone, mírame —urgí. Titubeando me miró para luego desviar la mirada—. Simone, por favor mírame a los ojos y no desvíes la mirada —tomó unos cuantos minutos, pero finalmente lo hizo.

—Simone, te juro que eres una de las chicas más bellas que jamás he visto.

Le pedí que se parase conmigo frente a un espejo. Estaba reticente, pero insistí. Al pararnos juntos frente al espejo, le pedí que se mirara. Dijo que no quería, pero le supliqué que lo hiciera sólo por esa ocasión, por mí. Le dije que se parara derecha, y entonces retiré el cabello de su cara para ponerlo encima de su cabeza. Le pedí que se sonriera a sí misma. La diferencia fue tan sorprendente que hasta ella la pudo percibir.

El mes de Simone en Passages fue duro y muy penoso al principio. Pero siguió el consejo de nuestros terapeutas, mantuvo su cabello retirado de su rostro, aprendió sobre maquillaje, llevó un palo de escoba entre sus hombros para mejorar su postura y se vistió de manera que resaltó su belleza. Cuando se fue de Passages, parecía —y se sentía— una mujer radiante, acabada de renacer. Sus padres estaban tan sorprendidos cuando vinieron a recogerla que la madre se quedó con la boca abierta y poniendo la mano en la mejilla exclamó: "¡Dios mío!"

Lo que Simone había creído sobre sí misma no era consistente con la verdad y estaba arruinando su vida. Ella era y es hermosa. Al actuar desde la falsa creencia de ser fea, se creó una vida miserable e infeliz. Cuando ajustó su creencia a lo que era verdadero sobre ella, propició el único resultado: una respuesta generosa y llena de admiración de todos a quienes encontró. Durante su semana final de tratamiento, trabajamos principalmente en lograr que perdonara a sus padres por la injusticia que cometieron.

Causa 4: Incapacidad para manejar circunstancias actuales

La inhabilidad para ajustarse a las condiciones actuales de vida produce ansiedad, frustración, estrés y miedo, todo lo que, a su vez, crea falta de armonía y conduce al desequilibrio químico mencionado como la causa 1.

A Harry, uno de nuestros clientes, le habían dicho repetidamente que era alcohólico, que el alcoholismo era una enfermedad incurable, y que debía "ponerse sobrio y duro para vencerla". Ninguna de estas premisas era verdadera. Él sólo estaba medicando una situación insoportable en su vida.

A los 60 años Harry era propietario de una gran vinatería francesa. Adoraba trabajar en la catación de vinos porque podía hablar con los clientes. Había estado bebiendo vino moderadamente desde que era adolescente pero se había convertido en un bebedor fuerte durante los quince años anteriores a Passages. Harry había experimentado otros tres centros de tratamiento en Estados Unidos y uno en Europa, pero en cada ocasión, tras ser liberado, reincidía.

Todos nuestros terapeutas reportaron lo mismo en las reuniones semanales del equipo de tratamiento: no podían descubrir nada mal fuera de que Harry vivía un matrimonio infeliz. Harry era un católico recalcitrante con seis hijos y creía que el divorcio no era una opción para él. Dijo a nuestros terapeutas que si bien no le agradaba vivir con su esposa, estaba seguro que ésa no era la razón por la cual bebía. Yo tuve una sesión privada con él y le dije que sus secretos estaban a salvo con nosotros y que si en realidad odiaba vivir con su esposa, sólo debía decirlo para que pudiésemos proseguir con el remedio.

Finalmente, sonrió y admitió: "Sí, es verdad. Ella es una fuente continua de infelicidad para mí. Me desagrada estar en la misma casa con ella. Es regañona, derrochadora y no le agrado en absoluto. De hecho, sospecho que le desagrado tanto como ella a mí. Sé que esa es la razón por la que bebo, pero el divorcio no es una opción."

Pedimos a su mujer que viniera a California y lo acompañara en sus sesiones individuales. Hicimos lo que pudimos para crear armonía entre ambos, pero fracasamos. Era obvio que su esposa estaba tan descontenta de la relación como él, pero también se rehusaba al divorcio. Entonces el equipo de tratamiento sugirió una separación. Harry y su esposa tomaron cartas en el asunto; ahora él es tan feliz como se puede ser y, curiosamente, ella también. Viven en la misma zona y los niños los visitan a ambos, quienes también están contentos porque ahora tienen padres felices. Cuando la causa del estrés de Harry desapareció, su dependencia al alcohol también lo hizo. No queda ningún rastro de la llamada "enfermedad", y ahora, más de dos años después, él permanece sobrio.

* * *

Si las causas subyacentes de tu dependencia son un desequilibrio químico, eventos irresueltos del pasado, creencias que son inconsistentes con lo que es verdad, incapacidad para manejar las condiciones actuales, o una combinación de estas cuatro razones, ten presente lo siguiente: no sólo las causas de la dependencia están en tu interior, también están todas las soluciones. Tú sólo tienes que saber como tener acceso a ellas.

El proceso empieza al diagnosticar qué desequilibrios son los que operan en ti. Una vez que lo has hecho, puedes tratar esas condiciones subyacentes y regresar a tu vida el equilibrio y la armonía, y jamás volverás a necesitar del alcohol o las drogas.

En Passages, enfrentamos las causas reales de la dependencia con un programa holístico de tratamiento de tres pasos.

Los tres pasos son:

Paso 1:   Debes creer que una cura es posible para ti.

Paso 2:   Descubre y sana las causas subyacentes mediante un programa holístico de recuperación.

Paso 3:   Adopta una filosofía basada en lo que es verdad en el Universo.

El resto de este libro se avoca a ayudarte a aprender a descubrir las áreas ocultas de tu vida que te han conducido a la dependencia y a seguir con éxito los tres pasos esenciales para tu recuperación total.

Capítulo 6
Debes creer que una cura es posible para ti

Lo que creas acerca de ti mismo, del alcoholismo y la adicción, y acerca de la posibilidad de una cura, son factores clave para determinar si superarás tu dependencia al alcohol y las drogas o seguirás con ella. Algunas de tus creencias seguramente se basan en lo que has vivido y oído sobre el tratamiento para el abuso de sustancias. Quizá no crees que puedes recibir ayuda, debido a lo que has escuchado acerca de algunos centros de tratamiento. Quizá hayas ingresado a varios de ellos y te hayas vuelto incrédulo por el deficiente cuidado que recibiste. Quizá sabes que otros dependientes reinciden con frecuencia y, por ende, inconscientemente te hayas dado permiso para reincidir.

Quizá nada de lo mencionado se aplica a ti, pero bebes o consumes drogas de tanto tiempo atrás y tratas de parar sin éxito, que crees que no se te puede ayudar. Basado en tales experiencias, tus dudas sobre la existencia de una cura son comprensibles, pero no atinadas ni saludables. Escribí este libro para mostrarte que sanar es absolutamente posible, y te lo digo porque he sido testigo de ello una y otra vez.

Daré un ejemplo personal del poder de una creencia sobre el comportamiento. Cuando era joven, recibí muchas infracciones por exceso de velocidad: ese comportamiento continuó en mi vida adulta y un día, en 1968, recibí un citatorio del Departamento de Vehículos Motorizados de California, informándome que si recibía una infracción más, mi licencia sería suspendida por un año. El estado sugirió que acudiese a una oficina de la dependencia y hablara con uno de sus psicólogos. En la cita, el psicólogo comentó sobre las muchas infracciones por exceso de velocidad que había recibido.

—Todos tienen infracciones por exceso de velocidad —respondí en mi defensa.

—Eso no es verdad —me informó—. En California la persona promedio obtiene sólo una infracción cada cuatro años.

Me sorprendió. Pensaba que todos eran como yo y obtenían infracciones por exceso de velocidad todo el tiempo. Después de ese encuentro, dejé de tener infracciones por exceso de velocidad. Había tenido una estructura mental negativa; y porque así lo había creído de los demás, así había sido para mí. Lo que crees sucede para ti. Si crees que la reincidencia es común, inconscientemente te darás permiso para reincidir, y entonces reincidir será normal para ti, aunque no lo sea para la gente que ha recibido el tratamiento adecuado.

Una de las creencias más fuertes que los clientes de Passages tienen, es que la reincidencia raramente ocurre entre ellos. Creen que la sobriedad es la norma. De la gente que se ha graduado de Passages, menos de 16 por ciento ha reincidido. Este increíblemente exitoso porcentaje es el opuesto del porcentaje nacional de reincidencia, el cual, como mencioné antes, se estima en 80 por ciento para los que usan cualquier droga ilícita, y en 86 por ciento para quienes consumen alcohol y heroína.

En Passages frecuentemente tratamos a personas que han estado previamente en tres, cuatro o más centros residenciales para tratamiento por abuso de sustancias. Algunas han estado en diez o doce, quien ostenta el récord, había estado en dieciocho centros diferentes. Al momento de escribir estas páginas, ha pasado un año desde que esa persona abandonó Passages y ha permanecido sobria desde entonces. En contraste, no sabemos de ningún cliente que se haya graduado exitosamente del programa y que haya vuelto a ingresar a otro centro residencial para tratamiento por abuso de sustancias; excepto por dos clientes antiguos que querían regresar pero no pudieron esperar a que tuviéramos lugar disponible.

Hay un acertijo que dice: ¿Por qué lo que buscas se encuentra siempre en el último lugar que ves? La respuesta es: porque una vez que lo has encontrado, dejas de buscar. El punto es que tal como esos graduados de Passages han detenido el ciclo de la reincidencia, tú también puedes ser ayudado si sigues el programa holístico de tres pasos descrito en este libro. Este capítulo se enfoca al paso 1 de tu camino a la recuperación total.

Paso 1: Debes creer que una cura es posible para ti.

El paso 1 trata sobre el profundo impacto de las creencias y los pensamientos, y sobre el poder de tu mente, entendida ésta como la unión de mente, cuerpo y espíritu. No estoy hablando de tu cerebro físico, del atado de tejido nervioso ubicado al interior del cráneo, sino más bien de la parte comúnmente conocida como "el observador", la parte de ti que piensa. Si bien usas el atado de tejido nervioso para pensar, hay una parte de ti —una parte separada de ti— que dirige el pensamiento. Esa parte puede encontrarse fuera del cerebro o en su interior, o hasta podría ser que pienses con todo el cuerpo (veremos más sobre ello, adelante en este capítulo).

Probablemente te has percatado de una parte de ti que es un "observador", una que parece estar observando, desde el fondo mientras lidias con la vida. Esa es la parte que contiene tus creencias: lo que consideras verdadero acerca del mundo en que vives, las leyes universales, tus congéneres, tu papel en la vida y tus valores, a las que me refiero como "tu filosofía personal". Esa parte de ti juega un papel clave en tu sanación.

El cuerpo humano es una enorme máquina de sanación, sorprendente por su complejidad y capacidad. "El cuerpo se puede sanar a sí mismo", dice el doctor Andrew Weil, fundador y director del Programa de Medicina Integrativa en la Universidad de Arizona, en Tucson. "Lo puede hacer porque posee un sistema de sanación", el cual, afirma, es nuestra "mejor esperanza para la recuperarnos" de la enfermedad.[1]

Los mecanismos de sanación son en su mayoría parte automáticos, pero pueden ser activados o suprimidos por los alimentos que consumes, las actividades que realizas, la cantidad de descanso que obtienes y el estrés en tu vida —así como por las creencias, los pensamientos que tienes, las emociones que sientes y expresas. Tu estado mental es el factor más importante en tu sanación. Si te encuentras feliz, energético y excitado por un evento futuro o generalmente esperanzado, el sistema inmune de tu cuerpo se verá influenciado grandemente y responderá manteniéndote en un estado de salud óptima. Si estás desalentado, triste, infeliz, solitario, dolorido o deprimido, el sistema inmune reflejará lo mismo. Las emociones no expresadas o reprimidas crean desequilibrio, falta de armonía, y tarde o temprano generan enfermedades.

Nuestro mecanismo pensamiento-emoción no sólo activa o retarda la sanación sino que también nos recrea a cada instante. La investigación ha mostrado que el pensamiento influye en la reproducción de las células del cuerpo. Lo que escribo a continuación es una versión simplificada de un complicado proceso.

Nuestro increíble sistema de comunicación celular

En el centro del cerebro se encuentra una increíble glándula llamada hipotálamo. Es la mayor fábrica de químicos en el cerebro. Entre otras de sus funciones, está la de producir péptidos, que son pequeños eslabones de aminoácidos, digamos, los ladrillos con los que se construyen las proteínas. Cada tipo de péptido que produce está esencialmente determinado por lo que piensas y sientes. El hipotálamo produce péptidos que duplican cada emoción que experimentas: ira, odio, tristeza, frustración y depresión, alegría, entusiasmo y felicidad.

Los péptidos se canalizan a la glándula pituitaria y luego al torrente sanguíneo, donde llegan a veinte o treinta trillones de células de tu cuerpo (aproximadamente diez mil células humanas de tamaño promedio caben en la cabeza de un alfiler). Cada célula de tu cuerpo posee varios millones de "receptores" en su faz, y quizá hasta setenta diferentes tipos de éstos. Un receptor se conforma por una sola molécula que posiblemente sea "la más sofisticada, rara y complicada clase de molécula que existe", dice Candance Perth en su maravilloso libro *The Molecules of Emotion*.[2]

A principios de la decada de los setenta, la doctora Perth fue la primer científica en probar la existencia de esos receptores con su descubrimento del receptor opiáceo. Ella describe una molécula como "la pieza más pequeña posible de una sustancia que aún puede ser identificada como la sustancia" y afirma que las moléculas receptoras flotan en la aceitosa membrana exterior de la célula, con raíces "que varias veces, ida y vuelta, se desplazan a lo largo de su extensión y alcanzan en lo profundo el interior de la célula".[3] Continúa diciendo que "la vida de una célula, lo que a cada momento realiza, está determinada por el tipo de receptores que están en su superficie, y si dichos receptores están ocupados por ligas o no".[4] Una liga es una pequeña molécula que se une a un receptor celular. Existen tres tipos químicos de ligas: neurotransmisores, esteroides y, las que más nos interesan ahora, los péptidos. De acuerdo con la doctora Perth, tantas como el 95 por ciento de todas las ligas, podrían ser péptidos.

Los péptidos encallan en las células y crean minúsculos fenómenos fisiológicos que "a nivel celular pueden traducirse en grandes cambios de comportamiento, actividad física, incluso, estado de ánimo", según dice la doctora Perth.[5] Aún más, declara que estos químicos —los péptidos— "desempeñan un papel fundamental al regular prácticamente todos los procesos de la vida".[6] Cuando los péptidos encallan en los receptores, toman el control de las actividades de la célula, incluída, entre otras cosas, la división celular y la composición de células nuevas. Es como el capitán de un barco que subiendo a bordo comienza a ordenar a la tripulación.

En la reveladora película *¿Y tú qué sabes?* (*What The Bleep do We Know!?*, 2004), el doctor Joseph Dispenza explica que cuando una nueva célula se produce, no es siempre un clon de la vieja célula sino *una célula que contiene más receptores para el péptido que ha recibido y que causó que se dividiera.* Si la célula recibió péptidos producidos por emociones de depresión, la nueva célula tendrá más receptores para la depresión y menos receptores para los péptidos de bienestar.

Hay una constante comunicación en ambos sentidos entre cuerpo y cerebro. ¿Recuerdas algún suceso que te producía la sensación de "hundimiento" en el área del estómago?

Ese es el tipo de comunicación que prevalece entre el cerebro y el cuerpo. Las recientes investigaciones han encontrado que no sólo el cerebro se comunica con las células sino que las células se comunican con el cerebro y otras partes del cuerpo. De hecho, los últimos descubrimientos de los científicos revelan que no pensamos exclusivamente con el cerebro. Pensamos también con el cuerpo. De hecho, no es impreciso considerar al cuerpo entero como parte del cerebro. Ese puede ser un pensamiento nuevo e impactante, pero no lo rechaces. Muchos científicos actualmente creen que en realidad somos un "cuerpocerebro".

Los receptores de la célula desempeñan un papel importante en el increíble sistema de comunicación del cuerpo. La doctora Perth explica que los "receptores y sus ligas han llegado a ser vistos como 'moléculas de información' —las unidades básicas de un lenguaje utilizado por las células en todo el organismo para comunicarse a través de sistemas como el endocrino, neurológico, gastrointestinal, incluso, el sistema inmunológico".[7]

El impacto de esta información sobre cómo nuestros pensamientos y sentimientos crean y condicionan a las células y cómo éstas se comunican es apabullante. Piensa en ello... ¿qué comunican los receptores de tus células al resto de tu cuerpo justo en este momento?

Dependes de la división celular para la reproducción, crecimiento, reparación y reemplazo de células dañadas, gastadas o muertas. Un estimado de trescientos millones de divisiones celulares ocurre cada minuto para reemplazar células que mueren. Cada día, dos por ciento de las células de nuestra sangre muere y es reemplazado por nuevas células. Cada dos meses, tienes un componente sanguíneo completamente renovado. Considerando lo dicho sobre los péptidos, receptores y el papel de las emociones y pensamientos, puedes ver la cadena de eventos que tiene lugar cuando se crean nuevas células de acuerdo con lo que piensas y sientes.

Si estás deprimido durante una hora, producirás aproximadamente dieciocho billones de nuevas células que tendrán más receptores de péptidos del tipo depresivo, y menos de péptidos de bienestar. Es como si trillones y trillones de receptores abocinaran sus manecitas alrededor de sus bocas para gritar: ¡Queremos más depresión!

Los pensamientos tristes crean un cuerpo que es capaz de sentir más tristeza que alegría. También crea la *necesidad* de generar más pensamientos tristes. Te vuelves adicto a la tristeza. Tú sabes a dónde conduce eso, pues has estado ahí: a la dependencia.

La dependencia como el ansia de obtener una emoción

El número total de receptores en tu cuerpo está más allá de la imaginación. Eres, en verdad, un vasto receptor. Por ello, si tomamos como ejemplo la depresión vemos que, en efecto, te volverás adicto a ese estado de ánimo porque tu cuerpo demandará más de lo mismo que ha estado recibiendo. Literalmente ha desarrollado un apetito por la depresión. De este modo, puedes pensar en la adicción como el ansia de una emoción. Lo voy a repetir porque es esencial que te apropies del concepto: *La adicción, cualquier adicción, es el ansia de una emoción.*

Ya sea que seas adicto al sexo, al robo de tiendas o a cualquier otra actividad compulsiva, estás obsesionado con esa actividad para estimular una secreción química que produce un efecto en tu cerebro que te brinda la sensación deseada, a la que eres o te harás adicto. Mientras más te empeñas en ese tipo de comportamiento, mas grande será tu deseo por él. Lo mismo es verdad para la ira. Nos volvemos adictos a ella por el efecto psicológico y fisiológico que nos ocasiona. Produce adrenalina, un poderoso estimulante. En realidad, nos volvemos dependientes de la emoción de la ira por la estimulación que proporciona, así que peleamos con nuestra pareja, amigos, compañeros de trabajo y cualquier persona con la que podamos entrar en conflicto. El resultado final es la causa 1, desequilibrio químico por sobrecarga de adrenalina y otros químicos que generamos con dicho estado de ánimo.

No importa si ansías emociones como la excitación, la ira, la depresión, la alegría, o las sensaciones que obtienes al usar drogas o alcohol, en el fondo lo que ansías es resultado de que tu cuerpo-cerebro lo quiere y lo demanda. En el caso de las drogas y el alcohol, cuando nuestro cuerpo no obtiene lo que lo hemos condicionado a recibir, arma todo un espectáculo con forma de ansiedad y síntomas de supresión. En ocasiones el espectáculo es tan intolerable que reincidimos.

La idea de que te recrees a partir de tus pensamientos y emociones es, de hecho, una buena noticia. Ahora que sabes cómo funciona tu sistema, puedes usar tus emociones y pensamientos para crear un cuerpo que sea más receptivo a estados de bienestar. Y sólo hay una manera de hacerlo: sintiéndote bien. La manera de crear un cuerpo que sea más susceptible a la felicidad y menos susceptible a la tristeza es que seas feliz. Sé que esto suena simplista, pero es verdad y puedes hacerlo. En el Capítulo 8 escribiré más al respecto.

Emociones y sanación

El médico griego Hipócrates, que vivió hace 2 400 años y es considerado el padre de la medicina, dio un peso fundamental a las emociones. Aseguró a sus estudiantes que las emociones negativas causan enfermedad y que las positivas son un factor crucial para la recuperación. Los médicos de todas las épocas, han dicho a sus pacientes que uno de los aspectos más importantes de la recuperación, si no el más importante, es la voluntad de vivir. Por lo tanto, es importante que recuerdes lo siguiente: *Tu estado emocional es uno de los aspectos más importantes para curar tu dependencia.* Hasta podría ser el más importante.

Hace como veinte años, escuché una grabación de una lectura de Norman Cousins. Cousins era escritor y editor de una revista, también había sido nominado por muchos años a la facultad de la Escuela Médica de la UCLA, debido a su interés en las relaciones entre cuerpo, mente y espíritu, y en cómo estas relaciones afectan los procesos de sanación y enfermedad. Él no era doctor, pero influyó en la sanación de millares de pacientes debido tanto a doctores que siguieron su práctica de sanación, como a su trabajo directo con pacientes.

En esa grabación, Cousins contaba una historia sobre dos doctores y sus respectivos pacientes de cáncer. Uno de los doctores recibió el reporte de su paciente del laboratorio y les dijo a él y a su familia lo siguiente: "Recibí el reporte del laboratorio y las noticias son terribles. Tienes cáncer en todo el cuerpo. Tu hígado está infestado, tu estómago también, lo mismo que los pulmones. Te quedan de tres a seis meses de vida". Mandó al hombre a morir a casa.

Cousins exasperado comentó: "¡Es increíble la audacia de ese hombre para dictar una sentencia de muerte de esa forma! ¿Cómo supo que no habría una remisión? Las remisiones suceden." El paciente murió al cabo de un mes.

El otro doctor recibió un reporte similar del laboratorio, pero dijo a su paciente y familiares: " He recibido el reporte del laboratorio e indica que tienes cáncer en hígado, estómago y pulmones. Pero quiero que sepas que las remisiones suceden. No sabemos con exactitud cómo es que se dan, ¡pero ocurren y tú serás uno de ellos! Quiero que vayas a casa, que dejes de trabajar, que viajes a la playa, que rías mucho, con grandes y profundas carcajadas; y que te concentres en curarte, ¡porque te vas a recuperar! Según recuerdo la historia, el paciente se recuperó y vivió por muchos años.[8] Quiero dejarlo claro y te lo diré una vez más: *Si te han dicho y crees que padeces una enfermedad incurable, ya sea alcoholismo, adicción o ambas, deshazte de esa creencia inmediatamente. Es un grillete que te hunde e interfiere con tu completa recuperación. Este es tu momento para asumir la creencia de que vives en un mundo maravilloso, un mundo mágico, un mundo donde las personas que sufren—no sólo los alcohólicos y los adictos, sino todas, incluso quienes padecen las más diversas y difíciles enfermedades—pueden curarse, y tú serás una de ellas. Esta creencia facultativa es la principal en tu arsenal de recuperación.*

¿En qué cree tu terapeuta?

Presta una particular atención a lo que estás a punto de leer, pues fijará los cimientos, no sólo de una parte de tu cura, sino también de un continuo estado de bienestar por el resto de tu vida.

Si no estás familiarizado con el término "metafísica", te comento que "meta" significa "más que" o " más allá de", y "física" tiene que ver con el mundo físico. Así que a la metafísica le concierne lo que es más que o está más allá del mundo físico. La metafísica es parte del esfuerzo humano para alcanzar lo que se encuentra más allá de lo que vemos, tocamos, gustamos, olemos y escuchamos; para intuir lo que está más allá de la naturaleza tal como la percibimos. Por medio de la metafísica descubrimos la verdadera naturaleza de las cosas, su esencias y razones de ser. Para mí, la metafísica es una filosofía que incorpora las leyes universales que gobiernan todo en el mundo físico. También tiene que ver con leyes que no son evidentes, pero que según se percibe, regulan y controlan el mundo más allá de lo meramente físico.

Deseo comunicarte una ley metafísica respecto al tópico de la cura, relacionada con uno de los aspectos básicos y más importantes de nuestro Universo: el de la causa y el efecto. Simplemente enunciada, dicha ley dice: "Cada acción produce una reacción, dicha reacción está en perfecto acuerdo con la acción." (No confundas esa ley metafísica con la ley física que enuncia que "a cada acción corresponde una reacción de igual intensidad pero en sentido contrario".)

La ley metafísica de la causa y el efecto se aplica a tus creencias de la siguiente manera: cada creencia que mantienes se manifiesta de algún modo, ocasiona que actúes o previene que lo hagas. Cuando consideramos la aplicación de esta ley para la cura de la adicción, vemos que los sanadores y terapeutas que no creen que una cura sea posible, no hablarán de una cura, no buscarán una cura, y, lo más seguro, fallarán en encontrarla.

Peor que eso, envenenarán tu mente con la creencia de que una cura es imposible y que estás condenado a ser un alcohólico o adicto por el resto de tu vida. Tal creencia generará en tí la actitud derrotista que suele socavar la sanación. La forma en que ese envenenamiento podría tener un efecto positivo, sería la de lograr enfurecerte al oirlo, así te avocarías a probar que el terapeuta está equivocado.

¿Realmente te esforzarías por tener un tratamiento exitoso, cualquiera que sea el mal que padezcas, si creyeses que no existe ninguna esperanza de recuperación? ¿Qué clase de tratamiento podrías esperar de un terapeuta que así lo creyera? ¿Cómo crees que responderían tu cuerpo y tu mente si estuviesen rodeados por psicólogos, psiquiatras o asesores en drogas y alcohol que fueran adeptos a la creencia de: "Una vez alcohólico o adicto, alcohólico o adicto para siempre"; y a la de que tu actual estadía en rehabilitación será una de muchas? Obviamente te sentirías despojado de toda esperanza.

Esos "facilitadores" extraviados envenenan las mentes de quienes acuden a ellos. No es que lo hagan deliberadamente, simplemente no conocen nada mejor. Eso es triste porque la esperanza —la esperanza de una cura, la esperanza de un futuro brillante y libre de drogas y alcohol, y la esperanza de regresar a una vida normal y saludable, sin miedo a la reincidencia— es el más poderoso estímulo para la completa recuperación.

Compara a esos sanadores desviados con sanadores y terapeutas que creen que una cura es posible. Ellos hablarán de una cura y la buscarán, y tendrán mayores posibilidades de encontrarla. Lo más importante es que sembrarán en ti la creencia de que la cura no sólo es posible, sino que sucederá; y de que definitivamente estarás entre los que logren sanar completamente. Esa sola creencia generará en tí mismo la actitud facultativa que dispondrá el escenario para tu recuperación.

Decir sí a la cura

La importancia de tener la creencia correcta, se basa en el hecho de que una parte del cerebro no diferencia entre una experiencia imaginada y una real. Algunas personas imaginan un pedazo de gis chirriando sobre un pizarrón y experimentan un escalofrío en la columna. A otras, pensar en el sabor de un limón las hace fruncir el ceño. Los sueños son otro buen ejemplo, cuando los eventos en un sueño te atemorizan, sientes tan vividamente como si estuviesen sucediendo en la vigilia.

Cuando los investigadores de la Universidad de Harvard hicieron pruebas a personas con un escáner de cerebro, encontraron que ver la pintura de un árbol e imaginar un árbol activa las mismas zonas cerebrales.[9] Del mismo modo, cuando imaginas que una cura es posible, todo en ti —cuerpo físico, sistema inmune, mente, la totalidad de tu organismo— responde con energía sanadora, con un movimiento que impele hacia delante y dice "¡Sí!", a la cura.

Tu mente es poderosa, tal vez hayas escuchado el dicho: "Si lo puedes concebir, lo puedes lograr." O lo que dijo el fabricante de autos, Henry Ford: "Ya sea que creas que puedes o que no puedes, estarás bien". Si creemos que un objetivo es posible, nos dispondremos a lograrlo. Si creemos que un objetivo es imposible, fracasaremos desde el principio. Con esta mentalidad, incluso si se nos ofrece ayuda, usualmente la rechazaremos pues seguiremos creyendo que el objetivo es imposible.

Hace siete años unos asaltantes hirieron a un hombre. Le cortaron el brazo con un cuchillo; desde el hueso del hombro hasta el codo. Fueron dañadas las venas, ligamentos, arterias, músculos, tendones y nervios. Después de que su herida sanó, siguió sintiendo dolores severos en el brazo y el codo durante varios años. Buscó alivio para el dolor y sus doctores le prescribieron Vicodin. Adormecía el dolor, pero éste regresaba al terminar el efecto, y él prolongó el uso de la droga.

Como consecuencia, se volvió dependiente. Dado que no quería permanecer enganchado al Vicodin, buscó la ayuda de muchos neurocirujanos y psiquiatras. En un período de tres años visitó a quince neurocirujanos sin obtener alivio. El último le dijo: "Tienes neuropatía. Los nervios de tu brazo han degenerado, y te dolerá por el resto de tu vida. Te sugiero que vayas a una clínica de tratamiento de dolor." Se sintió devastado por la noticia, pero se rehusó a creer que no podía obtener alivio.

Hace aproximadamente tres años llamó a Passages y yo atendí la llamada. Le informé de nuestro programa de rehabilitación física y de nuestra directora del área, la doctora Lyn Hamaguchi, una mujer japonesa que aprendió las artes de la acupuntura, acupresión y sanación de un doctor de medicina tradicional china, proveniente de la China continental. Lo animé a que viniera a Passages y le conté de las maravillosas curas que la doctora Lyn había proveído con base en la acupuntura y la acupresión. Le dije, al contrario, que me sorprendería que no lo pudiese ayudar, a pesar de lo que los neurocirujanos le habían dicho.

Me creyó y se enlistó en nuestro programa. En *un* tratamiento, la doctora Hamaguchi lo liberó de aproximadamente noventa por ciento de su dolor, y entonces le fue más fácil superar su adicción al Vicodín. Había, claro está, mucho más en el tratamiento que sólo acupuntura. Tenía que superar psicológicamente el dolor de la pérdida que sentía por haberle tomado tres años encontrar una cura y tenía que reconciliarse con el recuerdo del ataque y con la ira que sentía hacia sus asaltantes.

¿Puedes imaginar el destino de este hombre si hubiera creído en lo que los doctores le dijeron y se hubiera resignado? No habría buscado tratamiento, seguiría luchando contra el dolor y enganchado al Vicodín o a otro analgésico. Hoy, sigue estando libre de medicamentos.

El primer destello de esperanza

Confucio, quien vivió hace 2 500 años, dijo: "De entre todas las cosas, la más triste es cuando un hombre se resigna." Uno de los mensajes más reconfortantes e importantes que ofrecemos a quienes nos contactan por vez primera en Passages, es la esperanza de que ellos o sus seres queridos serán curados. Podemos oír el alivio en sus voces, como si de pronto fueran perdonados de una larga sentencia de prisión. El programa de tratamiento para el que llama o para el ser querido que se comunica comienza con ese primer contacto telefónico. En las ceremonias de graduación, los graduados se refieren con frecuencia a ese momento vivido con Pax o conmigo, como cuando sintieron por primera vez un destello de esperanza. También mencionan al primer compañero que les dio la bienvenida cuando llegaron a Passages.

Conocer a alguien que está en el programa de Passages es un suceso importante. Es un momento crucial que hace toda la diferencia cuando los clientes llegan por primera vez, cruzan el portón de entrada y alguien que ha estado en tratamiento por una semana, dos o tres semanas, les da la bienvenida y les dice que están en el mejor lugar del mundo, que van a recibir ayuda y que ellos mismos están experimentando una cura milagrosa. Es porque nuestros clientes han tenido la experiencia de ser bienvenidos, que están listos para transmitir el bienestar a otros.

Los clientes y otras personas me han comunicado la desesperación que sintieron, la misma desesperación que Pax y yo sentimos,
cuando oyeron por primera vez que el alcoholismo y la adicción
eran una enfermedad incurable, y que serían adictos o alcohólicos por el resto de sus vidas. Tales declaraciones nos hacen sentir
como si hubiéramos sido sentenciados a una oscura y fría celda
de prisión.

Es esencial para tu completa recuperación que te rodees de gente que crea que una cura es posible para ti. Tus terapeutas deberán
hablar con bastante naturalidad de una cura y de cómo lograrla.
La gente que nos ofrece amor y esperanza cuando entramos al
tratamiento, nos da valor y apoyo entusiasta en un momento en
el que tales cosas se necesitan con urgencia. Es como ser liberado
de esa oscura celda de prisión y salir a un rayo cálido de sol. Tú
puedes salir de esa celda ahora, pues estás siendo expuesto en este
libro a ese sanador rayo de sol.

Capítulo 7
Crea tu programa holístico de recuperación

En capítulos anteriores, describí la importancia de encontrar y sanar las causas reales de la dependencia para alcanzar una completa recuperación. Mencioné que los problemas subyacentes a la dependencia siempre tienen componentes físicos y psicológicos (anemia, hipoglucemia, tiroides lenta, síndrome de atención dispersa, desequilibrio en el patrón de ondas cerebrales o profundo dolor emocional, por ejemplo). El "porqué" quizá no siempre sea evidente, pues está escondido tras las drogas, el alcohol y los demás síntomas que enmascaran el dolor. Se necesita de un equipo de apoyo cuidadosamente seleccionado para ayudarte a descubrir y tratar las razones específicas por las que dependes de sustancias adictivas para enfrentarte a la vida. Un acercamiento personalizado es necesario. De esto trata el paso 2, como parte de tu viaje hacia la recuperación total.

Paso 2: Descubre y sana las causas subyacentes con un programa holístico de recuperación

Este capítulo te mostrará la manera de armar tu propio programa personalizado para lograr la recuperación total y la salud óptima, al incluir la ayuda de varios especialistas de la salud. Dichos especialistas analizarán tu situación individual desde diversos puntos de vista, para tratar cada uno de los aspectos que conforman tu estado físico y mental; es este enfoque lo que se conoce como tratamiento holístico. "Holístico" significa relativo o concerniente a totalidades o a sistemas completos, en lugar de ser un tratamiento en partes. En este caso, significa liberarte para siempre de la dependencia al curar todo tu ser: mente, cuerpo y espíritu.

Tu equipo de doctores, terapeutas y especialistas de la salud, te ayudará a trabajar con cuerpo, mente, emociones y espíritu para estimular tu potencial auto curativo. El equipo correcto te guiará y protejerá al adentrarte en zonas de ti que se encontraban ocultas, pero donde radican las claves de tu libertad. Te ayudarán a prevenir la reincidencia y te apoyarán mientras recuperas tu pasión por la vida.

Jane vino a Passages a recuperarse de la dependencia al alcohol y, como con todos los pacientes de Passages, usamos un acercamiento holístico. Jane tenía treinta y cinco años y estaba casada. Bebía diariamente de dos a tres botellas de vino, comenzando al atardecer para seguir durante la noche hasta desvanecerse. La entrevista inicial reveló que Jane había sido bulímica (desorden alimenticio). Tras desintoxicarse del alcohol comenzó a tener ataques de pánico durante las sesiones vespertinas, seguidos por severas pesadillas a media noche.

A lo largo del tratamiento, descubrimos que de los ocho a los once años Jane había sido abusada por su padrastro y jamás se lo había mencionado a nadie. El objetivo del tratamiento era resolver la ansiedad, culpa y vergüenza que sentía y adormecía con el alcohol. Su programa particular de tratamiento consistió en:

- Sesiones regulares con un doctor que hizo una serie de pruebas de laboratorio para descartar cualquier causa fisiológica de bulimia, así como otros malestares que pudieran encontrarse.
- Tratamiento de acupuntura para mejorar su vitalidad y diagnosticar cualquier desequilibrio en los órganos y sistemas corporales.
- Sesiones con su madre dirigidas por un terapeuta familiar, para tratar los sentimientos de ira hacia ella por no haberla protegido.
- Sesiones con el hipnoterapeuta para reconstruir un sentido propio interno más positivo, libre de culpa y vergüenza (el hipnoterapeuta ayudó a que los recuerdos reprimidos resurgieran).
- Prácticas de yoga y meditación para propiciar la calma interna.
- Consulta con un nutriólogo para adquirir actitudes más realistas y saludables respecto a la comida y la dieta.
- Entrenamiento físico semanal para tomar consciencia del cuerpo sano y del cuidado propio.
- Sesiones semanales con un asesor en dependencia química, para conocer las dinámicas de la dependencia al alcohol, así como métodos libres de alcohol para lidiar con la ansiedad y el miedo.
- Sesiones con el psicólogo y el terapeuta matrimonial y familiar para construir una comunicación marital más sólida y para informarle a su pareja que el trauma de la niñez era la condición que subyacía y causaba la dependencia al alcohol.

- Varias sesiones semanales de terapia de grupo, donde ella podía compartir con otros que no la juzgaban (muchos de ellos habían tenido experiencias similares), para fortalecer sus habilidades acertivas y de marcación de límites, y para aliviar su culpa y vergüenza por sus experiencias de la niñez.

Cada una de estas terapias y tratamientos, muchos realizados en sesiones individuales, reforzaron la sanación de Jane en formas diferentes pero compenetradas. Y todas fueron cruciales para su completa recuperación.

Si vas a salir de compras en busca de un centro de tratamiento en lugar de armar tu propio programa, siempre formula la pregunta "cuántas": ¿cuántas sesiones individuales recibiré cada día, cada semana, cada mes? Si la cantidad es de 40 o menos sesiones mensuales, sigue buscando. En Passages, los clientes reciben alrededor de 80 sesiones individuales al mes. Siempre pregunta si el programa incluye los tipos de terapias discutidos en este capítulo; y cuestiona sobre otro tipo de sesiones que recibirás: cuántas sesiones semanales de psicología clínica, asesoría matrimonial y familiar, hipnoterapia, entrenamiento físico, asesoría espiritual, etcétera.

Conoce tu cuerpo

El estado de tu cuerpo es un factor clave en tu manera de sentirte. Cuando uno o más de tus sistemas corporales se vuelven disfuncionales, puedes estar fuera de equilibrio. Un cuerpo desequilibrado te puede llevar a medicar sensaciones desagradables con drogas o alcohol, lo que a su vez puede conducir a la dependencia. Una vez que tu cuerpo y tu mente estén en un estado de salud óptima, no sentirás la necesidad de aliviar esas sensaciones incómodas de ese modo. Construir tu programa de recuperación, te ayudará entender las funciones de las glándulas y órganos que constituyen tus sistemas corporales. A continuación un breve sumario.

Glándulas. Una glándula es un conjunto organizado de células que responde a estímulos químicos y eléctricos, y ajusta sus secreciones en respuesta a dichos estímulos. Hay dos tipos de glándulas, aquellas con ductos y las que no poseen ductos y pasan sus secreciones directamente al torrente sanguíneo. Ejemplos de glándulas son la pineal, adrenal, hipotálamo, tiroides, pituitaria, placenta, páncreas y paratiroides. Las secreciones de las glándulas desempeñan un papel importante en la obtención y mantenimiento general de la salud.

Órganos. Son estructuras que contienen por lo menos dos diferentes tipos de tejido que funcionan juntos para un propósito común. El cuerpo humano posee diez sistemas mayores de órganos:[1]

1. Sistema muscular: el papel principal del sistema muscular es proporcionar movimiento. Los músculos trabajan en pares para mover los miembros y al organismo. Los músculos también controlan el movimiento de los materiales al interior de órganos tales como el estómago, el intestino, el corazón y el sistema circulatorio.

2. Sistema óseo: el papel principal del sistema óseo es proporcionar soporte al cuerpo, proteger los delicados órganos internos y brindar acomodo a los órganos. Huesos, cartílagos, tendones y ligamentos son los elementos principales que lo conforman.

3. Sistema circulatorio: Su papel principal es transportar nutrientes, gases (tales como el oxígeno y el bióxido de carbono), hormonas y deshechos a través del cuerpo. El sistema circulatorio básicamente se conforma por el corazón, las arterias, las venas y la sangre.

4. Sistema nervioso: el papel principal del sistema nervioso es mandar señales eléctricas a través del cuerpo. Dirige el comportamiento y el movimiento y, con el sistema endócrino (glándulas que producen secreciones internas), controla procesos fisiológicos tales como la digestión y la circulación. Sus órganos principales son el cerebro, la médula espinal y los nervios periféricos.

5. Sistema respiratorio: la función principal del sistema respiratorio es proveer intercambio de gases entre la sangre y el medio ambiente. Primero, el oxígeno es absorbido de la atmósfera hacia el interior del cuerpo y el bióxido de carbono es ex-

pulsado de él. Sus órganos principales son la nariz, la tráquea y los pulmones.

6. **Sistema digestivo**: su tarea principal es desmenuzar y absorber los nutrientes necesarios para el crecimiento y la manutención del organismo; así como eliminar los desechos. Los órganos principales de este sistema son boca, esófago, estómago y los intestinos grueso y delgado.

7. **Sistema excretorio**: el papel principal de este sistema es filtrar los desechos celulares, las toxinas y el exceso de agua o de nutrientes, del sistema circulatorio. Los órganos principales son los riñones, los uréteres (conductos que llevan la orina de cada riñón a la vejiga), la vejiga y la uretra (ducto que conduce a la orina de la vejiga al exterior del cuerpo).

8. **Sistema endócrino**: se encarga de enviar mensajes químicos por todo el cuerpo. Estos mensajes, en conjunción con el sistema nervioso, ayudan a controlar procesos fisiológicos como la absorción de nutrientes y el crecimiento. Muchas de sus glándulas secretan hormonas, entre ellas el hipotálamo, la pituitaria, la tiroides, el páncreas y las glandulas adrenales.

9. **Sistema reproductivo**: su papel principal es la producción de células que permitan la repro-

ducción. En el hombre, se crean los espermatozoides para fertilizar a los óvulos producidos por la mujer. Los órganos principales en la mujer son los ovarios, oviductos, útero, vagina y glándulas mamarias; y los testículos, vesículas seminales y pene, en el hombre.

10. Sistema linfático/inmune: su principal función es destruir y sacar del cuerpo a los microbios y virus que penetran e invaden el organismo. El sistéma linfático también extrae las grasas y fluídos excedentes de la sangre. Sus órganos principales son la linfa, los nodos, las vesículas linfáticas, las células de glóbulos blancos y las células T y B.

Escoge a los especialistas adecuados para ti

El resto de este capítulo definiremos a los profesionales de la salud con los que puedes trabajar para crear un programa efectivo de tratamiento. Cada una de las terapias y técnicas descritas a continuación, ha ayudado a los clientes de Passages a alcanzar el éxito, y es considerada clave para tu programa propio de recuperación.

Elige sabiamente los especialistas con los que decidas trabajar en tu área local. En la medicina china la prioridad es siempre "la intención de sanar", dado que las creencias de quienes te tratan son de gran importancia. El doctor Andrew Weil, quien recuerda muchos casos de sanación espontánea y de regeneración propia en víctimas de enfermedades de gravedad vital y de dolor crónico, ha observado que "los pacientes exitosos muchas veces se alían con profesionales de la salud que los apoyan en su búsqueda de respuestas… Lo que deseas es un profesional que crea en ti y en tu habilidad para sanarte". Adicionalmente, dice, los pacientes exitosos "no aceptan un 'no' como respuesta".[2]

Como enfaticé con anterioridad, no querrás ser tratado por alguien que cree que una cura es imposible o que piensa que la adicción y el alcoholismo son enfermedades, y que tu padeces una o ambas. Tal gente filtra veneno en tu mente, mismo que no sólo retarda tu proceso de sanación, sino que también es causa de enfermedad y desesperación. Sus desalentadoras palabras te privan de dos de los principales ingredientes de la sanación: la esperanza y el entusiasmo.

Además, los practicantes de la salud que elijas para tu equipo de soporte deberán primero, y sobre todo, identificar tu desequilibrio químico y descubrir sus causas. No sólo prescribir "curitas" para aliviar los síntomas. Deben tener la intención de llegar al fondo del desequilibrio, encontrar el motivo subyacente por el cual te auto medicas con alcohol y drogas. Todos los especialistas de la salud, principalmente los doctores, deberían emplear 95 por ciento de su tiempo en diagnosticar el lugar y la causa del desequilibrio, y el 5 por ciento restante en sugerir los remedios para corregir dichos desequilibrios.

Todo el equipo deberá comunicarse para crear sinergia. Al trabajar juntos podrán lograr más que si cada uno trabaja solo. Pide a tu médico que se comunique con tu psicólogo, y viceversa. Haz que tu doctor de medicina tradicional china (acupuntura) comente a tu médico sus hallazgos. También ayuda que el psicólogo y el hipnoterapeuta se comuniquen entre ellos.

También puedes ser tú quien lleve a cabo la comunicación entre tus terapeutas, pero si decides hacerlo, asegúrate de tomar notas al hablar con ellos y de obtener copias de los resultados de pruebas para luego transmitirlas.

Para darte una buena perspectiva de lo que debes hacer para encontrar el tratamiento de calidad que necesitas para curarte de tu dependencia, este capítulo tiene una sección dedicada a cada una de las terapias que recomiendo. Cada sección incluye preguntas y respuestas básicas. Las respuestas han sido provistas por terapeutas y especialistas de la salud que trabajan cada día con gente dependiente en Passages y que son una pieza clave en el éxito de nuestro programa.

En las siguientes páginas conocerás el papel de cada especialista, las formas en que la experiencia de cada uno podrá apoyarte, lo que deberías esperar de tus doctores y terapeutas, y cómo encontrar en tu localidad profesionales calificados que te puedan ayudar. Quizá te parezca que ofrecemos más información de la que necesitas, pero al leer estas páginas sabrás a qué atenerte.

Medicina integradora

Tu objetivo será alcanzar una salud óptima, para ello lo primero que requieres es el apoyo de un buen doctor. Busca un doctor experto en el tratamiento de la dependencia de químicos y que incorpore a su práctica acercamientos holísticos naturales. Aunque sientas que no hay nada físico que te aqueje, asegúrate de trabajar con un médico. Estarás sorprendido de lo que descubres de ti al ser sujeto a una adecuada evaluación diagnóstica, llevada a cabo por un médico competente *que también practique medicina alternativa*. Esta es tu oportunidad para poner a tono tu cuerpo entero.

El médico te ayudará con la desintoxicación y la supresión, diagnosticará malestares mayores o menores, y evaluará si tus órganos y glándulas funcionan correctamente. También revisará si tienes alguna alergia y diagnosticará deficiencia de alguna vitamina o mineral, un factor crucial en la salud de quienes han sido dependientes del alcohol o las drogas. Tu doctor holístico probablemente sugiera que purifiques el interior de tu cuerpo con varias limpias, tales como limpia de hígado, de vejiga, de colon y de sangre. Éstas aclararán tu mente y harán que tu piel brille. Tu sensación de bienestar y de vitalidad incrementará con creces a pocas semanas de completarlas. Si tu médico no las sugiere, pregunta por ellas.

Antes de hacer tu cita, asegúrate de que el doctor emplee suplementos nutrimentales, vitaminas, consulta dietética, planificación de la misma, y que considere cambios en tu estilo de vida como una parte normal de tu régimen de tratamiento. Para elegir al médico, puedes aplicar las "Preguntas para hacerte en tu primera visita", incluidas en la sección sobre hipnoterapia de este capítulo. Recuerda que estás creando y eres responsable de un plan para un regreso a la salud óptima y que el doctor es tu empleado.

La mayoría de los médicos con un acercamiento holístico anuncian su especialidad. Tú puedes buscar un listado en la sección amarilla. También hay fuentes en internet que te ayudarán a localizar al adecuado. (Si no tienes computadora, pide a un amigo que te deje usar la suya o visita un café que las rente por hora.) Puedes encontrar en cada estado por medio de tu buscador favorito, listas de doctores que practican medicina holística, teclea "medicina alternativa", "practicantes médicos holísticos" o "doctores homeópatas". La Asociación Americana de Doctores Naturópatas también mantiene en internet un directorio de practicantes. En la siguiente sección, Jason Gilles, Director Médico de Passages, provee recursos adicionales para ayudarte a encontrar el mejor doctor para ti.

Un médico competente —dice Gilles— estará entonado con tu cuerpo y asistirá sus procesos de sanación natural. Te mostrará la forma en que tu cuerpo puede sanarse a sí mismo.

El doctor Gilles ha trabajado con éxito con los casos más complejos en Passages, y muchos de esos clientes han estado en múltiples centros de tratamiento. En la siguiente sección de preguntas y respuestas, el doctor Gilles discute el papel que un buen doctor debe tener en tu recuperación. Revisa lo que debes de esperar de tu doctor, por qué el acercamiento holístico es importante y lo que necesitas saber del delicado proceso de la desintoxicación.

Preguntas y respuestas con el doctor Jason Gilles

Pregunta: ¿Qué tipo de doctor debo buscar para que me ayude en mi recuperación?

Doctor Jason Gilles: Idealmente, deberás encontrar un médico con conocimientos de la medicina de adicción y con un acercamiento holístico a la salud. No basta simplemente conseguir a un doctor porque no es garantía de que tenga conocimiento o experiencia de tratamiento de dependencia química o de la práctica de la medicina holística. Una razón por la que necesitas un doctor con experiencia en dichas áreas, es que los doctores sin experiencia a veces prescriben otras drogas a quienes han dejado de tomar sustancias adictivas, cambiando así, una droga por otra.

Muchos doctores sencillamente no se percatan del riesgo de prescribir drogas subtitutas a una persona cuyo cerebro ha cambiado como resultado de haber usado sustancias adictivas. Muchos te darán un Valium para ayudarte a dejar de beber. Otros te pueden prescribir Ritalín u otra anfetamina sin pruebas formales si les dices que estas consumiendo cristal (metanfetaminas) porque tienes síndrome de atención dispersa. En Passages, hemos visto llegar a adictos a la metanfetamina con un estado de dependencia al Ritalín. Los adictos al Vicodín llegan a las instalaciones siendo dependientes del Ultram u otros opioides. Los adictos a la heroína y al OxyContin han sido cambiados a la metadona. No les han hecho ningún favor, pues éstas son sólo otras drogas de las que también deben separarse. Lo que estás buscando es un cuerpo y una mente libres de los químicos adictivos.

Puedes encontrar médicos con entrenamiento específico en tratamiento de dependencia de químicos, contactando a la Sociedad Americana de Medicina de Adicción (www.asam.org). Dí a tu doctor que tu objetivo es estar libre de las drogas y que no quieres estar en metadona en lugar de la heroína, por ejemplo.

El doctor que elijas será tu socio a lo largo del proceso de recuperación. Recuerda, eres una persona con una dependencia a los químicos, no un adicto, y deberás ser tratado con dignidad y respeto. La mayoría de los médicos son atentos y ofrecen apoyo, pero son, primero y ante todo, personas que tienen sus propias opiniones y puntos de vista. Por ejemplo, un doctor puede tener una perspectiva filosófica de la adicción que quizá tú no compartas. Se consciente de ello. Dado el abrumador nivel de fracaso de los doctores que tratan a sus pacientes por adicción o alcoholismo, y el tono condescendiente y moralista de muchos en la profesión médica, no es raro que un médico parezca descreído o sospechoso de aquellos que buscan ayuda. Un acercamiento moralista, vergonzante y condescendiente es el opuesto de aquel al que responderás. Adicionalmente, la perspectiva médica es sólo una pieza del rompecabezas. Vas por más.

P: ¿Y qué me dices del mantenimiento con metadona en las clínicas de metadona?

R: Existe una controversia en la comunidad médica relativa al uso de la metadona para el tratamiento de opióides. Muchos doctores sienten que la metadona es un buen tratamiento para la dependencia a la heroína u otros opióides. La metadona, sin embargo, no se usa para tratar a la persona adicta a la heroína; se usa para proteger a la sociedad de ella. El nivel de criminalidad decrece alrededor de una nueva clínica de metadona. Las personas llevadas a un comportamiento criminal por los severos síntomas de la supresión de heroína, pueden encontrar alivio de sus síntomas más intensos al aplicarse una dosis de metadona. La severa compulsión pasa y el aparato de televisión del vecino permanece en su lugar, y los estéreos de los autos quedan enchufados a sus tableros por cuadras a la redonda. Hay menos arrestos y crímenes violentos, se necesita menos policía, y se puede encontrar a los adictos a la heroína reunidos ante la clínica en espera de su dosis diaria.

¿Suena bien, cierto? El problema es que el adicto a la heroína no sólo quiere dejar de tener síntomas de supresión. También quiere la sensación producida por el incremento súbito de nivel de opiáceos en la sangre. Quiere sentirse arriba, aunque sea por un momento. Las clínicas de metadona son buenos lugares para encontrar drogas ilegales. La cocaína sigue siendo la favorita, con la metanfetamina ganando posición en el mercado. La heroína prevalece, al igual que las drogas de prescripción en forma de píldoras. Dado que mayores dosis de metadona son correlativas a menos comportamiento criminal, la mayoría de la gente en una clínica de metadona recibe gran cantidad de metadona. Ellos pueden entonces vender su metadona por el breve placer que la metadona no les puede proporcionar.

Comparado con el estilo de vida de la heroína, el mantenimiento con metadona es una mejoría. Comparado con la sobriedad y la libertad de los químicos alteradores del estado de consciencia, el mantenimiento con metadona es una esclavitud. En Passages, no nos suscribimos a ese método de tratamiento. La metadona no cura la dependencia, simplemente la prolonga, y la supresión de la metadona es la peor de todas las opiáceas. Usualmente, el periodo de supresión dura de dos a tres semanas. El mantenimiento con metadona puede reducir el crimen local, pero está aún muy lejos de la paz mental que sólo se encuentra en la sobriedad.

P: ¿De qué manera me puede ayudar un médico competente?

R: Más allá de las obvias ventajas de tener a un doctor a tu lado que te mantenga a salvo y reconforte durante el difícil periodo de desintoxicación y aguda supresión de las sustancias adictivas, existen otras razones para formar una alianza con un médico competente. Si eres como la persona promedio que viene a Passages, es probable que tengas malestares físicos mayores o menores que te estén agobiando. Algunos de estos contribuyen al uso de químicos y pueden, en efecto, constituir la causa directa de la dependencia. Otros malestares son consecuencia del uso mismo de químicos, y aun otros pueden empeorar por el uso de sustancias.

Otro grupo de problemas surge del estilo de vida que deviene de beber demasiado o de abusar de drogas. Normalmente los pacientes son tan ciegos ante estos "problemas contributivos" como lo son a las consecuencias negativas del uso de drogas. La gente normalmente se auto-medica ante una hueste de problemas psicológicos. Frecuentemente, el medicarse (con drogas de prescripción o ilegales) se convierte en un problema. Los así llamados pacientes por diagnosis tienen problemas psiquiátricos así como de abuso de sustancias.

La mayoría de los pacientes que se ha emborrachado al grado de buscar tratamiento para dependencia a los químicos están ansiosos, deprimidos y tienen temor del futuro. Un doctor con habilidad y experiencia en esta área puede ayudar a separar la carreta de los caballos. Para este caso se requiere de un acercamiento riguroso, científico y razonado. Necesitas un doctor pensante, con una mente analítica.

Por otro lado, requieres un doctor que te vea como algo más que una colección de síntomas. Como humanos, somos más que sólo la suma de nuestras partes. La esencia de ser persona no puede encontrarse con un estetoscopio o un microscopio. El sufrimiento parece ser una cualidad exclusivamente humana, y tu psiquiatra debe intentar aliviarlo; deberá observar el viaje de tu alma y todo por lo que has pasado para alcanzar este lugar. Es probable que te hayas estado juzgando con demasiada dureza y debes ser recibido con una actitud de atención y cuidado, y no juiciosa.

De igual manera, los mejores doctores estarán ellos mismos en un viaje del alma. Considerarán una recompensa trabajar contigo para ayudarte a descubrir más de tu radiante luz. Doctores como éstos se encuentran con frecuencia a la vanguardia de la ciencia médica. Se mantienen actualizados sobre los avances de su arte y como detectives médicos ellos mismos lo hacen avanzar.

Otro beneficio de involucrar a un doctor en tu recuperación tiene que ver con alimentar tu capacidad para anhelar una vida diferente. El suicidio entre los dependientes de químicos es cincuenta veces más probable que entre los no dependientes. La vaga idea de que "el mundo estaría mejor sin mí" o "desearía estar muerto", prevalece entre los adictos a las drogas o el alcohol. En este estado mental, naturalmente descuidamos nuestro cuerpo físico. Un dentista me informó que la gente dependiente usualmente tiene malos dientes, otro signo de descuido propio. Ir a ver a un doctor para que te ayude con la recuperación de una adicción es un indicador de tu deseo de vivir y estar bien. Es un voto por la vida y un buen signo en general.

P: ¿Dónde puedo encontrar un médico con las cualidades esperadas?

R: Obviamente, muchos de los doctores arriba descritos estarán practicando medicina alternativa o algún tipo de modelo holístico de cuidado médico. Aunque no sea completamente excluído, un cirujano de corazón probablemente no es lo que necesitas para ayudarte con tu descorazonamiento. El doctor que elijas puede ser el médico familiar que ya conoces y en quien confías o puedes buscar un nuevo guía para este propósito específico. Tu doctor se habrá graduado de una escuela médica alópata (medicina tradicional occidental) ya sea con un M.D., D.O. (osteópata), o M.B.B.S. (siglas en el Reino Unido). El ideal será un doctor que también sea naturópata o que esté suscrito a la filosofía de la sanación holística. Evita doctores que prescriban drogas sin investigación sustancial de las causas de tu dependencia o de otros malestares.

P: ¿Cómo sé que he encontrado al médico adecuado para mí?

R: Sabrás que has elegido al doctor adecuado por la manera como seas tratado por él y su equipo. Con ellos te sentirás bienvenido. Estás a punto de embarcarte en un renacimiento. No tienes motivos para apenarte. Por la misma moneda, mereces la misma confidencialidad ofrecida a los demás pacientes del consultorio. Una enfermera que anuncie en la ventanilla: "Michael está aquí para dejar de beber", no es lo que quieres. Se requiere de dignidad y discreción.

Asegúrate de sentirte a gusto con el doctor y de entender todo lo que te dice. Haz preguntas. Explica lo que estás haciendo, es decir, que te estás curando de la dependencia a las drogas y/o al alcohol.

Un doctor experto pasará la mayor parte del tiempo que estés con él conversando contigo. Hay significativos factores fisiológicos y psicológicos activos que pueden afectar tu recuperación y sabotear tu saneación. Los exámenes y pruebas desempeñan un papel fundamental en el descubrimiento de estos factores y mucha de la deficiencia del diagnóstico es minada cuando el médico obtiene tu historial de salud y tu historia personal.

Para ese fin, una visita de al menos una hora es requerida. Es probable que hayas pasado años bailando con sustancias dañinas y probablemente años con los sentimientos y emociones que te llevaron a tu enfermiza relación con las drogas y/o alcohol. Sería una tontería creer que todo podrá ser arreglado en una cita de quince minutos con un doctor distraído. Para tener éxito debes prepararte correctamente.

Tu cuerpo es capaz de sanarse a sí mismo si es honrado, respetado y amado. Tu sistema inmune y mecanismos correctores han sufrido tremendos ataques de los químicos y el estilo de vida que has llevado hasta hoy. No sólo se pueden sanar a sí mismos, sino que con el tiempo y buena ayuda terapéutica de los profesionales descritos en este libro, ellos también pueden ayudarte a sanar tus profundas heridas emocionales. Interiormente, todos queremos ser felices y vivir bien.

Un doctor competente estará a tono y asistirá a los procesos naturales de sanación de tu cuerpo. Te mostrará cómo tu cuerpo puede sanarse a sí mismo. Tu objetivo no deberá ser un regreso a los primeros días de tu uso de drogas y alcohol. Esos días han acabado. Tu doctor te ayudará a avanzar, a accesar a tu energía sin límites. Tu espectacular sistema de sanación sólo tiene que ser provocado. El doctor adecuado puede ayudarte a buscar la salud y la felicidad.

P: ¿Qué tipo de pruebas debe hacer el médico para diagnosticar mi condición?

R: Luego de tu visita inicial, el doctor recomendará algunas pruebas de laboratorio. Muchos doctores ordenan pruebas para confirmar sus sospechas o cubrir sus espaldas. Gran parte de lo que en la actualidad constituye el cuidado médico está ampliamente conformado por las aseguradoras y las compañías fabricantes de drogas. En muchos modelos de seguros, el doctor es recompensado económicamente por no ordenar pruebas. Las compañías de seguros son renuentes a gastar dinero y buscan limitar la cobertura cada que pueden. Al etiquetar una terapia como "experimental" o una prueba como "no cubierta", ellos evitan cubrir sus costos.

Obviamente, si no buscas no encontrarás. Los costos de las pruebas adicionales de laboratorio descritas aquí, no son excesivos; y la información que pueden proporcionar bien vale el costo nominal. (Multiplica el costo por los millones de personas con dependencia a los químicos y verás por qué las compañías de seguros aprietan tanto sus bolsillos.) Un lado más oscuro de esto es el hecho de que los alcohólicos eventualmente pierden la cobertura de sus seguros al quedarse sin empleo, lo que significa que las compañías de seguros se salen de la película y se zafan del problema.

Normalmente existe en el paciente químicamente dependiente un componente significativo de enfermedades físicas en juego. Las pruebas de laboratorio que sugiere tu médico deberán considerarlo. Deberá evaluar si tu tiroides, bazo, riñones, glándula pituitaria, adrenales, hígado y demás glándulas y órganos, funcionan correctamente, si tu cuerpo asimila correctamente la proteína, y si padeces cualquier alergia significativa, como a ciertos alimentos. Las alergias pueden alterar el modo en que sientes, causándote que recurras a medicamentos. Las alergias por alimentos pueden ocasionar anafilaxis desarrollada (sofocamiento, cerrazón de garganta, dificultad para respirar) o, más comunmente, una sutil dificultad para concentrarte o fatiga y depresión crónicas.

Las pruebas también son importantes para evaluar si tienes deficiencia de vitaminas, minerales o aminoácidos, y si padeces un exceso de minerales tóxicos en el cuerpo. Plomo, cadmio, mercurio y arsénico son los cuatro metales más pesados cuya toxicidad amenaza a los seres humanos, de acuerdo con la Organización Mundial de la Salud (OMS). El cadmio está presente en los cigarrillos y en sus fumadores. El mercurio puede encontrarse en muchos peces, incluídos el atún, el tiburón y el pez espada, así como en las amalgamas dentales. La controversia de la contaminación del tejido debido al mercurio de las amalgamas está vigente.[3]

Los metales pesados se ligan a los grupos normales de azufre en las proteínas, alterando la carga eléctrica de las enzimas normales y reduciendo su efectividad. Las enzimas catalizan casi todas las reacciones del cuerpo necesarias para la vida. Casi todos los sistemas orgánicos pueden ser afectados por la toxicidad de metales pesados. Los afectados con mayor severidad son el sistema nervioso (cerebro, médula espinal, nervios periféricos), intestinos, médula ósea, riñones y corazón. El arsénico puede producir locura (una teoría común de lo que le sucedió al rey George III), al igual que el mercurio, el cadmio y el plomo. Así como las alergias por alimentos, la toxicidad de los metales pesados puede afectarle.

Tu doctor holístico también puede sugerir limpias para tu hígado, vesícula biliar, colon y sangre. Hay una gran variedad disponible, como la sal Epsom, el aceite de oliva, la limpia de vesícula biliar con limón, la tisana china con agujas de pino para el hígado, y otras. Tu doctor holístico, quizá en colaboración con el especialista de medicina china, deberá recomendar cuáles de estas limpias son mejores para ti.

P: ¿Qué deficiencias nutricionales se encuentran con más frecuencia en quienes tienen una dependencia, y qué clases de suplementos nutrimentales me ayudarán con más seguridad?

R: La mayoría de la gente, químicamente dependiente o no, puede beneficiarse de un suplemento de vitaminas y minerales de alta calidad. La mayor parte de aquellos que se encuentran en las garras de una adicción progresiva, han descuidado su salud. Una dieta escasa, vómitos y diarrea, y el constante estrés negativo, conducen a desequilibrios nutricionales. La gastritis crónica (inflamación estomacal), disturbios en la flora intestinal (nivel de bacterias), y deficiencias vitaminarias son comunes en la gente que viene a Passages por tratamiento.

Aquellos que son adictos al alcohol suelen sufrir de múltiples deficiencias en este sentido; las más peligrosas son las de vitamina

B_1 (tiamina), ácido fólico, B_6 (piridoxina), B_2 (riboflamina), y vitamina C. Una deficiencia severa de tiamina puede ocasionar daño cerebral irreversible. En Europa se añaden vitaminas al alcohol vendido comercialmente, en un intento de reducir los casos de daño cerebral por consumo de alcohol. Cuando abusas del alcohol estás, en efecto, envenenando constantemente a tu cuerpo.

Los fumadores frecuentemente son deficientes en vitamina C. Los vegetarianos y aquellos que hacen dieta suelen tener déficit de vitamina B_{12}. La deficiencia de vitamina D es común en los vegans (quienes no consumen productos lácteos). La deficiencia de hierro es común en mujeres y en vegetarianos. Puede haber deficiencias más sutiles en elementos rastreables y minerales. En los enfermos crónicos el total de magnesio en el cuerpo es normalmente bajo, así como el potasio.

Las pruebas específicas para todas y cada una de las deficiencias de vitamina son costosas e ineficientes. Las vitaminas tomadas oralmente en las cantidades recomendadas por la Administración de Alimentos y Drogas, no serán toxicas para la mayoría de la gente. Si tomas un suplemento vitamínico dirigido por tu doctor, ya estás tratando las posibles deficiencias vitamínicas. Más que hacer pruebas por deficiencia de tiamina (B_1), puedes asumir que si has abusado del alcohol te faltará esta vitamina esencial y simplemente deberás suplementarla y reabastecerte de ella. En el caso de muchos nutrientes, hacer pruebas para detectar alguna deficiencia, podría retardar el tratamiento de la deficiencia de similares. Tu doctor te recomendará suplementos orales basado en tu historia específica, síntomas y, posteriormente, en los resultados de tus pruebas de laboratorio.

En Passages recomendamos que se tome un suplemento de multivitaminas y minerales de alta calidad dos veces al día. Usamos sólo vitaminas de grado farmacéutico. Adicionalmente, proporcionamos una bebida de frutas rica en anti oxidantes para ayudar en el proceso de desintoxicación. Si se presentan dificultades específicas para absorberlo o al tomarlo, recomendamos otros suplementos.

P: ¿Deberá mi doctor coordinarse con los demás practicantes que me asistan?

R: Estás creando un equipo de tratamiento multidisciplinario sin barreras. Idealmente, estarías en un campus de sanación donde cada miembro de tu equipo podría fácilmente discutir los particulares de tu caso. Tus terapeutas se pueden comunicar por correo electrónico, teléfono o carta. Si has elegido al doctor adecuado para que te ayude, él mismo alentará esta comunicación. En una conversación telefónica se puede resolver cualquier conflicto sobre el plan de tratamiento que pudiera surgir. Si bien no es necesario que el doctor coordine tu cuidado, con frecuencia es lo más práctico.

P: ¿Qué es exactamente la desintoxicación y cómo sé que la necesito?

R: La desintoxicación es el proceso de eliminar sustancias dañinas de tu cuerpo. En el sentido más simple, todos quienes abusan de drogas y/o alcohol la necesitan. Se debe pasar un periodo considerable de tiempo sin la sustancia (o un substituto), para que el cuerpo pueda sanar. El mejor consejo es que consultes a tu médico.

La gente que inicia el viaje de la recuperación y la sanación, con frecuencia también tiene emociones tóxicas. Las emociones pueden ser tan formadoras de hábitos como las drogas. La rabia, el sarcasmo, el mentir y la arrogancia, pueden generar sensaciones no muy diferentes a las causadas por el alcohol y otras drogas. Uno también debe desintoxicarse de esos hábitos. El primer paso es dejar de incidir en el comportamiento dañino. El comienzo de la desintoxicación consiste en dejar de intoxicarnos a nosotros mismos.

P: ¿En qué parte del programa de recuperación debería ocurrir la desintoxicación?

R: La desintoxicación se realiza al inicio del programa para crear claridad mental. Algunas drogas tomarán más que otras en ser eliminadas del cuerpo. Todo el trabajo subsecuente de encontrar las causas subyacentes de la adicción depende de tener una mente tan clara como sea posible. También, es casi imposible descubrir y sanar los problemas subyacentes que te han conducido a tu dependencia cuando tu sistema está anestesiado con drogas y tus síntomas son reprimidos. Necesitas claridad para que tu doctor sea capaz de ver qué síntomas surgen y entonces determine cómo proceder de la mejor manera con tu programa de sanación.

P: ¿Necesito estar bajo el cuidado de un médico durante la desintoxicación?

R: En todos los casos, un doctor deberá involucrarse para evaluar los riesgos médicos de la desintoxicación para tu salud física. Algunos pacientes con significativas enfermedades físicas subyacentes, corren un riesgo mayor en el proceso de desintoxicación.

Cuando dejas de ingerir drogas, incluído el alcohol, el cuerpo se desintoxica naturalmente. Detener abruptamente el uso de drogas conlleva un riesgo mínimo, con excepción del alcohol, los barbitúricos, las benzodiazepinas y las opiáceas. Es esencial que un doctor supervise la supresión de dichas sustancias, debido a que durante la desintoxicación de ellas, el cuerpo debe volver a regular el número de receptores presentes en el cerebro y otras partes a niveles normales. Durante esta etapa de auto regulación los nervios tienden a ser más sensibles, son propensos a alterarse y lo hacen con mayor facilidad.

La propensión de las neuronas a alterarse, eventualmente se reducirá hasta la normalidad. En este periodo inicial de recuperación, el sistema nervioso central "aúlla" por lo que le falta. Por eso la gente tiene "temblores" cuando deja de beber o diarrea (causada por los nervios del intestino) al suspender la heroína. Con el tiempo esos síntomas desaparecen y la comunicación de nervio a nervio se restaura.

La alteración incontrolable de los nervios del cerebro, puede devenir en un ataque (convulsiones). Las consecuencias de padecer un ataque pueden ser graves. Los ataques usualmente van acompañados de movimientos agitados o sacudidas incontenibles del cuerpo durante las que se pierde la habilidad para hablar y a veces el control de los intestinos y la vejiga. Normalmente, uno no puede mantener la verticalidad al sufrir convulsiones y caerse es la regla. Las consecuencias de perder el control del cuerpo al encontrarse en actividades como subir una escalera o manejar un auto son obvias. Adicionalmente, vomitar es común durante un ataque y los contenidos estomacales pueden hallar la manera de entrar a los pulmones, lo que puede ocasionar neumonía y muerte.

La probabilidad de tener un ataque en una clínica médica es baja, especialmente si te proporcionan medicamentos anti-ataque. La gente que se encuentra en mayor riesgo, es aquella con un historial de daños en la cabeza, epilepsia u otro desorden relacionado con ataques. Insospechadamente, puedes padecer un desorden similar, por ello deberás consultar a un médico para que evalúe el riesgo de ataque, así como otras consecuencias de suspender el uso de químicos adictivos. Otra área de riesgo es la de las enfermedades cardíacas. La supresión de las drogas puede ocasionar una fuerte presión en el corazón.

Una gama de medicamentos no adictivos puede ser empleada para aliviar los síntomas de la supresión y reducir el riesgo de ataque, sueño irregular, diarrea y otros más. Como ya mencioné, los dependientes del alcohol con frecuencia tienen una severa deficiencia de vitaminas, particularmente de tiamina (vitamina B_1), y deberán recibir un suplemento de tiamina como parte de la desintoxicación y del tratamiento médico inicial para la dependencia del alcohol. La deficiencia de tiamina puede conducir a la demencia irreversible y a la psicosis, y debe ser tratada.

P: ¿Funciona una desintoxicación casera tan bien como la de un centro de tratamiento?

R: Si por lo demás estás saludable y sin factores de riesgo como los·mencionados, la desintoxicación casera puede funcionar. Una de las mayores ventajas de una desintoxicación supervisada en un centro de tratamiento, es que el alcohol y las drogas ilícitas no estarán disponibles. Parte del barullo mental que se experimenta al suprimir las sustancias adictivas es la idea de tomar sólo un poco más de la droga: "Una más no hace daño" o "por una vez más no me voy a morir". Ambas son ideas que han mantenido a muchos alcoholicos bebiendo y a adictos consumiendo. Si puedes hacer de tu casa un lugar seguro para dejar de beber alcohol o usar drogas, y tu estado físico es bastante bueno, es posible que puedas desintoxicarte en casa.

La buprenorfina es un medicamento usado específicamente en el tratamiento de la dependencia de opiáceas. Se vende como Buprenex. Se puede tomar buprenorfina bajo la guía de un médico con entrenamiento específico en tratamiento para la dependencia de opiáceas. Visitas al doctor en su consultorio, y luego tomas la medicina en casa. En Estados Unidos, un doctor de este tipo puede encontrarse en los Servicios de Abuso de Sustancias y Salud Mental (SAMHSA), cuyo sitio en la red es www.samhsa.gov. El uso de la metadona, una aproximación anterior a la desintoxicación de opiáceas, se está descontinuando.

En Passages, los clientes se sienten esencialmente en casa —en casa sin todas las distracciones y tareas, y en casa con todo el amor y el apoyo. Mientras más puedas obtener un entorno similar para tu desintoxicación, más elevadas serán tus posibilidades de éxito. Sin embargo, ser admitidos en un centro de desintoxicación puede ser la mejor opción para aquellos con dependencia de múltiples sustancias, problemas médicos, escaso apoyo en casa y otros factores. Ser admitido en un centro es una opción razonable, y sólo toma unos cuantos días. Gran parte del agudo proceso de desintoxicación, implica apoyo cuidadoso y manejo de síntomas. Muchos hospitales ofrecen buenos programas de desintoxicación.

P: ¿Cómo encuentro el centro de tratamiento adecuado para desintoxicarme? ¿Qué es lo que debo buscar?

R: Se puede encontrar en la red un directorio de tratamiento por abuso de sustancias en http://directory.google.com/Top/Health/ Addictions/Substance_Abuse/.

En este sitio localizarás un centro de tratamiento en tu estado o país. Si entrevistas al centro por teléfono, querrás conocer los detalles de su programa. Para desintoxicación de alcohol, benzodiazepina, barbitúricos u opiáceas, pregunta si tienen una enfermera en las instalaciones, pues la necesitas. Otra pregunta importante es con qué frecuencia te verá el doctor. Idealmente, un médico deberá verte dentro de las primeras horas a tu admisión, ciertamente dentro de las primeras veinticuatro horas. Pregunta cuál es el tiempo promedio de la desintoxicación. La desintoxicación de alcohol normalmente se logra en menos de una semana. En Passages, normalmente dura tres días. La desintoxicación de benzodiazepina puede tomar más tiempo, cerca de dos o tres semanas si tienes un historial de uso severo o prolongado. La de barbitúricos y opiáceas se encuentra más o menos a la mitad.

Probablemente sabrás a los pocos minutos de hablar por teléfono con el coordinador de recepción, si el centro es adecuado para ti. Seguridad y comodidad son los dos aspectos más importantes a evaluar. Seguridad y comodidad, en ese orden.

P: ¿Y en cuanto a desintoxicarse de estimulantes o marihuana?

R: La desintoxicación de estimulantes (speed, anfetaminas, cocaína, éxtasis, etcétera) y/o marihuana, raramente requiere de internamiento. La depresión es el mayor riesgo de la supresión de estas sustancias. Durante la supresión de estimulantes deberá verte un médico que evalúe otros factores y proporcione apoyo. La supresión de estimulantes se logra normalmente sin problema, la mayoría de las drogas son eliminadas del sistema en unos cuantos días. La parte difícil de la supresión de estimulantes viene después. El abuso de estimulantes, en esencia, reconecta al cerebro. Billones de delicadas conexiones entre neuronas deben recuperarse y reconstruirse. Cuando una persona deja de utilizar estimulantes (pildoras de dieta, levantadores) durante varios días, se sentirá cansada y desganada. Ese sentimiento es una potente excusa para volver a usar el estimulante. Debe ser reconocido pero no cederse a él; pasará con el tiempo.

La total desintoxicación y recuperación de la dependencia de la marihuana requieren mucho tiempo; la marihuana puede encontrarse en la orina de usuarios muy asiduos hasta un mes después de que han dejado de fumarla. Una consecuencia clave de la supresión puede ser la ansiedad. Más sutil y común es el síntoma del aburrimiento.

El principal intoxicante de la marihuana, el tetrahidrocanna-binol (THC), opera en receptores específicos de anandamida en el hipotálamo. Un papel del sendero de la anandamida es la idea de novedad. Cuando estás sentado en tu casa y escuchas que el refrigerador se apaga, aunque no lo hayas percibido funcionando, tu sendero al receptor de anandamida se activa. En este ejemplo, el cambio del refrigerador encendido a apagado es notado por tu mente. La marihuana hace que lo ordinario parezca nuevo y excitante. Los usuarios reportan que la comida, las películas y el sexo son mejores cuando están intoxicados con marihuana.

Como sucede con todas las drogas que alteran el estado de ánimo y son utilizadas durante un lapso de tiempo regular, los efectos eufóricos se desvanecen y los aspectos negativos toman la delantera. Durante la supresión de marihuana, el mecanismo normal por medio del cual la novedad es percibida se deprime. Las cosas nuevas no parecen tan nuevas, parecen aburridas. El uso de la marihuana se ha asociado en la mente del adicto con la felicidad y su ausencia con la desesperación. De nuevo, tampoco se asocia ningún peligro específico con la supresión de marihuana, y una desintoxicación en clínica no es necesaria si no se está usando otras sustancias. Lo que es esencial es no forjar un cigarrillo de marihuana y no dar la primera fumada.

P: ¿Puedes dar un ejemplo sobre la manera en que la ayuda de un médico fue clave en la recuperación de una persona?

R: Este ejemplo de un cliente de Passages ilustra en qué forma el diagnóstico y tratamiento de una condición médica subyacente fueron importantes para una recuperación duradera. Tina era una exitosa maestra de niños discapacitados. Después de varios años, su ingesta de alcohol pasó de ser parte de actividades sociales que realizaba dos veces por semana al salir del trabajo, a ser una necesidad cotidiana para sentirse bien. Tina padecía todos los síntomas de envenenamiento crónico por alcohol, incluídas depresión, ansiedad y dificultad para dormir. A pesar de su ingestión diaria de más de 2 500 calorías provenientes del alcohol, y una dieta alta en alimentos fritos, no subía de peso. Con el apoyo y súplicas de su esposo y de un amigo confiable en el trabajo, había tratado varias veces de dejar de beber. Sabía que su vida se había descarrilado pero no podía detenerse.

Al hacerle pruebas de laboratorio para evaluar sus funciones glandulares, se midió la actividad de su tiroides. Un péptido fabricado por el hipotálamo llamado hormona estimulante de la tiroides se encontró muy bajo. En una persona normal, la tiroides (una glándula localizada en la garganta) manda la señal al hipotálamo de detenerse cuando el nivel apropiado de tiroglobulina (hormona tiroidea) circula en el sistema. El hipotálamo reconoce la señal de detenerse y reduce la señal de salida, entonces el TSH (por sus siglas en inglés) decrece. En el caso de Tina, su tiroides producía hormonas tiroidales sin control. La hormona tiroidal es el marcapasos del metabolismo del cuerpo. Su nerviosismo, agitación, ansiedad y dificultad para dormir eran causadas por el alto nivel de producción de hormonas tiroidales. Su inusual habilidad para absorber calorías sin subir de peso, también era causada por sus altos niveles de hormona tiroidal.

Una vez diagnosticada, Tina recibió un medicamento para reducir los altos niveles de hormona tiroidal. Con la tiroides bajo control, experimentó un cambio de personalidad y volvió a ser la dulce persona que era. En un estado posterior de la enfermedad que padecía, su tiroides se cerró. Siguió la depresión acompañada de un significante alentamiento en su metabolismo. Su doctor notó los cambios y recomendó hacer pruebas de seguimiento del funcionamiento de la tiroides. Como resultado, el doctor descubrió que Tina sufría de hipotiroidismo (baja función de la tiroides) y prescribió suplementos de hormona tiroidal. Tina ahora se siente maravillosamente.

Medicina tradicional china

El siguiente paso en la creación de tu programa holístico de sanación es encontrar un doctor de medicina tradicional china. Eso significa que tiene licencia para practicar acupuntura y herbolaria. El acercamiento de la medicina tradicional china es muy diferente al de la medicina occidental. Apunta, sobre todo, a dar equilibrio al cuerpo. Un doctor de medicina tradicional china seguramente te dará un programa de acupuntura, acupresión e infusiones herbales. Las infusiones a veces tienen un sabor amargo, pero te pueden llegar a gustar: saben como la tierra. Si te desagrada beber las infusiones, se pueden hacer cápsulas para tragarse con agua.

Las infusiones herbales fortalecen y rejuvenecen, a la vez que desintoxican y limpian tu cuerpo. La acupuntura y la acupresión estimulan los tsubos (puntos de presión) a lo largo de los meridianos (senderos o canales nerviosos por los que fluye la energía del cuerpo) para mejorar la circulación de los órganos, balancear el ki (energía), aliviar la tensión, liberar toxinas acumuladas en las células y mejorar todas las funciones corporales.

En Passages, se curan muchísimos casos de dependencia como resultado directo de las técnicas de medicina oriental. Muchos de nuestros clientes que han sido adictos a analgésicos tales como Vicodín, OxiContin y metadona, y a otras opiáceas como la heroína, han respondido bien a la acupuntura y la acupresión. Estas técnicas pueden liberar endorfinas, los químicos de "bienestar" natural del cuerpo, suprimidos durante el abuso de alcohol y drogas. "La acupuntura parece calmar la parte del cerebro que controla la respuesta emocional al dolor", dice la doctora Kathleen K. S. Hui, neurocientífica del Centro Martinos para la Imagen Biomédica en el Hospital General de Massachussetts. También hemos encontrado que las alergias por alimentos, el estrés, la depresión, la ansiedad, anorexia, bulimia, fatiga crónica, el malfuncionamiento de órganos, de glándulas y otros desequilibrios del cuerpo, responden particularmente bien a las técnicas de medicina oriental.

En Estados Unidos puedes encontrar un doctor de medicina tradicional china en tu localidad al acudir al sitio en la red de la Comisión Nacional de Certificación de Acupuntura y Medicina Oriental (NCCAOM, por sus siglas en inglés). Explica honesta y exactamente al doctor el motivo de tu consulta y tu condición. Después de que te haya examinado, pregúntale su opinión sobre la condición de tu sistema. Pregunta cuál es su plan de tratamiento y qué tiempo requerirá. Asegúrate de que tu doctor de medicina china se comunique con tu médico.

El doctor de nuestro equipo en Passages, el doctor Ji Zhang, licenciado en acupuntura, y O.M.D., proviene de la China Continental. Fue entrenado primero como doctor, después como acupunturista/acupresor, y luego como herbólogo. Ha escrito lo que para algunos críticos es la más completa enciclopedia de hierbas jamás publicada. Enlista alrededor de diez mil diferentes especies. Desafortunadamente, sólo está disponible en chino. Es de la opinión de que mezclar la medicina occidental y la oriental es de gran valor; debido a que cada una posee sus propias virtudes y las dos juntas pueden lograr más de lo que cada una puede hacerlo por separado. Las siguientes sugerencias provistas por el doctor Ji Zhang, te ayudarán a entender la razón por la que la medicina tradicional china es esencial para facilitar una cura para el alcoholismo o la adicción.

Preguntas y respuestas con el doctor Ji Zhang

P: ¿Qué hace particular a la medicina tradicional china (TCM)?

R: El acercamiento holístico y la individualización son las dos características particulares de la medicina tradicional china (TCM). La teoría médica contempla la salud física, emocional y espiritual en lugar de dirigirse sólo a los síntomas físicos. Reconoce que las personas son individuos de constitución diversa y con una relación particular con el entorno. Por ello, los tratamientos se adecúan a los requerimientos especiales de cada persona. Quizá la función más impactante de la TCM sea su habilidad para tratar condiciones crónicas o casos difíciles, para los que la medicina convencional no tiene solución. En la actualidad, la aceptación de la TCM crece rápidamente en Occidente, pues es efectiva y produce una cura duradera. Se enfoca primordialmente en el diagnóstico para la corrección de las causas subyacentes a la enfermedad.

P: ¿Qué incluye la medicina tradicional china?

R: La medicina china es un método de sanación de 4 000 años de antigüedad. El objetivo principal del tratamiento de la TCM es equilibrar las energías ying y yang del cuerpo, al promover en él el flujo natural de ki (energía vital). El tratamiento puede involucrar una variedad de técnicas, incluyendo acupuntura, trabajo corporal, herbolaria, ejercicio, terapia dietética y meditación. En el siglo XV, los misioneros jesuitas en China crearon el término acupuntura, de las palabras latinas "acus" aguja, y "puntura" punción.

Al paso de los siglos, el uso de la acupuntura se ha diseminado por el mundo entero. Hoy, más y más doctores y científicos concuerdan en que este tratamiento funciona. De acuerdo con el doctor David Brestler, director del Centro de Dolor de la UCLA: "Más gente ha sido tratada con acupuntura que con todos los demás sistemas de medicina combinados". Miles de documentos publicados en la última década, han comprobado las bases científicas de la acupuntura y han demostrado con éxito su efectividad por medio de diversos métodos de investigación.

La acupuntura se percibe cada vez más como un tratamiento efectivo y una medicina valiosa; presenciamos la integración de la ciencia médica moderna y de la medicina china. En marzo de 1996, la Administración de Alimentos y drogas de Estados Unidos (FDA, por sus siglas en inglés) aprobó a la acupuntura como un método de tratamiento médico. Debido a la gran demanda de TCM del público, aunada a la extensiva investigación científica, la FDA incorporó la acupuntura a la medicina básica en abril de 1997. En julio de 1997, el acta 212 del Senado fue transformada en ley, ampliando la definición de "médico" para incluir a los acupunturistas en el tratamiento de empleados perjudicados acreedores a beneficios médicos por la compensación al trabajador. En noviembre de 1997, el Consejo de Salud Americana identificó que la acupuntura podría ser útil en el tratamiento del dolor, náusea, asma y artritis. En China, los doctores utilizan la acupuntura incluso como un método principal de anestesia para llevar a cabo diversas cirugías, en especial cuando el paciente es alérgico a los anestésicos, cuando la constitución corporal es demasiado débil, o cuando recibir anestésicos pondría en riesgo severo al paciente.

P: ¿Cómo funciona la acupuntura?

R: La acupuntura anima al cuerpo a promover la sanación natural y a mejorar su funcionamiento. Esto se logra mediante la inserción de agujas muy finas y la aplicación de calor o estimulación eléctrica en puntos precisos del cuerpo. En la antigua China, los doctores descubrieron la existencia en el cuerpo de catorce canales mayores de acupuntura, mismos que involucran a más de setecientos diferentes puntos distribuidos en la superficie de la piel que conectan individualmente a diferentes órganos y otros tejidos. El ki (energía vital) fluye y circula en esos canales y en otros colaterales para producir las funciones de varios órganos y para irrigar y nutrir a los tejidos.

En la teoría médica china las perturbaciones y disfunciones en el yin (negativo, sombra, femenino, frío, interno, y superior, etcétera), el yang (positivo, brillante, masculino, calor, externo, e inferior, etcétera.), el ki y la sangre producen todas las enfermedades. A través de métodos de manipulación estimulativa, tales como la vigorización (utilizado para diversas deficiencias, astenia) y eliminación (para dispersar el exceso y eliminar patógenos), la acupuntura ajusta, corrige y equilibra perturbaciones y disfunciones para curar la enfermedad.

Investigaciones recientes han encontrado evidencia de que los puntos de acupuntura son conductores estratégicos de señales electromagnéticas. Estimular puntos que se encuentran en esos conductos por medio de la acupuntura, posibilita que las señales eléctricas puedan ser confiables en un grado mayor que bajo condiciones normales. Estas señales pueden provocar el flujo de bioquímicos analgésicos, tales como las endorfinas, y de células del sistema inmune a sitios específicos del cuerpo que se encuentren dañados o vulnerables a la enfermedad.

P: ¿Cómo se siente la acupuntura?

R: La experiencia de la gente con las agujas de acupuntura es diferente. Normalmente los pacientes no sienten dolor alguno cuando se insertan las agujas; algunos pueden sentir un dolor mínimo o incomodidad. Las agujas de acupuntura son muy delgadas y sólidas, y están hechas de acero inoxidable. Debido a que la punta de las agujas es suave, su inserción a través de la piel no se siente igual que la de las agujas para inyecciones o pruebas de sangre. Una vez que las agujas están en su lugar, la mayoría de los pacientes describe sensaciones como "pesadez", "adormecimiento", "hormigueo" o "sensación rara". Estas son buenas reacciones a la estimulación de los puntos. La acupuntura es segura porque no se usan drogas o equipo azaroso como en el caso de los rayos x. Ni tampoco se llevan a cabo procedimientos irreversibles como en una operación quirúrgica. Sólo se utilizan agujas deshechables.

P: ¿Cómo funciona la herbolaria china?

R: La herbolaria china, un componente primario de la medicina tradicional china, es en sí misma un poderoso método de sanación. Todas las hierbas son naturales y provienen de materia viva, tales como plantas, minerales y productos animales. Más de 10 000 hierbas han sido identificadas en China y alrededor de cuatrocientas se usan actualmente con normalidad en Estados Unidos. Usar el poder de las plantas medicinales para sanar es una tradición mundial. La gente de la antigua China ha usado las hierbas por miles de años. El empleo de hierbas para una gran variedad de aspectos relacionados con la salud, se ha incrementado en todo el mundo al conocerse por experiencia propia su efectividad.

Nuestro cuerpo está compuesto de trillones de células y cada una necesita de nutrientes especiales para funcionar adecuadamente. La mayor parte de los nutrientes que les proporcionamos provienen directamente de los alimentos que comemos. Una dieta "inadecuada" o una enfermedad, pueden deteriorar nuestra habilidad para abastecer a nuestras células de nutrientes. Suplementos dietéticos herbarios combinados con una dieta adecuada pueden ayudar a corregir deficiencias de nutrientes y a devolver el equilibrio a las células. Dado que las hierbas son sustancias naturales, son fácilmente absorbidas por nuestro cuerpo y raramente tienen algún efecto adverso. Cada hierba posee una combinación única de elementos que interactúa directamente con la química del cuerpo. Estas interacciones específicas inciden en órganos enteros o tejidos.

Las hierbas chinas frecuentemente son dadas en combinaciones y fórmulas diseñadas para cada persona. Combinar hierbas hace más que sólo sumar los efectos de cada hierba individual. Una fórmula herbaria puede tener un efecto sinérgico o expansivo, dependiendo de cómo estén combinadas las hierbas, así como de los requerimientos del cuerpo. Una buena fórmula maximizará el efecto de cada hierba y apoyará nutricionalmente a varios sistemas del cuerpo humano.

Las drogas tradicionales con frecuencia controlan los síntomas pero no alteran el proceso de la enfermedad. Por ejemplo, los antibióticos eliminan las bacterias pero no mejoran la resistencia de una persona a la infección; los diuréticos eliminan las bacterias pero no mejoran la función de los riñones. En cambio, las hierbas chinas en una combinación adecuada pueden aumentar la habilidad de los glóbulos blancos, así como la de algunas proteínas de suero para colaborar y defender la salud del cuerpo. De esta manera, tratan la condición subyacente, no sólo los síntomas. Las hierbas raramente causan efectos colaterales no deseados.

P: ¿Cómo es el masaje terapéutico chino?

R: El masaje terapéutico chino o Tuina, es una técnica basada en los mismos principios de la acupuntura. En lugar de agujas para estimular el flujo de ki en los canales (meridianos) del cuerpo, utiliza la presión de los dedos, manos, codos, etcétera. Se aplica en puntos específicos de acupuntura a lo largo de un meridiano o en un área del cuerpo para ayudarlo a recuperar el equilibrio.

El Tuina es un medio profundo y poderoso de animar a la circulación, al rejuvenecimiento, y de prevenir la enfermedad. Los resultados a largo plazo son normalmente menos profundos que los de la acupuntura, pero la liberación inmediata de estrés y tensión hace del Tuina una técnica médica extremadamente valiosa. El Tuina también ayuda con desórdenes como el insomnio, la indigestión, dolores corporales, problemas de articulaciones, dolor en la espalda, y cuello rígido.

P: ¿Por qué la medicina tradicional china es esencial para encontrar una cura para el alcoholismo y la adicción?

R: En China, la medicina tradicional se ha usado por más de mil años para tratar el alcoholismo. Hace doscientos años, los médicos comenzaron a buscar un método y hierbas desintoxicantes para tratar la adicción al opio. En la actualidad, en China, en la mayoría de los centros de tratamiento de adicción se utiliza una combinación de medicamentos occidentales y medicina oriental, incluidas la acupuntura y la herbolaria, para tratar a los pacientes.

Cuando durante el proceso de desintoxicación se usan medicamentos occidentales como terapia principal, muchos pacientes tienen varios síntomas como fatiga, insomnio tenaz, ansiedad, depresión, irritabilidad, inquietud, agitación, espasmos musculares, temblores y miembros fríos, constipación, falta de apetito, escalofríos y sensaciones de hormigueo, picazón y dolor en todo el cuerpo. Incluso después de la desintoxicación, algunos pacientes aún presentan esos síntomas, conocidos como síndrome de abstinencia. Este es un factor importante que conduce a la reincidencia. Cuando la acupuntura y las prescripciones herbarias se añaden al programa, la situación física y mental mejora considerablemente. La acupuntura puede equilibrar y corregir el sistema nervioso central, al vigorizar al cerebro para que genere más endorfinas, que pueden aliviar el dolor físico y moderar las emociones.

Cuando un paciente tiene un largo historial de adicción, el sistema mediante el que se genera endorfinas en el cerebro, ha sido dañado por el uso excesivo de una droga externa, similar a la endorfina en estructura química. En tales casos, las señales de retroalimentación del cerebro decrecen la producción interna de endorfinas. La acupuntura estimula y vigoriza la generación de endorfinas y así puede calmar al sistema nervioso central, aliviar el estrés, moderar la ansiedad y la depresión, y dar al paciente un mayor estado de bienestar. Asiste en la liberación mental de la ansiedad psicológica por las drogas y el alcohol, y colabora con los medicamentos occidentales en el tratamiento de las enfermedades psiquiátricas.

Cuando quienes han sido adictos eligen un tratamiento con acupuntura, su muy débil generación de endorfinas es restituída gradualmente a su nivel normal. Tras recuperarse, el sistema de generación de endorfinas se mantendrá suficientemente fuerte para prevenir la reincidencia, pues será normal; en otras palabras, el paciente ya no padecerá la ansiedad física por la droga.

En la actualidad, el mecanismo de reincidencia, relacionado con la perturbación de varias partes del sistema nervioso, no es suficientemente claro. Por ende, es difícil corregirlo con un solo medicamento occidental. La medicina tradicional china, como sistema médico diagnóstico y terapia holística, sigue varios acercamientos para resolver el problema. Es por eso que la herbolaria china también se usa para ayudar a los alcohólicos y drogadictos.

P: ¿De qué manera me ayudará la herbolaria a alcanzar la recuperación?

R: Las hierbas chinas liberan al cuerpo de toxinas remanentes y lo limpian mediante las siguientes medidas:

- Promueven la orina para expulsar las toxinas.
- Se deshacen del calor tóxico y del calor húmedo. Este método es especialmente útil en el tratamiento de los alcohólicos. (En la medicina china, el "calor" se puede manifestar como piel rojiza, irritabilidad, ira, dificultad para dormir, estómago suelto y diarrea apestosa, lengua roja con una capa amarillenta y grasienta, o pulso rápido.)
- Desbloquean las entrañas para expulsar las toxinas, especialmente cuando el paciente está constipado.

- Promueven la circulación de la sangre y la circulación del ki para extraer las toxinas de los órganos y otros tejidos. Recientes investigaciones indican que la herbolaria china promueve y regula efectivamente la microcirculación, y ayuda a extraer las toxinas.

La herbolaria china también puede:

- Calmar el espíritu, reducir la sensitividad del sistema nervioso, mejorar la condición mental del paciente y prevenir la reincidencia en el alcohol y las drogas.
- Tonificar deficiencias, fortalecer la constitución y restituir la generación interna de endorfinas.
- Reducir la tensión mental y la ansiedad, y aliviar la depresión.

Los siguientes son ejemplos de hierbas chinas especialmente efectivas para la desintoxicación:

- Las agujas de los pinos vigorizan la circulación de la sangre para desintoxicar y desbloquear canales y colaterales, y así aliviar el dolor experimentado durante la desintoxicación.
- El diente de león promueve la orina para extraer la toxicidad por medio de ella.
- El regaliz puede desintoxicar, moderar la ansiedad y la depresión, y aliviar el dolor. También puede aliviar una deficiencia constitucional.
- Otras hierbas como la algarroba membranosa, la madreselva, el aweto, la angélica y el ginseng americano también se utilizan para tratar el alcoholismo y la adicción.

P: ¿Cómo trabaja la medicina tradicional china en conjunto con la medicina occidental? ¿Cómo y por qué logran las dos juntas más que cada una por separado?

R: Los medicamentos occidentales para tratamiento de pacientes adictos y alcohólicos normalmente contienen químicos muy fuertes y generalmente logran un resultado inmediato. La adicción se detiene con facilidad. El lado negativo es que algunos medicamentos tienen severos efectos colaterales o pueden ocasionar una nueva adicción. En algunos casos, los pacientes tienen que tomar algún medicamento sustituto por el resto de sus vidas. Por otro lado, la medicina tradicional china es una terapia natural con menos efectos colaterales. Puede vigorizar, regular y equilibrar el cuerpo más que dañarlo. La TCM se enfoca a los factores y fuentes del problema, no sólo a los síntomas.

En la teoría médica china, las drogas dañan el cuerpo, ocasionando varios tipos de deficiencia como la deficiencia del yin, la del yang, la del ki y la de la sangre. Estos tipos de deficiencia no pueden desaparecer inmediatamente después de la desintoxicación y permanecen por largo tiempo. Por ello, lo óptimo es usar primero medicamentos occidentales como método principal de desintoxicación y, posteriormente, utilizar medicina china para asistir la mejoría de los síntomas. Tras la desintoxicación, la dosis de drogas occidentales puede gradualmente disminuirse y el paciente puede usar el tratamiento chino para apoyar el fortalecimiento del cuerpo, para prevenir la reaparición de síntomas, para mantener la salud, y, finalmente, para dejar la adicción y el uso de todos los medicamentos sustitutos.

P: ¿Qué aptitudes debo buscar en un especialista en medicina tradicional china?

R: El médico debe tener una formación sólida tanto en medicina china como en medicina occidental. Idealmente, debería de ser graduado de una escuela prominente de medicina tradicional china y haber practicado por lo menos entre cinco y diez años. Si no puedes encontrar un doctor de TCM que también tenga formación en la medicina occidental, asegúrate de que tu doctor de medicina china consulte y se comunique con regularidad con el médico alópata.

De preferencia, el doctor debería tener experiencia especializada en el área de tratamiento de adicción y alcoholismo. Lo más recomendable es encontrar a un doctor de medicina tradicional china que trabaje en un centro de adicción.

P: ¿Cómo me debo de preparar para una consulta con un doctor de medicina tradicional china?

R: Comunica al doctor de TCM tu historial médico completo, especialmente el relacionado con la adicción y el uso del alcohol. Obtén de tu M.D. copias de todos tus exámenes médicos y tráelas a tu cita.

Describe tus síntomas actuales y tu principal dolencia. Informa, así como a los demás practicantes con los que estés trabajando, de todos los demás medicamentos y tratamientos que recibes, de modo que los practicantes y sus tratamientos se apoyen mutuamente y no se contrapongan. Por ejemplo, quizá no sea aconsejable tomar ciertas hierbas si te encuentras tomando otros medicamentos.

Al visitar al doctor, ve en ayunas y no practiques ningún ejercicio, ya que ello puede afectar a la lengua y el pulso, que son muy importantes para una correcta diagnosis china.

P: ¿Qué tan rápido puedo esperar resultados de la medicina tradicional china?

R: En el caso del dolor, a veces se puede sentir mejoría inmediata con acupuntura. En el de los disturbios mentales, puedes sentir relajación durante el tratamiento, incluso cuando las agujas se encuentran aún en el cuerpo. Normalmente, verás resultados más rápidos con la acupuntura que con las hierbas chinas, ya que las hierbas trabajan gradualmente.

Al usar las hierbas para síntomas crónicos, puedes esperar resultados después de una semana. Mientras que las hierbas son más efectivas para tratar el origen del problema, la acupuntura es más efectiva para tratar los síntomas. Generalmente, lo mejor es combinar ambas.

P: ¿Puedes dar un ejemplo de tu práctica que ilustre la manera que la medicina tradicional china o la acupuntura ayudaron a alguien a dar el salto a la recuperación?

R: Eric, de cuarenta y un años, sufría de una adicción de venticinco años a la marihuana y también fumaba cigarrillos. Vino a mí para tratar su hormigueo muscular, dolor y espasmos, así como su ansiedad, irritabilidad e insomnio. Yo le dije: "Si quieres curar el origen de tu problema, mejor deja de fumar y tomar drogas". Él estuvo de acuerdo.

Primero usé acupuntura en la oreja y coloqué cinco semillas de hierbas en los puntos de acupuntura de la superficie de la oreja, cubriéndolos con pequeños pedazos de venda. Le pedí a Eric que presionara esos puntos varias veces cada día. Lo traté con acupuntura en el cuerpo sólo una vez, insertando aproximadamente diez agujas. Además, le di medicina herbal, recetándole que bebiera la infusión dos veces por día. Después de sólo una semana, pudo dejar suavemente de fumar tanto marihuana como cigarrillos totalmente.

* * *

Adicionalmente a la historia del doctor Ji Zhang, los siguientes ejemplos son muestra de la efectividad de la medicina tradicional china en el tratamiento de nuestros clientes en Passages. Hace dos años, un doctor vino a Passages a ser tratado por su adicción a los analgésicos. Años atrás, se había herido el hombro en un accidente automovilístico; el dolor era continuo y severo. En tres ocasiones fue sometido a cirugía, sin éxito, en un intento por aliviar el dolor. En la primera sesión de acupresión, nuestro terapeuta alivió 80 por ciento del dolor al abrir los meridianos que conducen energía al área del hombro. Luego de ello, fue una tarea fácil curar su adicción a los analgésicos ya que el dolor había desaparecido.

En Passages, también hemos tenido mucho éxito al aliviar dolores de cabeza utilizando acupuntura y acupresión para abrir los meridianos que proveen energía a los hombros, cuello, cráneo y cuero cabelludo, donde se genera el dolor. El dolor de cabeza no es generado por el cerebro (aunque se siente como si así fuera) porque el tejido cerebral no puede sentir dolor.

Los huesos del cráneo y los tejidos del cerebro carecen de nervios sensitivos al dolor. El dolor de cabeza se origina en los nervios del cuero cabelludo, los músculos de la cabeza y el cuello, y las venas en la base del cráneo.

Quizá dos docenas de personas han venido a Passages para ser tratados por migraña. En algunos casos, las migrañas eran dolores como para "tumbarte de rodillas", del tipo de los que te mandan al cuarto de emergencias por medicamentos. En cada caso, el cliente utilizaba analgésicos para lidiar con el dolor y se había vuelto adicto a ellos. Cada una de estas personas dejó Passages sin la mayoría de los síntomas del dolor de cabeza y curada de su dependencia. Incluso clientes que no padecen migraña, pero sí dolor crónico de cabeza, reportan que éste ha desaparecido tras algunos tratamientos con acupuntura, acupresión, hierbas y masaje de tejidos profundos. También han encontrado que el yoga, la psicología, el entrenamiento físico y la asesoría nutricional son efectivos para ayudar a aliviar estos síntomas.

Como treinta millones de nosotros sufrimos dolores de cabeza crónicos, y la mayoría los tenemos ocasionalmente. Si te has vuelto adicto a los analgésicos, no trates de enmascarar el dolor con drogas. En su lugar, obtén ayuda para identificar su causa y tratarla.

He aquí tres remedios instantáneos para la jaqueca. Primero, no tomes bebidas que contengan cafeína. Segundo, haz ejercicio, quedarte sin aliento cinco veces por semana y utilizar tus músculos, fortalecerá tu corazón para que llegue más oxígeno al cerebro y los órganos. Tercero, aprende posturas de yoga que estiren el cuello, los músculos de los hombros y los nervios, especialmente la postura conocida como el arado, que se ejecuta de la siguiente manera:

> Yace boca arriba sobre tu espalda, trae las rodillas al pecho, estira las piernas, comienza a levantarlas y luego bájalas hacia atrás sobre tu cabeza. Coloca tus manos, con las palmas planas, bajo las caderas, para ayudar a mantener el peso en tus hombros. Manteniendo las piernas estiradas deja caer los pies detrás de tu cabeza tan cerca del suelo como sea posible. No te forces para llegar a la posición perfecta, trabájala gradualmente. Una vez alcanzado el máximo estiramiento posible, manténlo durante quince segundos. Entonces, lentamente, desenrolla tu cuerpo dejando que cada vértebra, una por una, toque el suelo.

Este estiramiento será de gran ayuda para aliviarte de los dolores de cabeza, así como para promover tu buena salud general.

Psicología clínica

Un psicólogo puede ser de gran beneficio en tu vida, al ayudarte a entender y resolver el dolor subyacente del que has estado escapando o al que has estado ahogando con drogas y alcohol. Asegúrate de que el psicólogo sepa que no lo estás contratando para tratar tu abuso de sustancias. Ya que el alcoholismo y las drogas no son el problema sino los síntomas del problema, emplearás al psicólogo para que te ayude a descubrir los problemas psicológicos subyacentes que han conducido a tu dependencia. Si el psicólogo que elijas no se percata de la diferencia, busco otro de inmediato. No estás ahí para educarlo.

Puedes encontrar un psicólogo en tu directorio telefónico o buscándolo en internet, puedes ir al buscador y teclear "psicólogos".

En tu primera visita, podrás evaluar cómo te sientes de trabajar con esa persona. Sé franco al respecto.

Díle que tienes un problema de dependencia, que estás siguiendo un programa para descubrir los problemas subyacentes que pudieran haber ocasionado que te volvieras dependiente de sustancias, y que también estás siguiendo otras modalidades de sanación.

Te sugiero que al inicio visites al psicólogo tres veces por semana. Si sólo tienes consulta una vez por semana, el tratamiento puede durar mucho más. Tres sesiones por semana no sólo serán más efectivas, sino que también producirán resultados con mayor rapidez. Trabajar con un psicólogo no es un arreglo a largo plazo. Estás ahí para llegar al fondo de lo que causa tu dependencia y seguir con tu vida.

"La dependencia proviene de un deseo de escapar al dolor", dice Keith McMullen, directora clínica de Passages. "La sobriedad continua requiere comprender los orígenes del dolor y hacer referencia a ellos más que encontrar una manera rápida de enmascarar su expresión". En la siguiente sección, la doctora McMullen explica por qué trabajar con un psicólogo clínico puede ayudarte a sanar tu dolor, cómo elegir al mejor psicólogo para ti y qué esperar de tu terapia.

Preguntas y respuestas
con la doctora Keith McMullen

P: ¿Qué es un psicólogo clínico?

R: Un psicólogo clínico es un terapeuta doctorado en psicología clínica, experto en la evaluación, diagnóstico y tratamiento de los desórdenes mentales. Un psicólogo clínico tiene varios años de entrenamiento académico, uno o más años de práctica como interino, tres mil horas adicionales de experiencia supervisada, y ha aprobado los exámenes de licencia del estado. Además, ha escrito una tesis especializada en algún área del campo de la psicología.

P: ¿Por qué es esencial para mi recuperación trabajar con un psicólogo clínico?

R: La dependencia química es sintomática de problemas subyacentes, y los psicólogos clínicos están entrenados para evaluar y tratar problemas psicológicos subyacentes. En la mayoría de los estados se requiere que los psicólogos tengan un entrenamiento especial en dependencia química, y conocimiento de las necesidades particulares de aquellos que sufren de dependencia química así como de los problemas psicológicos subyacentes que los pacientes evitan al utilizar las drogas y el alcohol. El riguroso entrenamiento y los requerimientos de la práctica, otorgan al psicólogo habilidad y experiencia para la evaluación y el tratamiento.

P: ¿De qué modo me ayudará un psicólogo clínico?

R: Un psicólogo ayuda al iniciar una completa evaluación de los síntomas de su cliente. En las entrevistas iniciales, el psicólogo escucha las particularidades que el cliente presenta como problemas y entrevista al cliente para obtener un completo historial psicológico. Si los asuntos y el diagnóstico son complejos y confusos, el psicólogo está entrenado para aplicar una batería de exámenes psicológicos para clarificar el diagnóstico. Tras evaluar la naturaleza de los problemas subyacentes, el psicólogo trabaja con el cliente para desarrollar un programa de tratamiento con intervenciones mutuamente acordadas, objetivos a corto plazo y objetivos a largo plazo. Los métodos de intervención varían de acuerdo con la orientación teórica del psicólogo, pero están caracterizados por la apertura propia del cliente y el apoyo empático y guía del psicólogo.

P: ¿Qué debo esperar de un psicólogo clínico?

R: Cuando estés entrevistando terapeutas para encontrar al indicado para ti, deberás esperar total transparencia en lo que respecta a los aspectos de negocio de la relación profesional, incluídos honorarios, programa, política por no asistir a citas, seguro, accesibilidad fuera del horario pactado y otros asuntos relacionados. El psicólogo deberá describir abiertamente la teoría o métodos que ofrece así como lo que espera de ti. Los objetivos de la terapia se determinarán con tu plena participación. El psicólogo deberá dar respuestas claras a tus preguntas, abiertas y no defensivas. Siempre deberás sentirte seguro y escuchado. Nunca continúes la terapia si no tienes un sentimiento de seguridad y respeto. Después de comenzar el trabajo, es posible que conflictos interpersonales necesiten ser procesados como una parte valiosa de la sanación, para ellos el cliente deberá tener un fuerte sentido de seguridad y confianza en el entorno. Entrevista a varios terapeutas hasta encontrar uno con el que te sientas seguro y en el que puedas confiar.

P: ¿Cómo debo prepararme para una cita con el psicólogo clínico?

R: Prepara una clara descripción de lo que necesitas y esperas. Alístate para ofrecer una clara descripción de tus problemas o síntomas así como de tus objetivos. Además, prepara una lista de preguntas para el terapeuta. ¿Qué necesitas saber del psicólogo que te ayude a decidir si has encontrado —o no— a la persona adecuada? Tanto como sea posible, ten una idea clara de lo que quieres y formula preguntas para descubrir si es el lugar indicado. Prepárate a ofrecer una historia detallada de las experiencias de tu vida. Tener una versión escrita por adelantado puede ayudar a facilitar la evaluación de problemas subyacentes.

P: ¿Qué resultados veré?

R: Inicialmente, podrás esperar un incremento del dolor al adentrarte en tus problemas subyacentes. La dependencia es resultado de un deseo de escapar del dolor, y la sobriedad comienza al aprender cómo tolerar ese sentimiento. Al descubrir las causas del dolor, adquirirás un entendimiento más profundo de los patrones aprendidos que lo perpetúan y desarrollarás maneras nuevas de enfrentarlo. El objetivo es eliminar los patrones auto-destructivos, aliviar el dolor constante y aprender maneras de adaptarte cuando éste surge. El dolor es un signo de que algo necesita ser sanado. La sobriedad continua requiere la comprensión de los orígenes del dolor y hacer referencia a ellos más que encontrar una manera rápida de enmascarar su expresión.

P: ¿Cuáles son algunos de los problemas psicológicos comunes que causan que la gente se automedique?

R: A una edad muy temprana, aprendemos patrones de sobrevivencia. El entorno en el que nacemos condiciona dichos patrones. Estos patrones "funcionan" en nuestra familia de origen, pero usualmente no funcionan tan bien cuando los llevamos fuera de allí.

La dependencia puede resultar de un sentimiento de impotencia cuando nuestros patrones no funcionan. Existen muchos problemas que ocasionan que la gente se automedique y uno de los principales es la incapacidad para adaptarse a las circunstancias actuales. Nos estancamos en patrones condicionados y no tenemos éxito para adaptarnos. Esto crea baja autoestima, depresión, cambios de estado de ánimo, ansiedad, desórdenes alimenticios, obsesiones, disturbios de identidad, falta de propósito y muchas otras condiciones. Cualquiera de estos problemas puede subyacer a la dependencia, misma que se ha vuelto la manera de enfrentarlos.

P: ¿Todos aquellos adictos a sustancias necesitan ver a un psiquiatra?

R: Aquellos que se han vuelto dependientes de las drogas o el alcohol, pueden beneficiarse de la terapia profesional. Algunas personas pueden beber alcohol sin que éste tome el control de sus vidas y los conduzca a un repetido comportamiento autodestructivo, otras no pueden. Si has perdido el control de tu vida, ha sucedido por razones mucho más profundas que el gozo de sentirte alterado. Si drogarte es más importante que tu salud, que amar a tu familia y amigos, o tener una vida y una carrera llenas de sentido, hay problemas que subyacen a tal comportamiento y que deben de ser enfrentados.

P: ¿Puedes dar algunos ejemplos de cómo trabajar con un psicólogo puede significar una gran diferencia para liberarse del alcoholimo y la adicción?

R: Un cliente de Passages, Fred, fumaba diariamente marihuana desde los catorce años, y bebía fuertemente desde los dieciséis. Su padre era un abogado prominente, y él y su hermano eran socios de su despacho. A los vienticinco años, Fred se había vuelto progresivamente menos confiable, no completaba sus casos y se presentaba cada vez más tarde a trabajar. Su hermano, altamente exitoso, se irritaba cada vez más por tener que completar su trabajo. Su padre lo había amenazado más de una vez con correrlo de la firma, pero nunca lo cumplía. En vez de ello, se aseguraba de que Fred tuviera un lugar dónde vivir y pagaba todos sus gastos.

Tras desintoxicarse de la marihuana y el alcohol, Fred pareció entusiasmarse por el tratamiento y participó activamente en todas sus modalidades. Por las noches tocaba su guitarra y cantaba para los clientes y frecuentemente pedía pases para asistir a eventos de música locales. Se hizo evidente que Fred no había venido a la Tierra para ser abogado, pues era un músico de corazón. Llegó a ver que había estado usando la marihuana y el alcohol para lidiar con el estrés y la insatisfacción de estar en una carrera en la que no tenía interés alguno.

El tratamiento consistió en validar la verdadera vocación de Fred y en aumentar su confianza para clarificar y alcanzar el objetivo a largo plazo de volverse un músico profesional. Fred también participó en terapia familiar para aprender a afirmarse ante su padre y su hermano, y para facilitar que ellos aceptaran su identidad verdadera. El padre de Fred aceptó pagar por la educación musical de su hijo en tanto este se mantuviera sobrio, en el entendimiento de que más allá de los gastos educacionales, no habría más apoyo. Una vez que Fred fue capaz de vivir de acuerdo con su verdadera pasión en la vida, no necesitó más de la marihuana y el alcohol para obtener una sensación de bienestar.

Otra cliente, Sophie, hija de una familia real, también se liberó de su adicción cuando aprendió a ser honesta sobre sus deseos verdaderos, que se contraponían con las espectativas de su familia. Durante el curso de su tratamiento reveló que si bien el prestigio de ser realeza tenía sus beneficios, detrás su fachada exaltada, ella estaba más interesada en las cosas simples de la vida. Cuando era niña, se escapaba al ala de los sirvientes para jugar con ellos y sus hijos, llevándoles regalos y asegurándose de su comodidad y bienestar. Y también mantuvo su dolor oculto, en una apariencia exterior pulida y controlada.

Ella llevó esos patrones a su edad adulta, viviendo la vida de una actriz y modelo, ocultando su deseo por una vida más simple y conteniendo su dolor y sus necesidades. Su manera de enfrentarse a su identidad oculta fue medicar su dolor. A lo largo del tratamiento, Sophie pudo salir de su máscara protectora, para hablar de su dolor en sesiones individuales y grupales; experimentó ser amada y aceptada por su verdadero ser. Fue capaz de admitir sus necesidades y aprender maneras de comunicarlas. Más que ser siempre la que daba, también se permitió recibir de los otros.

Al final del tratamiento, Sophie tenía planes para combinar sus dos facetas en proyectos en los que pudiera ayudar a aquellos necesitados al ejercitar sus valiosos talentos como actriz y ejecutante. Al expresar su dolor y no esconderlo, pudo encontrar apoyo y alivio en sus amigos y familia, en vez de en la cocaína.

Terapia de matrimonio y familia

La terapia de matrimonio y familia se enfoca a las dinámicas de familia y a las relaciones. "Las heridas y los daños que suceden en el contexto de nuestra familia pueden conducir al abuso de sustancias", dice Noah A. Rothschild, uno de los terapeutas de matrimonio y familia en Passages. "Un terapeuta de matrimonio y familia puede ayudar a alguien que sufre de dependencia a descubrir y resolver el origen de la misma". Acudir a un terapeuta de matrimonio y familia también puede ayudarte a "abrir las capas que impiden expresar y satisfacer a tu ser medular" dice. En la siguiente sección, Noah explica detalladamente cómo sucede este proceso. También describe la forma en que este tipo de terapia puede ayudarte a ti y a tu familia a resolver problemas alrededor de tu dependencia, y a propiciar la comunicación y autenticidad de los miembros que la conforman.

Preguntas y respuestas con Noah Rothschild

P: ¿Por qué es importante trabajar con un terapeuta de matrimonio y familia (TMF)?

R: Un terapeuta de matrimonio y familia crea un entorno seguro para ayudarte a descubrir el origen y las causas subyacentes de tu dependencia. La dependencia empieza de alguna forma con un dolor pasado, que posiblemente tuvo origen en la dinámica familiar. En esencia, todos venimos a este mundo con un ser medular que es quien realmente somos. Esa parte nuestra sabe que tal como somos, somos perfectos, totales y completos. Dependiendo de las respuestas de nuestros primeros cuidadores a nuestras necesidades, ese ser medular es alentado o desalentado. La niñez temprana es muy importante para determinar de qué manera vamos a enfrentar las relaciones y los demás aspectos de la vida, y si tendremos una dependencia negativa en un periodo posterior.

Muchos adictos vienen ya sea de un escenario previo de abandono/pérdida o de un escenario previo de no tener permitido poseer un ser separado del de sus padres. Algunos ejemplos de un escenario de abandono son tener un padre o una madre adicto o ausente, sufrir la pérdida temprana de alguno de los padres, o simplemente no haber sido escuchados del modo que necesitábamos ser escuchados por nuestra familia. Ejemplos de un escenario de inundación son tener padres que nos utilizaron para llenar su necesidad de compañía, padres que eran adictos (y nos forzaron de niños a actuar como sus padres), o padres que simplemente fueron demasiado asfixiantes. Ambos tipos de escenarios conducirán a un niño a ocultar su ser medular.

Cuando eras niño, para protejerte de ser herido por perder a alguien o de ser asfixiado y perderte a ti, hiciste lo único que sabías: aprendiste a enterrarte a ti y a tu dolor. Con el tiempo, tuviste que construir más capas y defensas para protegerte. Cuando niño, hiciste lo que necesitabas hacer para sobrevivir, pero si hubieras podido expresar y resolver ese dolor, probablemente no te habrías vuelto adicto.

La dependencia es tan solo otra defensa para no experimentar el dolor. Si eres alguien que tuvo un escenario temprano de abandono/pérdida, pudiste haber sido altamente sensible, y, por tanto, quisiste anestesiar tus sentimientos y dolor por medio de la dependencia. Si tuviste un escenario de inundación o uno en el que no te fue permitido un sentido propio de tu ser, quizá aprendiste a apegarte a las abrumadoras necesidades y demandas de tus padres. Más adelante, para poder sentir algo, buscaste la vitalidad por medio de sustancias y te volviste dependiente.

Estos son algunos de los muchos escenarios posibles. Sin importar cuál sea tu escenario, normalmente debajo de la dependencia hay una creencia medular negativa de tu propio ser tal como "No puedo ser amado", "Soy malo", "No soy suficientemente bueno", "Si la gente realmente me conociera, me abandonaría". Un terapeuta de matrimonio y familia puede ayudarte a abrir las capas que impiden que tu ser medular se realice y exprese plenamente. Tu terapeuta te dará el conocimiento profundo sobre la manera en que tu temprano escenario familiar actúa en tu presente. Con esta consciencia renovada, podrás descubrir el dolor del pasado que condujo a tu dependencia y sanarlo.

P: ¿Por qué es importante trabajar con otros miembros de mi familia o mi pareja al buscar una cura?

R: Es importante trabajar con otros miembros de tu familia por varias razones. Una de ellas es que ellos poseen información vital sobre quién eres, sobre tu comportamiento, y sobre la manera en que tu dependencia ha afectado a las personas más cercanas a ti. Sin la retroalimentación de nuestra familia, muchas veces permanecemos inconscientes de nuestro comportamiento y de cómo nuestra dependencia destruye a nuestra familia y a nuestras relaciones. Con la información que provea tu familia, puedes comenzar a volverte responsable de tu dependencia y sus efectos. Ello te dará el poder de reconocer que eres responsable de tu transformación.

Parte de cambiar y renunciar a la dependencia implicará hacer enmiendas por tu comportamiento. Con tu familia presente, tendrás la oportunidad de liberar la emoción, vergüenza y culpa reprimidas. También podrás pedir el perdón de tu familia en un entorno terapéutico, donde tu terapeuta te asistirá. Tener un terapeuta presente es más benéfico que conversar por tu cuenta con la familia sobre asuntos difíciles. Adicionalmente, este proceso los ayudará a ser auténticos y a tener una comunicación plena con cada uno. Tus relaciones y comunicación familiares probablemente han sido distantes o interrumpidas por tu dependencia, así que esta es su oportunidad para reconectarse.

La habilidad tuya y de tu familia para comunicarse será un gran paso para ayudarte a mantener tu sobriedad.

Tener terapia familiar también ayuda a prevenir que tu dependencia pase a tus hijos. Lo creas o no, ésta ha impactado a tus hijos. Ellos merecen la oportunidad de aprender de tus experiencias y de compartir contigo lo que tu dependencia los ha afectado. Sin esta oportunidad de tratamiento, es más probable que tus hijos se vuelvan dependientes.

Finalmente, al estar en terapia y resolver tu dependencia, cambiarás, y es importante que tu familia cambie contigo al ser parte de la terapia. Cuando los papeles familiares están muy definidos, los miembros pueden presionarte inconscientemente para que regreses a tu antiguo rol, haciendo difícil que te mantengas sobrio, a menos que cambien contigo. Para que el tratamiento sea exitoso, es mejor que se involucre tu familia completa.

P: ¿Toda mi familia tiene que involucrarse?

R: Una vez que se ha establecido una relación entre tú y tu terapeuta, es necesario que todos los miembros de tu familia inmediata, en una edad apropiada, se involucren contigo en sesiones regulares de terapia familiar. Estas sesiones se pueden llevar a cabo con tu terapeuta o con otro terapeuta. Si otro terapeuta trabaja con toda la familia, haz que tu terapeuta y el terapeuta familiar se comuniquen en lo relativo a los objetivos y el progreso de la terapia.

Idealmente, tanto tu pareja como tus hijos deberían estar en sus propias terapias individuales para explorar y resolver sus asuntos acerca de tu dependencia. Si tus hijos están abiertos a la idea, es especialmente importante para ellos estar en su propia terapia para que la dependencia no les sea transferida. Si los miembros familiares tienen su propia terapia, serán capaces de traer más de ellos mismos a las sesiones de terapia familiar, lo que traerá más problemas irresueltos a la superficie, y, por ende, mejorará el funcionamiento general de todos.

P: ¿Qué resultados veré de la terapia familiar?

R: Al abrir las capas que bloquean la plena realización y expresión de tu ser medular, te volverás más consciente de ti y te sentirás con mayor vitalidad en tu vida diaria, sin necesidad de sustancias.

Te encontrarás haciendo nuevas elecciones y viviendo de una manera más armónica con tu ser verdadero. Podrás existir con un sentido de propósito y estar plenamente presente en tus relaciones. Mientras te vuelvas más quien realmente eres, experimentarás mejores relaciones con otros y tendrás el valor de dejar las relaciones tóxicas. Aún más, aprenderás nuevas maneras de enfrentar la vida sin la dependencia negativa.

P: ¿De qué manera el ser tratado y curado cambiará mis relaciones familiares?

R: La terapia mejorará las relaciones entre tu familia a largo plazo. Puedes esperar una mejor comunicación en tus relaciones familiares. Sin embargo, observa que con frecuencia, cuando mejora la persona adicta, alguien más en la familia inicialmente puede empeorar o comenzar a tener problemas. Esto se debe, en parte, al resentimiento y dolor que esa persona ha reprimido ante tu dependencia, sentimientos que saldrán a la superficie para ser sanados. Cuando la familia está involucrada en la terapia, estos problemas se pueden trabajar y expresarse plenamente en un entorno seguro.

P: ¿Qué pasa si un miembro de mi familia rehusa involucrarse conmigo en terapia familiar?

R: Si lo hacen, deberás expresarles lo importante que es para tu sobriedad y tratamiento el que participen. Si aún así rehusan, pregúntales qué sería necesario para que ellos se involucrasen. Muchas veces, a los miembros familiares les es difícil confiar en que estás realmente decidido a cambiar, pues en el pasado han sido heridos por tu dependencia. Quizá mostrarles qué tan seriamente tomas tu sobriedad, al probarles que puedes permanecer sobrio por cierto periodo de tiempo sea suficiente para convencerlos de entrar a la terapia de familia.

Es importante, sin embargo, respetar la decisión de un miembro familiar. Puedes elegir ver esto como una excelente oportunidad para guiar con el ejemplo. Al verte cambiar, un miembro familiar puede inspirarse para hacer un cambio.

P: ¿Qué debo esperar al acudir a un terapeuta familiar?

R: Debes esperar encontrar una relación que tiene el potencial de transformar tu vida. Debes esperar ver a tu terapeuta individualmente una vez por semana como mínimo. Dos veces por semana sería lo mejor. También puedes esperar que un terapeuta familiar sea cálido y proporcione una sensación de seguridad para que puedas explorarte a ti y a tu dependencia. Idealmente, tu terapeuta debe ser alguien que te ve como una persona que sufre de una dependencia y que no te etiqueta simplemente como un adicto. Deberás esperar que tu terapeuta tenga un historial completo de tu vida, incluido tu primer escenario familiar; que conozca el estado actual de tu famila/relaciones, los factores estresantes recientes, y el uso de alcohol y drogas.

Un terapeuta de matrimonio y familia probablemente te pida que te comprometas al proceso terapéutico durante varios meses en instalaciones externas. En un programa residencial, sería ideal que te comprometieras a quedarte en el programa por lo menos durante un mes (dos sería mejor), y después pasar a la terapia externa. Debes saber que puedes sentir que las cosas empeoran antes de mejorar, pero si estás comprometido con el proceso, tú te sentirás mejor, te verás mejor y tu vida será mejor. Tu terapeuta con frecuencia te apoyará y será comprensivo, pero también debes esperar ser confrontado.

Todos tenemos una tendencia natural a resistir el cambio y mantener el *estatus quo*. Un buen terapeuta te señalará tu resistencia y te retará a que crezcas. Como resultado, durante algunas sesiones podrá agradarte verdaderamente, y en otras te enojarás con él por señalar partes de ti que son difíciles de confrontar. Sabe que todo esto forma parte del proceso terapéutico y continúa reconociendo y trabajando las resistencias que surjan. También deberás aceptar que la mayor parte de la terapia tiene lugar fuera de la sesión. Cuando se traten algunos asuntos en la terapia, serás más consciente de los problemas y dificultades en tu vida y tus relaciones. Mantén la perspectiva de que los problemas que surjan son oportunidades para crecer y devolverte más de quien realmente eres. Tu terapeuta será tu ancla y estará ahí contigo a cada paso del camino.

P: ¿Cómo debo prepararme para visitar al terapeuta familiar?

R: Debes prepararte para la visita yendo sobrio a la sesión. Es muy difícil, si no imposible, tener terapia con alguien intoxicado. Debes ir a la sesión con una actitud abierta y honesta. La terapia no es lugar para esconder información, engañar o manipular. Extraerás lo mejor de cada sesión si eres sincero y cándido con tu terapeuta.

Idealmente puede pensarse que al asistir a terapia ya eres consciente del impacto negativo que la dependencia ha tenido en tu vida y estarás listo para cambiar. Pero sorprenderá que con frecuencia ese no es el caso; muchos clientes van a terapia porque la pareja o la familia los presionaron para hacerlo. Quien entra a terapia debe, por lo menos, tener alguna voluntad de superar su dependencia y mejorar su vida.

P: ¿Es necesario ver a un terapeuta familiar si ya estoy viendo a un psicólogo clínico?

R: Si tu psicólogo clínico se especializa en dependencia y terapia familiar, probablemente no sea necesario ver a un terapeuta familiar. Sin embargo, si puedes pagar el costo y tienes el tiempo, es mejor ver a ambos, ya que se aproximarán al asunto desde diversas posiciones. Lo que distingue a un psicólogo clínico de un terapeuta familiar es que los psicólogos con frecuencia realizan exámenes psicológicos. Muchos están mejor entrenados para la investigación, los exámenes clínicos, y para trabajar con los enfermos mentales crónicos. La mayoría de los terapeutas de matrimonio y familia han tenido entrenamiento y experiencia enfocados específicamente a la familia y a las dinámicas de las relaciones. Reitero que es en el contexto de la familia propia donde se forma una predisposición a la dependencia, así que alguien que tenga un extensivo entrenamiento y experiencia en esta área, será el más adecuado.

P: ¿Puede dar un ejemplo de cómo la terapia de matrimonio y familia puede ser una clave para la recuperación?

R: Jeff, un joven de veintitantos años, llegó a terapia reportando ingestas de cocaína de una semana de duración y sexo ilícito con prostitutas. Después de actuar motivado por la cocaína, pasaba por breves períodos en los que deseaba suicidarse. Vino a terapia aconsejado por un amigo a quien había confiado sus ideas de suicidio. Al momento de su primera sesión, Jeff no había consumido droga por una semana, se sentía extremadamente deprimido, y estaba pensando en suicidarse pues no tenía esperanzas de superar su dependencia. Estuvo de acuerdo en contactarme para no hacerse daño y quedamos en vernos dos veces por semana. También acordó no usar ninguna droga y llamarme si lo hacía.

Jeff reveló que su madre había tenido varios abortos antes de que él naciera y que era hijo único. Si bien Jeff dijo no recordar mucho de cuando era niño, confesó que parecía como si sus padres tuviesen temor a perderlo. Recordó que le prohibían practicar ciertos deportes de contacto y otras actividades porque los atemorizaban. Después de la secundaria, se fue de interno a la prepa por un semestre, pero lo suspendieron por usar drogas en el dormitorio. Regresó a casa y poco después comenzó a trabajar para su padre. Aún seguía viviendo en la casa de sus padres y trabajaba en el negocio familiar.

Tras unas cuantas sesiones, se hizo claro que a Jeff sus padres nunca le habían permitido separarse de ellos. Jeff afirmaba que le gustaba vivir en casa, pues podía ahorrar dinero al no pagar renta y comer la comida de su madre.

Aproximadamente en nuestra sexta sesión, se vislumbró una salida cuando lo reté a que viera realmente en su interior el motivo de su infelicidad, a tal grado que tenía que usar cocaína y tener sexo con prostitutas para sentirse bien. Entonces descubrió que en realidad su relación con sus padres estaba estropeando su vida. Admitió que odiaba trabajar para su padre y que odiaba que su padre nunca se pudiera enfrentar a su madre. Aseguró que su padre era una persona diferente cuando ambos estaban juntos fuera de casa.

Jeff admitió que la mayor parte del tiempo se sentía anestesiado por dentro, sin saber qué quería de la vida. Le avergonzaba nunca haber tenido una novia a largo plazo y dijo que cuando tenía sexo con prostitutas, lo que buscaba era sentir algo. Dijo que sólo lo lograba cuando estaba drogado o durante la resaca al pensar en el suicidio. Entonces rápidamente evitaba la depresión volviendo a utilizar la cocaína. Empáticamente con la ira de Jeff, le dije que "cualquier niño pequeño que tuviera una mamá y un papá que le impidieran ser él mismo, estaría muy enojado y aprendería a ocultarlo".

En nuestra siguiente sesión, Jeff identificó sus sentimientos. Dijo que sentía que nunca estaba bien ser él mismo y que nadie lo amaría si fuera tal como era. Señalé que eso lo había aprendido muy temprano en la vida, y que mantenía la creencia básicamente falsa de que "no está bien que sea yo mismo, y nadie me va a amar si soy yo". Al admitir que medularmente no se sentía digno de amor, lloró y liberó mucha tristeza. Jeff también descubrió que siendo un niño pequeño se había desconectado de sí y de sus emociones para enfrentar a sus padres temerosos. Había pasado casi veinticinco años abandonándose.

Paulatinamente, comenzó a revindicarse. Jeff ya había dejado de usar drogas y de contratar prostitutas, y estaba comenzando a sentir. Había sesiones en las que expresaba tristeza e ira, pero reconocía que estaba feliz de sentir. Comenzó a aprender a amarse y a sentirse orgulloso de sí mismo por no necesitar drogas para sentirse vivo. Hasta tomó una clase de actuación, algo que siempre había querido hacer.

Jeff entonces tuvo la iniciativa de involoucrar a sus padres en la terapia y comenzó a compartir sus sentimientos con ellos. Al principio, ellos fueron cautelosos, pero eventualmente pudieron comprender su incidencia en el dolor de su hijo, mismo que lo condujo a volverse adicto. Jeff también se enteró de la niñez de sus padres y comenzó a verlos como realmente son. Después de todo, ellos también fueron niños cuyas necesidades no fueron reconocidas y hacían lo mejor que podían con sus recursos.

Pronto desarrollamos un plan para que Jeff abandonara la casa de sus padres y viviera por su cuenta, y siguió estando bien. Dejó de trabajar para su padre al encontrar un trabajo que disfrutó más. Ha estado sobrio por casi dos años y nos reunimos cada tantos meses.

Hipnoterapia

En algunos casos de dependencia, especialmente si no puedes descubrir la causa subyacente a ella de ningún otro modo y con ningún otro terapeuta, la hipnoterapia puede ser la clave. Si sientes que necesitas la ayuda de un hipnoterapeuta, asegúrate de encontrar al adecuado para ti. Me fue dado el permiso para reimprimir esta excelente guía para elegir un hipnoterapeuta, escrita por Paul Gustafson R.N., B.S.C., C.H., quien dirige Healthy Hipnosis en Burlington, Massachusetts (sitio en la red: http://www.myhypno.com). También puedes usar esta guía para elegir a cualquier especialista o terapeuta de la salud.

Cómo elegir un hipnoterapeuta
por Paul Gustafson

La reputación, las recomendaciones y la sección amarilla son con frecuencia los primeros pasos para elegir ayuda profesional de cualquier tipo. No te dejes impresionar demasiado por la reputación de alguien. Si bien las buenas credenciales y los grandes logros son cualidades admirables, lo más importante es cómo se acoplan a tus necesidades específicas y a tu personalidad. Una buena regla de cajón es pasar tanto tiempo buscando un terapeuta como lo harías con un auto nuevo. El éxito de un pariente o amigo puede ser un buen indicador, pero debes tomar una decisión informada y encontrar al más adecuado para ti.

Preguntas para hacerte en tu primera visita:

- ¿Me hace él/ella sentirme bienvenido?
- ¿Me trata él/ella con respeto?
- ¿Pregunta él/ella mucho sobre mí?
- ¿Es él/ella puntual?
- ¿Es él/ella una buena escucha?
- ¿Me hace él/ella sentirme cómodo?
- ¿Es su oficina un puerto seguro?

Preguntas para el hipnoterapeuta:

- ¿Qué tanto tiempo llevas practicando?
- ¿Me puedes dar referencias?

- ¿Cuáles son tus calificaciones?
- ¿Qué puedes hacer para ayudarme en mis problemas específicos?
- ¿Cuánto cobras?
- ¿Enseñas autohipnosis?
- ¿Qué te hace mejor que otros hipnoterapeutas?
- ¿Grabas la sesión?
- ¿Recibo una copia de la grabación?
- ¿Utilizas la hipnosis tú mismo?

Los hipnoterapeutas competentes te tratan con respeto. Su prioridad como profesionales deberá ser tu bienestar y éxito. Ellos comenzarán de inmediato a establecer una relación positiva contigo. Son tus aliados. Su interés es enseñarte y guiarte para que logres tus objetivos saludables. Te enseñarán autohipnosis. También deberán tener un sistema para recabar información provechosa sobre ti y sobre el área que te concierne. Para ellos es importante contar con tu perfil, tus miedos, agrados y desagrados, y ciertamente, problemas de salud. Los terapeutas informados utilizan dicha información para organizar y crear sesiones de hipnoterapia hechas a la medida de tus problemas específicos así como a la tuya como persona.

Los honorarios por servicios de hipnoterapia varían, éstos no deben ser la base de tu decisión por un terapeuta, debe serlo la información previa que recibes. Tu camino hacia la salud y la felicidad se deberá basar en el cuidado profesional de calidad. Al hacer las preguntas indicadas, podrás saber con quién te sientes a gusto, su acercamiento y sugerencias de tratamiento y tener claridad de cuántas sesiones tomará, así como del costo.

Un buen hipnoterapeuta te dará el estimado del número de sesiones requeridas para alcanzar los resultados deseados. Pregunta sobre el proceso de la hipnosis.

El hipnoterapeuta es meramente el facilitador o guía de viaje que te conduce a tu propio espacio interior donde se encuentran las respuestas y las soluciones a todos los malestares. Tú llevas a cabo todo el trabajo real. Casi todos los que adoptan el aquietante, relajado y enfocado estado de la hipnosis, y que están deseosos de hacer cambios en sus vidas, tienen éxito. Un buen terapeuta te ayudará a que te relajes y te conducirá hacia tus objetivos. Tú pondrás el deseo y la apertura para sugerencias positivas que puedan ayudarte a hacer cambios enriquecedores en tu vida.

En la siguiente sección, MaryLou Kenworthy, hipnoterapeuta en Passages, explica cómo la hipnosis puede ayudarnos a ponernos en contacto con las causas ocultas de la dependencia, asociadas frecuentemente a memorias de la niñez. "Como niños, tenemos pocos modos de adecuarnos a las circunstancias, y con frecuencia, enterrar los sentimientos heridos es todo lo que somos capaces de hacer", dice ella. "Esto nos ayuda a sobrevivir el trauma y el dolor. Sin embargo, no nos sirve como adultos, pues lo que está enterrado en nuestra mente inconsciente dirige el comportamiento y maneja nuestra vida. Una manera de liberarnos para vivir como merecemos es a través de la hipnosis".

Preguntas y respuestas con MaryLou Kenworthy

P: ¿Cómo puede la hipnoterapia ayudarme a encontrar las causas ocultas de mi dependencia?

R: A continuación doy un ejemplo de la manera en que la hipnosis puede ayudar a exponer las raíces ocultas de nuestro dolor, para que podamos aprender a tratarlas. Michael era un exitoso super-ganador de treinta años, siempre en movimiento, incapaz de comprometerse y asentarse. Su patrón era sabotearse a sí mismo cuando las cosas fluían suavemente en su vida. Enfiestarse con alcohol y cocaína era una manera de hacerlo. ¿Se sentía devaluado? Él no lo creía, pues se sentía seguro de sí mismo. Hablaba de sentirse enojado con frecuencia y a veces temeroso, pero ignoraba las causas de sus sentimientos. Aseguraba que su niñez había sido típica y normal.

Durante la hipnosis, hice que tocara sus sentimientos de ira y de miedo, lo que lo capacitó para recordar la primera vez que había tenido tales emociones. Lo que descubrió estaba lejos de ser una niñez normal. Este hombre fue abusado repetidamente por su padre y humillado ante sus amigos. Sus sentimientos de ira y miedo lo regresaron al tiempo en que sólo tenía seis años de edad y le habían dicho que sólo podía jugar afuera si permanecía en el patio delantero. Cuando su padre lo encontró jugando en la banqueta (a algunos centímetros de distancia del borde del patio), fue ridiculizado, pateado en las costillas y jalado por el cabello a la casa. Todo esto se llevó a cabo ante la presencia de los niños vecinos, lo que añadió vergüenza a la humillación de sus heridas físicas. El abuso físico y emocional continuó hasta entrada su adolescencia.

El miedo que tenía de su padre y del mundo, creció de la mano de la ira. Se volvió un súper ganador desde joven, tratando de ser "bueno" para su padre. Entonces de pronto se enojaba y se saboteaba con una actitud de "te lo voy a mostrar". La familia se mudó repetidas ocasiones mientras él crecía, incrementando aún más los sentimientos de inseguridad en su interior. Comenzó a soñar despierto con herir a su padre o a desear que su madre se divorciara de él. Cuando ella finalmente lo hizo, se sintió culpable.

Construir una dura coraza exterior fue la manera en la que pudo desenvolverse y protegerse. Como adulto, descubrió que cada vez que se sentía a gusto, comenzaba a sabotearse. Ahora que tenía un negocio muy exitoso y una nueva esposa, bebía más y utilizaba cocaína. En lo profundo de su interior aún se sentía como "ese niñito malo" que no merecía tener buenas cosas en la vida. Estaba esperando ser castigado, así que se castigaba.

Al regresar al origen de su ira, miedos e inseguridades, pudo sentir las emociones y expresar en nuestras sesiones lo que como niño necesitaba decir a su padre para liberarse de esos sentimientos. Ya que el alcohol y las drogas eran un medio para el sabotaje, la necesidad de ellos también fue liberada. Michael comenzó a sentir respeto por sí mismo.

A veces, reprimir los recuerdos y los sentimientos asociados con ellos nos ayuda a manejar el dolor. En el mundo de un niño, este es con frecuencia el único modo de protegerse; sin embargo, como adultos esto no nos sirve pues los sentimientos enterrados vivos nunca mueren. Se vuelven veneno para nosotros y se manifestarán en la vida como enfermedades de algún tipo.

P: ¿Cómo puede la hipnosis ayudarnos a romper con viejos patrones de los que no somos conscientes?

R: Una vez trabajé con una cliente que era una iracunda y desafiante joven de veintitantos años. Había abusado de la cocaína, pero negaba tener un problema de droga y culpaba a todos los demás por sus problemas. Esta joven mujer minimizaba y atascaba sus sentimientos. Ella reía para cubrir heridas profundas y lo había hecho por tanto tiempo que no lo reconocía. Tenía dificultad para confiar y una autoestima muy baja. Durante los últimos diez años, esta mujer había adoptado un patrón, profundamente arraigado, de huir de sus sentimientos. Buscaba la aprobación y el amor de su padre, y cuando no tenía el tiempo para ella, se desenfrenaba y lo hería.

Al progresar la terapia, reveló que su mundo había comenzado a desintegrarse cuando sus padres se divorciaron. Esto sucedió al entrar en la adolescencia (una edad sensible) y se sintió abandonada. Hasta ese entonces había estado próxima a su padre y de pronto él ya no estaba. Mamá y papá estaban envueltos en sus propias vidas y ella se sentía invisible. Recordó sentir un dolor más profundo al respecto de papá, casi como si él personalmente la hubiera rechazado. Comenzó a buscar amor dondequiera que lo pudiese encontrar volviéndose promiscua, y a usar drogas para cubrir su dolor.

El tratamiento fue un paseo en la montaña rusa para esta joven mujer, dependiendo de si su padre le prestaba atención esa semana o no, hasta que pudo ver una salida. Trabajamos sobre todas las veces (pasadas y presentes) en que se sintió abandonada y herida por su padre. Aparentaba que su madre la tenía sin cuidado, descartándola como poco importante.

Entonces en terapia la regresé a la primera vez que se sintió no amada. Tenía que ver con la reacción de su madre a ella cuando aún era una bebé. Su madre había evitado tomarla en sus brazos y nunca la arrullaba. Nunca se había sentido a salvo, segura, querida o amada desde que estaba en la cuna. De niña había buscado a su padre debido a ese rechazo inicial de la madre. Cuando sus padres se divorciaron y su padre se fue de la casa, los sentimientos de no ser querida y de no ser amada resurgieron. Se sintió vulnerable, insegura y completamente sola.

Al regresar al evento inicial de haber sido rechazada por su madre, esta joven pudo mirar el incidente y volverlo a sentir de nuevo pero en un entorno seguro. En hipnosis, pudo confrontar a su madre "siendo la niña" y expresar su dolor y su ira. Este proceso le permitió finalmente liberarse, entender y perdonar. Rompió el patrón que le causaba tanto dolor, pudiendo desprenderse de la necesidad de anestesiar sus sentimientos con cocaína.

P: ¿Puede la hipnoterapia ayudarme a ponerme en contacto con mis sentimientos?

R: Ponerte en contacto con tus sentimientos es una parte clave de sanar la dependencia. En el siguiente caso de la historia de Amy, puedes ver cómo eventos de la niñez pueden ocasionar que suprimamos nuestros sentimientos, llevándonos a un escalonado abuso de sustancias.

Amy era dependiente del alcohol y la marihuana, con un historial de uso de cocaína, LSD y éxtasis. Tenía veintiocho años y era muy inteligente, pero experimentaba problemas para confiar, miedo al dolor y al fracaso, resentimientos, y sensación de presión de ella misma y sus padres. Reportó siempre haber sido una niña temerosa y muy triste, y que no entendía por qué el miedo parecía ser la emoción que manejaba su vida. Tras una semana de sesiones, la hice sentir el miedo y la tristeza y que localizara en qué parte de su cuerpo estos sentimientos estaban siendo guardados. Este proceso la regresó a las edades de tres y cinco años, las primeras ocasiones en que había experimentado miedo. A la edad de tres años Amy tuvo un accidente de auto y el revivirlo en la sesión trajo detalles que fueron significativos y reveladores.

Fue arrojada contra el parabrisas, y al ser llevada al hospital en brazos de su padre, pudo escucharlo gritar, lo que la atemorizó aún más. Entonces vio el miedo en el rostro de su madre, lo que le hizo derramar lágrimas sentada en la sesión. Fue dejada con los doctores y no pudo ver a sus padres por un tiempo, lo que la hizo sentir sola, más temerosa, incluso enojada. Al mirar hacia atrás, Amy se percató de que la cosa más significante de este evento fue la expresión de miedo en el rostro de su madre. Siendo tan joven, el miedo se imprimió en su mente inconsciente.

Bajo hipnosis, el siguiente evento que recordó fue una cirugía a la edad de cinco años. Tenía miedo, dolor y una vez más experimentó sentimientos de abandono. A esa edad y aun después, un niño no puede entender por qué no puede estar en casa con mamá y papá. Es traumático ser abandonado en un lugar aterrador, como es un hospital, sin saber las razones del dolor físico y emocional. Toda la sensación de seguridad y de amor te es arrebatada. Es un momento muy confuso para un niño. Amy volvió a ver el miedo de su madre y se prometió no llorar. Ella no supo por qué. Al continuar la sesión, se permitió llorar por ella y por su madre. Su dolor y su miedo se expresaron en descorazonadores lamentos.

Amy había estado cargando el dolor y el miedo en su interior y nunca se había permitido expresarlos. Ahora un torrente de emociones resurgía y ella se sintió vacía de ellos. Dijo que era como si le hubieran quitado un gran peso de encima; concluyó que quizá la razón por la que no quería llorar era para evitar que su mamá estuviera triste y temerosa, pero ahora se daba cuenta de que no tenía que contener la tristeza. También encontró que eso explicaba la razón de que siempre hubiera tratado de ser perfecta para su mamá (lo que originaba sentimientos de presión y resentimiento).

Como resultado de estas experiencias, cada vez que Amy sentía haber defraudado a su mamá, recurría al alcohol y a la marihuana para anestesiar sus sentimientos. Cansada de estar triste y temerosa todo el tiempo, había pensado que el alcohol la haría feliz. Al ponerse en contacto con los sentimientos de tristeza y miedo, al entenderlos y expresarlos, y al confortar a su niña de tres y cinco años, Amy comenzó a sentirse libre, feliz y segura. Ella descubrió que no había necesidad de ahogar el dolor y el miedo con sustancias tóxicas ahora que había resuelto lo que le producían dichos sentimientos. Empezó a confiar en la vida, a hablar su verdad, a expresar sus sentimientos y a luchar por sus sueños. Eso fue hace un año y Amy sigue bien y feliz.

Condición física personal

La condición física personal desempeña un papel importante en tu recuperación. Te dará una sensación de fuerza y confianza. Idealmente, deberás ejercitarte hasta quedar sin aliento por lo menos una vez al día. Esto significa respirar fuerte por lo menos durante cinco minutos, trotar (puedes trotar en tu propio lugar), ejercitarte, hacer bicicleta (en movimiento o estacionaria). También tiene importacia el lugar que elijas para quedarte sin aliento.

Preferentemente, ejercita en exteriores, al menos frente a una puerta o ventana abierta. Si no estás en forma, comienza despacio y aumenta gradualmente el tiempo hasta llegar a los cinco minutos. Si sientes dolor en cualquier parte del cuerpo, detente. Sólo ejercita hasta el nivel en que te sientas totalmente cómodo. Además de mover tu cuerpo, es importante que te estires. Puedes entrar a la red o ir a la librería de tu localidad y conseguir un libro específico sobre estiramientos. (Asegúrate de que el libro sea sobre estiramientos más que sobre ejercitarte o sobre yoga, aunque estos libros pueden mejorar tu rutina de ejercicio).

En la sección siguiente, David Appell, director de acondicionamiento físico de Passages, explica por qué un buen programa de ejercicio, diseñado conforme a las necesidades de tu cuerpo, incrementará tu energía y ayudará a tu recuperación. Entrenador certificado de acondicionamiento y fundador del Centro de Desempeño Atlético, David también discurre sobre cómo encontrar el programa y entrenador adecuados para ti.

Preguntas y respuestas con David Appell

P: ¿De qué manera ayuda el ejercicio a la curación de la dependencia química?

R: Al igual que la mente, el cuerpo humano necesita "sentirse bien". El ejercicio da al cuerpo físico la sensación de salud, provee un flujo vital de sangre a través del sistema muscular, promueve el sueño reparador y mejora la densidad ósea. Con ejercicios correctivos, una mala postura (fuente principal del dolor de espalda) puede ser corregida para volver a ganar la confianza asociada a la postura perfecta. Con frecuencia, quienes son tratados por dependencia dicen: "Hoy me siento cansado o deprimido". Ese es un signo de que necesitan elevar su sistema de energía mediante ejercicios impuestos a sus sistemas musculares y cardiovasculares durante la misma sesión de ejercitamiento.

P: ¿Qué tipo de ejercicio debo hacer? ¿Caminar es suficiente o necesito una rutina más rigurosa?

R: Al inicio de tu programa de acondicionamiento, caminar es suficiente. En algún momento, dada su capacidad de respuesta, tu cuerpo se habrá acostumbrado a caminar y querrá una rutina más rigurosa. Al irte acondicionando cada vez más, actividades tales como tenis, golf, caminata, bicicleta, montar a caballo y entrenamiento de resistencia (pesas, bandas, aparatos, peso del cuerpo) pueden sumarse a tu rutina. Todas éstas son oportunidades para desarrollar buenos pasatiempos y, a la vez, aumentar la oxigenación de tu cuerpo.

Los estiramientos también deben añadirse a tu programa. La flexibilidad de un individuo puede ser mejorada dramáticamente con un programa adecuado. Los beneficios de estirarse son numerosos. Aumenta y mantiene el rango de movimiento en las articulaciones, ayuda al proceso de recuperación al incrementar la circulación y decrecer la tensión muscular, y reduce los calambres musculares, la estrechez y el dolor.

P: ¿Qué tan importante es quedarme sin aliento cuando me ejercito?

R: Que tu cuerpo se recupere de perder el aliento es una experiencia rejuvenecedora en la que tus sistemas físicos trabajan juntos —un concierto de fortalecimiento, estiramiento, hidratación, nutrición y confianza. También te ayuda a desarrollar movimientos cada vez más funcionales y te da la habilidad para mejorar las actividades diarias con un decremento del dolor o la incomodidad. El resultado final es una mayor capacidad para disfrutar una caminata, para completar movimientos específicamente deportivos como jugar tenis, para jugar con un niño o para entrar y salir de tu auto con mayor facilidad.

P: ¿Debo buscar un programa de ejercicio y un entrenador, o ejercitar por mi cuenta?

R: Los programas de ejercicio funcionan mejor con un entrenador. Un buen entrenador puede asegurarte técnicas correctas para prevenir daños. Ellos también pueden crear una rutina personal para que tú desarrolles un cuerpo funcional. Tu programa deberá consistir en ejercicios correctivos, preventivos, para acondicionamiento medular, fuerza y equilibrio, y aquellos que ejerciten los músculos que te ayudan a mantener el equilibrio como los de las rodillas y pies, y que trabajen con el sistema de energía y regeneración. Puedes encontrar muchos de los mejores entrenadores personales en tus clínicas locales de terapia física o de deportes. Busca un entrenador personal certificado, un entrenador de acondicionamiento certificado, o un entrenador atlético certificado.

La palabra clave al encontrar a un entrenador adecuado para ti es "movimiento": ¡Todo se trata de hacer que te muevas y de mantenerte en movimiento! Al buscar a un entrenador, inclínate por la persona que te motive. Después de todo, quieres divertirte en tus entrenamientos. Es importante notar que la apariencia física (buena o mala) y la edad no son buenos indicadores de las habilidades para entrenar. Sin importar cómo se vean, si te ayudan a motivarte, a ejercitar tres o más veces por semana, ellos pueden ser tu pareja adecuada.

P: ¿Durante cuánto tiempo debo permanecer en un programa de ejercicio?

R: Una vez que tengas un programa que te funcione y le permita a tu cuerpo disfrutar la rejuvenecedora experiencia de tener a todos tus sistemas físicos trabajando juntos, jamás querrás parar. Cuando llegue ese momento, mantener la buena salud, postura y energía se volverán un hábito de vida, que siempre podrás continuar con ciclos de seis a ocho semanas para modificar tu acondicionamiento. Algunos ciclos pueden estar más dirigidos a alistarte para la temporada de esquí (mucho trabajo de piernas y balance) y otros pueden dirigirse a prepararte para la playa.

Visualización y meditación

La práctica de la visualización te puede dar el extra y engradecer todas las prácticas que he cubierto hasta ahora. Mantén tu práctica sencilla: dos minutos al día. Si te pasas un poco, está bien. Al despertarte, cuando aún estás en el estado de duermevela, visualiza lo que la vida podría ser para ti si no fueses dependiente de las drogas o el alcohol. Visualízate en el movimiento de las actividades diarias en ese estado de liberación de la dependencia.

La meditación también engrandece la sanación, y es diferente de la visualización. Te sugiero que medites por cinco minutos al día. Tras despertar y haber finalizado tu visualización, encuentra una posición cómoda, perfectamente sentado. Cierra los ojos y concéntrate en tu respiración. Sólo obsérvala entrar y salir de tu cuerpo durante cinco minutos. Si te percataste que has empezado a pensar en otra cosa, gentilmente vuelve a concentrarte en tu respiración. Lo que estás buscando son cinco minutos de enfoque fácil y relajado en tu respiración. Adentro, afuera, adentro, afuera, adentro, afuera. Utiliza un reloj. De nuevo, si te excedes un poco de los cinco minutos, está bien.

La visualización actúa como un compás que dirige tus esfuerzos hacia la recuperación, y la meditación te brinda una sabiduría que va más allá de la mente racional, afirma Gert Basson, maestro de meditación, entrenador de vida y escritor. Gert es el Director de Actividades en Passages, donde enseña meditación y visualización. En la sección siguiente, explica las razones por las que estas técnicas son tan efectivas para ayudarte a alcanzar una cura.

Preguntas y respuestas con Gert Basson

P: ¿Por qué la visualización es esencial en mi recuperación?

R: Porque ahí es donde todo comienza, incluída la recuperación. Las más antiguas enseñanzas espirituales y esotéricas concuerdan en la potencia de la visualización. Una visión que se mantiene con fijeza en la mente se vuelve la "forma de pensamiento", el molde para que las energías universales se manifiesten en el plano físico. La visualización también actúa como un compás que dirige tus esfuerzos, tanto internos como externos, hacia la recuperación.

Por supuesto, visualizar no es suficiente para que suceda la recuperación. También realizar la parte que debe hacerse en el mundo físico es necesario. Puede ser el simple acto de no caminar por el corredor de los vinos en el supermercado o salir a correr en lugar de ver una película que celebre el comportamiento adictivo. En la recuperación existe un equilibrio sutil entre el trabajo externo y el trabajo interno que requieres. El acto de visualizarte sano y feliz anuncia al Universo la visión más alta de ti mismo. Asiste y da dirección a tus esfuerzos en el mundo físico para que estén alineados con el plan divino que te corresponde.

P: ¿Por qué la meditación es importante para mi recuperación?

R: Inicialmente, el estudiante novicio de la meditación intentará tan sólo acallar a la mente parlanchina. Esa es en sí una hazaña muy recompensante. Continuar con la práctica te abrirá a un plano de sabiduría y experiencia que se halla más allá de las capacidades de tu pensamiento racional. Es imposible, aun para la mente más sana y lógica, considerar el infinito número de variables posibles en el intento de planear el viaje de una persona hacia la salud y la felicidad. La meditación reconviene a la mente para lograr conectarte con el ser superior (alma) que es el conducto a la vasta sabiduría y perspectiva que proviene de todo-lo-que-es y que se conoce con muchos nombres. Mientras más tiempo se pase en conversación con el ser superior, más difícil resulta tolerar el comportamiento adictivo o de autosabotaje, que es tan contrario a nuestra naturaleza divina.

P: ¿De qué manera son diferentes la visualización y la meditación?

R: La visualización y la meditación son diferentes pero complementarias. La meditación es el arte y la práctica de escuchar y observar. La visualización es el arte y la práctica de crear. Ahora es un hecho científico que nuestros pensamientos y expectativas afectan el dominio cuántico, la "materia" que constituye el mundo físico. Cuando visualizas, galvanizas la ley universal y todos sus elementos para producir lo que quieres. Por medio de la práctica de la meditación, llegas a entender y a saber quién eres realmente y qué es lo que verdaderamente anhelas.

P: ¿De qué manera meditar en mi respiración me ayudará a lograr una cura?

R: Existen muchas técnicas de meditación. Vale la pena que investigues y experimentes con aquellas a las que te sientas intuitivamente atraído. Traer continuamente tu atención a la respiración es tan sólo una de las muchas técnicas para ayudar a tu mente a liberarse del desfile continuo de pensamientos que pasan por tu cabeza. Con el tiempo, los "intersticios" de silencio entre los pensamientos se vuelven evidentes, dando espacio para la más sutil comunicación e influencia de los planos superiores.

P: ¿Puedes dar un ejemplo de cómo la meditación ayudó a la recuperación de alguien?

R: Esta historia muestra como un cliente con el que trabajé empleó la meditación para romper el ciclo de dependencia. Este joven inicialmente era incapaz de meditar más de algunos minutos. Más allá de la agitación física que experimentó al tratar de mantener su cuerpo quieto, tenía un gran temor de encontrarse con su ser real, y se mostraba renuente a hacerlo. A pesar de sus muchos talentos, tenía una extremadamente baja autoestima y sufría insomnio crónico. Le expliqué que un meditador en sus inicios puede ser como un aspirante a corredor que desiste antes de experimentar el disfrutable "ardor" que el corredor experimentado vive, sintiendo en su lugar la incomodidad y el cansancio que acompaña los primeros intentos iniciales.

Descubrió que si continuaba con la práctica de la meditación vendría un tiempo, que tal vez al inicio duraría tan sólo unos cuantos segundos, en el cual "remontaría la colina" y podría vislumbrar el porvenir.

Así que persistió, y luego de un periodo considerable estableció una rutina. Dijo que su práctica de meditación, si bien esporádica a veces, era la responsable de que hubiera adquirido mayor valía personal y superado el insomnio.

Más de un año después, volvimos a vernos, y me relató su experiencia. Un día se encontraba severamente tensionado emocionalmente. Había observado la vida de su madre, una persona exitosa, derrumbarse con rapidez debido al alcoholismo. Los sentimientos de culpa y la incapacidad para "salvarla" lo condujeron al borde de la reincidencia en su viejo mecanismo de enfrentar las dificultades mediante el uso de drogas.

Su novia (a quien introdujo en la práctica de la meditación) lo convenció de que la acompañara a una corta sesión de meditación antes de salir a conseguir drogas. Gracias a sus previas experiencias con la meditación, pudo sentarse en quietud, detener su mente y ver el cuadro completo desde la perspectiva del alma. Al meditar, sus opciones y los resultados de ellas pudieron apreciarse con la claridad del cristal. Instantáneamente su culpa desapareció y su deseo de consumir drogas se evaporó también. No sólo eso, su madre finalmente ingresó a una clínica de rehabilitación. La vida estable y de evidente felicidad de su hijo fueron un gran apoyo para su recuperación.

Terapia espiritual

"La felicidad es una habilidad que se practica. La salud una fuerte elección. El amor es la fuerza sanadora", dice Audrey Hope, consejera espiritual y anfitriona y creadora de *Real Women*, un programa ganador de un premio de televisión, dedicado a perspectivas capaces de transformar la vida. Audrey es la Directora de Asistencia Espiritual en Passages. En sus respuestas a las siguientes preguntas, Audrey describe cómo la recuperación de las drogas y el alcohol también involucra una recuperación espiritual. Explora las dinámicas internas de la sanación y comparte algunas herramientas que puedes utilizar para mejorar tu salud y sanación espiritual.

Preguntas y respuestas con Audrey Hope

P: ¿Qué tan importante es la terapia espiritual en un programa de recuperación?

R: La espiritualidad es el camino al amor propio, a la autoestima y a la autorregulación, que están en el corazón de cualquier programa de sanación. Como darle aire a alguien que necesita respirar, la asistencia espiritual es el poder, fundación y raíz de los que brota toda sanación. Tratar de ayudar a alguien sin un contexto espiritual es como tratar de criar a un niño sin amor. Estoy sorprendida por la cantidad de programas de tratamiento que excluyen la asesoría espiritual. Una cliente había estado en dieciséis centros de tratamiento y seguía viendo su problema con el alcohol con vergüenza y culpa. No dió muestra de vislumbrar un poco de amor propio, que es lo que más necesitaba. Ésa fue la pieza faltante que recibió en Passages.

P: ¿Qué es la asistencia espiritual?

R: Se debe empezar por definir "asistencia espiritual" diciendo lo que no es. La espiritualidad no es una religión, una doctrina, una fe o un sistema de reglas con el cual vivir. La espiritualidad debe ser redefinida como un regreso a nuestra consciencia superior del amor. La espiritualidad te conduce al destino del amor incondicional. Los diferentes caminos que uno pueda tomar para llegar, no son importantes. Todos los caminos espirituales conducen al mismo hogar.

La asistencia espiritual es un poderoso paradigma de sanación que va desde los cinco sentidos y através de ellos, al alma más profunda, donde la verdadera sanación tiene lugar. Es un proceso dinámico que te inspira a que sigas a tu propio corazón y camino. La asistencia espiritual comanda "sé honesto con tu propio ser… y sé amoroso". En un nivel más alto, sabemos quiénes somos y en qué podemos convertirnos. En la ley superior, somos elevados más allá de la mediocridad a la poderosa verdad de que somos seres espirituales con la habilidad para sanarnos a nosotros mismos y a otros.

La asistencia espiritual es una modalidad de sanación profunda que se trata de la libertad de tu alma. Es diferente de la psicología porque te invita a ir más allá de la mente racional, para entrar en la vibración de amor y paz de la energía divina. Esta es la base de las antiguas enseñanzas espirituales y la sabiduría de las épocas pasadas.

P: ¿Por qué la asistencia espiritual ayuda a que ocurra la sanación?

R: Einstein dijo: "No puedes resolver un problema con la misma forma de pensar que lo creó". La sanación no se lleva a cabo en la mente racional. Algunas personas han estado en terapia por años y pueden escribir una tesis de sus problemas, pero no sanan. La sanación debe de efectuarse en un nivel energético profundo del alma. Necesitamos un alquimista, un transformador, alguien que sabe cómo mirar las profundidades de la cueva, el laberinto y resolver el acertijo del alma. Un sanador talentoso tiene un radar en tu alma, ojos que saben dónde ver y sabiduría para hacer las preguntas indicadas.

La asistencia espiritual busca aclarar los problemas en un nivel profundo. Funciona porque responde a las cuestiones de lo que realmente nos hace sufrir como seres humanos. Todos sentimos dolor por heridas no procesadas, verdades no dichas, ira no expresada, creencias inconscientes que matan, baja autoestima, abandono propio y anhelos de paz interna.

La asistencia espiritual busca respuestas en sistemas dañados de creencias, pérdida de poder personal, bloqueos de energía, procesos de pensamiento, actitudes, propósito de vida, elecciones, límites, entrega a la verdad e integridad. Se nos pide que tomemos control de nuestra propia sanación, que hagamos decisiones conscientes, activas y positivas, que pongamos límites, que asumamos responsabilidades, que acabemos con la victimización y emerjamos con nuestras identidades verdaderas.

P: ¿Cómo puedo usar la terapia y la asistencia espirituales para lograr la recuperación?

R: 1. Comienza por ver al alcoholismo o a la drogadicción, a lo que llamamos dependencia en Passages, como una llamada divina a despertar. La dependencia nunca es tan sólo sobre el alcohol o las drogas. En un contexto espiritual más elevado, el alcohol y las drogas son una señal, un poste señalador, para mostrarte hacia dónde debes mirar para encontrar el dolor y la joya oculta. Las drogas y el alcohol ayudan a trazar el mapa de la historia, la herida, el grito inexpresado del alma. La dependencia es una llamada a la transformación. Tal como dijo Joseph Campbell: "Donde tropiezas, ahí está tu tesoro".

2. Sana la herida del alma. La asistencia espiritual busca sanar la antigua herida que ha emergido en tu vida actual para ser sanada. Es el profundo dolor medular o el asunto, que fue reforzado en la niñez temprana. A menos que esa profunda pérdida del alma sea recuperada, seguirás con los mismos patrones una y otra vez. Girarás en un círculo sin fin y te encontrarás con los mismos personajes en una divina comedia. La vida y las relaciones siempre conforman patrones y temas. Podemos activar la visión espiritual al aprender a ver la vida como un espejo que nos refleja las lecciones que necesitamos aprender.

3. Entiende la energía. Como seres de energía, necesitamos escanear la energía invisible que nos roba nuestra fuerza de vida. Necesitamos saber a quién cedimos nuestro poder

y también quién nos lo quitó. Debemos reclamar nuestro poder quitando los ganchos, las cadenas y las cuerdas que nos atan a otros. La asistencia espiritual nos ayuda a localizar dónde nuestros lindes han sido invadidos e identificar la energía negativa que nos mantiene cansados, enojados, confundidos, y llenos de dudas sobre nosotros mismos. Entonces aprendemos cómo protegernos de todo tipo de fugas de energía, y a utilizar las herramientas espirituales como una armadura de protección.

4. Aprender a escuchar y a interpretar tu memoria celular. La gente lleva dolor en sus cuerpos y el pasado en sus células. El alma nos enviará mensajes para enseñarnos sobre este dolor, si sabemos cómo escuchar. El alma hablará como un niño en simples colores e imágenes. Por ejemplo, un cliente puede decir, "siento que hay ganchos en mi espalda", "siento que un monstruo habita en mi estómago", o "una mano está apretando mi cuello". Este lenguaje está lleno de información que puede mostrarnos lo que está oculto en nuestro ser interno. Aprender a escuchar e interpretar estos mensajes sagrados en el alma, puede llevar a la transformación y ahorrarnos años de terapia.

5. Investigar sistemas inconscientes de creencias que matan. El principio espiritual más poderoso es que "el pensamiento crea la realidad". Las creencias inconscientes culturales, familiares y religiosas necesitan de especial atención para curar la dependencia. En mis años como asistente, me ha sorprendido el dolor que la gente carga debido a las "reglas ocultas" de acuerdo con las que viven. Sus ideas incons-

cientes de pecado y castigo producen culpa y vergüenza y corroen el alma. Al descubrir las oscuras creencias y traerlas a la luz del día, puedes empezar a sanar en el momento.

6. Trabaja con tu niño interior. La gente nos hiere. Podemos trabajar en nuestro dolor y nuestra ira por años, y pueden amainar, pero la parte más dañina es la forma en que nos abandonamos a nosotros mismos. Todos tenemos niños interiores. Lo que tu niño o niña interior necesita más es a ti y a tu aprobación. ¡Tu niño interior está esperándote!

7. Encuentra el momento "ahora" en la sanación. En este momento, "ahora", de transformación, podemos encontrar el lugar profundo en donde el dolor se originó. Si sabes cómo viajar a ese lugar sagrado, tienes una oportunidad de cambio real. Alguien tiene que saber cómo conducirte allí, y debes de tener el valor de atravesar por ello, para llegar al otro lado. En este sitio digo "toca la campana". ¡Es un momento para celebrar!

8. Date cuenta que la sanación no es tan complicada. La sanación espiritual te pide que mires la verdad a la luz del día. La parte más profunda viene después de la exploración y del reconocimiento del problema. Con el poder espiritual puedes decretar: "¡Ahora estoy soltando esto!" Toda sanación se torna eventualmente un comando y una elección: una decisión consciente y activa para cambiar. A veces, me refiero a mi proceso de sanación como Espiritualidad de Nueva York; por eso vuélvete real, ve al punto y se lo mejor que puedas ser, ¡ahora!

P: ¿Cuál es el principal problema espiritual que encuentras al trabajar con aquellos que dependen del alcohol o las drogas?

R: Todo es energía y nosotros también. Todo de lo que en verdad trata el trabajo espiritual es de elevar el nivel de energía, o la frecuencia vibracional del cuerpo. En el camino hacia la realización propia, somos retados por fuerzas negativas que buscan bajar nuestra frecuencia vibracional. La negatividad es magnetizada a una vibración de miedo y duda sobre ti mismo; tu abandono personal abre las puertas para que la energía negativa invada tu mente y tu cuerpo. Todos los grandes sanadores saben esta verdad. *No hay mayor apertura para estas energías que las drogas o el alcohol.*

La energía negativa es peligrosa. Puede venir en forma de cansancio, mareo, odio, confusión, depresión, ansiedad y, en su forma extrema, el deseo de cometer un crimen, herir a alguien o a uno mismo.

Lo que nos hace vulnerables a esta energía es lo que yo llamo nuestro "talón de Aquiles", que es nuestra más profunda herida; el punto que activa nuestros mayores miedos. Todos tenemos uno. Es la parte personal que fue herida durante la niñez y que aún se duele y, por lo tanto, está asustada y vulnerable. Es nuestra propia sombra que nos sigue a todos lados y nos acosa donde sea que vayamos. Haremos hasta lo imposible para esconder nuestra sombra y debilidad de nosotros mismos y de los demás.

La asistencia espiritual puede ayudarte a descubrir tu "talón de Aquiles", para sellar las puertas y mantener fuera las fuerzas negativas, y deshacerte de todo aquello que pudieran haber entrado a tu mundo para destruirlo. Una manera en la que te puedes liberar de energías negativas no solicitadas es al conocer y declarar tu poder espiritual. Puedes decir con voz de mando: "¡En el nombre de la pura luz blanca de Dios, ahora yo comando de inmediato a toda la energía negativa a la que me abandoné!" Los milagros suceden cuando nos aproximamos a la sanación desde este nivel de energía positiva y negativa.

P: ¿Dónde puedo encontrar a alguien que sea un asistente espiritual indicado?

R: Sería maravilloso que encontraras un buen asistente espiritual en tu zona. Ésta no es siempre una tarea fácil. Haz una búsqueda extensa en revistas espirituales y librerías, y pregunta a asesores profesionales.

Asegúrate de buscar un asistente que sea amoroso y sabio, y que tenga el elevado objetivo de conducirte a tu mejor ser. Los asistentes espirituales no están para imponerte doctrinas o sistemas de creencias. Ciertamente no deberán convertirte a forma alguna de religión.

P: ¿Puedo crear mi propia sanación espiritual?

R: Siempre puedes elegir armar un programa espiritual por tu cuenta. El programa debe de incluir los elementos de apoyo, inspiración, positividad, esperanza para el futuro, y la intención de manifestar tus sueños. Puedes tomar los siguientes pasos para diseñar por ti mismo un programa espiritual:

1. Busca recursos en las revistas espirituales. Revisa la parte de atrás para encontrar maestros, clases, grupos y otros recursos en tu zona.

2. Lee libros espirituales o escucha grabaciones de libros. La información sagrada que estuvo una vez oculta al público hoy está disponible en abundancia en librerías, bibliotecas y en internet.

3. Empéñate en practicar en casa. Compra o crea tu propio curso de estudio en casa con libros de guía y diarios.

4. Escucha audiocasettes, videos o DVD's, de grandes maestros del pasado y el presente.

5. Asiste a un grupo de apoyo. Si no puedes encontrar al adecuado para ti, crea uno. Júntense una vez por semana para discutir un tema nuevo y marquen el progreso.

6. Busca estar al pendiente de las personalidades que visiten tu ciudad, asiste a eventos especiales, retiros de fin de semana o toma algunas clases.

7. Disfruta el arte, la música y el drama. Son muy buenos para el alma y para la inspiración.

8. Trabaja con un buen asistente, ya sea en persona o a larga distancia, por teléfono.

9. Únete a un grupo de naturaleza. Estar en la naturaleza te pondrá en contacto con tu origen.

10. Viaja. Consigue un *tour* a un lugar sagrado de Estados Unidos, India, Egipto, Inglaterra u otras partes del mundo.

P: ¿Qué puedo hacer para iniciar esta sanación espiritual?

R: Puedes iniciar un viaje espiritual al susurrar tus intenciones al viento, a tu fuente espiritual. Dí: "Quiero vivir una vida verdadera y maravillosa. Muéstrame el camino". Las puertas se abrirán. Puedes iniciar un viaje espiritual en este momento al hacerte preguntas profundas como éstas:

- ¿Cuál es mi propósito de vida?
- ¿Por qué estoy aquí en la Tierra?
- ¿Qué me hace realmente feliz?
- ¿De qué estoy más orgulloso de mí?
- ¿De qué estoy menos orgulloso de mí?
- ¿Estoy viviendo por mis propias reglas o por las de alguien más?
- ¿Y si tan sólo tuviese un año más de vida?
- ¿Qué quiero que la gente diga sobre mí cuando deje este planeta?
- ¿Soy honesto conmigo y los demás?
- ¿Tengo arrepentimiento, vergüenza, culpa o miedos?
- ¿A quién necesito perdonar?
- ¿Creo en milagros?
- ¿Quién o qué es Dios?
- ¿En dónde puedo comenzar a averiguar?

P: ¿Puedes compartir un ejemplo de cómo ayudó el trabajo espiritual a alguien a liberarse de una adicción?

R: Trabajé con una cliente en Passages cuya apertura vino cuando pudo descubrir la fuente real de su dolor por medio de un trabajo profundo del alma. Susan estaba felizmente casada, con tres bellos niños y una excitante carrera en las artes. Todo parecía bien, excepto que Susan quería morir. Al llegar con nosotros tenía tendencias suicidas y adicción a drogas farmacéuticas. Por muchos años había estado en terapia, pero nada ayudaba con su depresión.

El área de real preocupación para Susan era su relación con su socia de negocio que era controladora y crítica; a Susan le preocupaba que esa relación le ocasionara tomar malas decisiones respecto a su familia. Su pérdida de poder en la situación era insoportable y Susan no podía entender por qué estaba tan obsesionada con complacer a su socia.

Mediante el trabajo espiritual Susan descubrió el patrón originado en una profunda herida que explicó los problemas subyacentes a esa insana relación. En el proceso conocido como "remarcaje", Susan revisitó el momento en que comenzó el dolor. Ella cambió, o remarcó, la forma en que sucedió; pudo decir lo que no dijo en el pasado para librarse de su ira, frustración y miedo. Este nivel profundo de exploración y expresión resultó ser la salvación de Susan. Una vez que entendió el origen de su obsesión, todo tuvo sentido. Pudo liberarse del dolor y como resultado dejó de ser dependiente de las drogas para funcionar.

Crear un círculo saludable de amigos

Otro factor clave en el éxito de tu programa y recuperación duradera es tu entorno. De la misma forma que una persona antes dependiente debe despedirse del alcohol y las drogas o arriesgar de nuevo la adicción, la sobriedad sostenida depende de acabar con las relaciones insanas y elegir relaciones sanas con aquellos que comparten tus intensiones y nuevo estilo de vida. Aquellos que dejes entrar en el círculo de tu vida marcarán la diferencia en la calidad de tu vida.

No basta con hacer cambios profundos en tu vida y luego regresar al mismo entorno, dice Mary Van Lent, asesora certificada en dependencia química, que también es la propietaria y directora de un albergue de puertas abiertas. Mary trabaja en Passages en el área de desarrollo de doce pasos y programación de cuidados posteriores. En sus respuestas a las siguientes preguntas, muestra lo fundamental que es nuestra elección de amigos, y cómo los viejos compañeros de bebida y droga pueden ser disparadores de la reincidencia.

Preguntas y respuestas con Mary Van Lent

P: ¿Una vez recuperado, puedo ver amigos que sigan bebiendo o usando drogas?

R: No puedo enfatizar suficientemente el papel de los amigos en la temprana recuperación del individuo. Con frecuencia el círculo de amigos de la persona en recuperación hace la diferencia entre el fracaso y el éxito. La antigua expresión, "el agua busca su propio cause" describe con claridad lo que le puede suceder a una persona acabada de salir de rehabilitación. Por eso los grupos de apoyo de doce pasos suguieren que el nuevo "se pegue a los ganadores".

Para manifestar tus deseos, las intenciones y acciones deben estar alineadas. Si quieres ser un músico, no te rodearías de gente que odia la música. Del mismo modo, si quieres vivir libre de drogas y alcohol, no tiene sentido tener amigos que estén bebiendo o usando drogas.

P: ¿Influyen tanto los amigos en mi recuperación? ¿Qué no se basa mi sobriedad en mi fuerza de voluntad?

R: Los compañeros que beben o usan drogas son "disparadores". Un disparador es un gatillo o un estímulo que crea una respuesta condicionada. En el caso de la persona que fue una vez dependiente del alcohol o las drogas, esta respuesta es una urgencia de beber o consumir drogas, un ansia. Los estudios han demostrado que incluso luego de siete años de abstenerse de la cocaína, el cerebro de una persona todavía se "enciende" al ser expuesto a estímulos o disparadores, asociados con el uso anterior de la cocaína. El cuerpo experimenta entonces una respuesta fisiológica, pulso acelerado y palmas sudorosas, seguido de ansiedad.

Hablando como una persona que alguna vez fue dependiente del alcohol y las drogas, no fue suficiente para mí cambiar y luego regresar al mismo entorno. Sólo por esta razón, reincidí muchas veces antes de que reconociera el problema. No fue sino hasta que estuve dispuesta a iniciar un nuevo camino, con nuevos amigos y un entorno nuevo, que logré mantener la sobriedad. En breve, tuve que encontrar compañeros que tuvieran mentes y espíritus afines y se enfilaran en mi misma dirección.

P: ¿Puedo alguna vez volver a beber o usar drogas?

R: Ahora que has explorado cada una de las terapias que te ayudarán a lograr tu cura, debo añadir un elemento esencial y final para el éxito de tu programa de recuperación. Las pregutas más comunes que me hacen sobre las curas son: "Estar curado, ¿quiere decir que puedo volver a beber? y ¿Si estoy curado, significa que puedo volver a utilizar drogas?"

La respuesta es: "No, tú nunca puedes volver a consumir alcohol o drogas". Eso significa que ni siquiera un traguito de vino, por una vez, ni un pase de cocaína, ni un cigarrillo de marihuana, ni un analgésico, *nada*. Por supuesto, si tienes una operación o una emergencia médica y necesitas medicamento para el dolor, tómalo, pero debes descontinuarlo de inmediato cuando el dolor haya alcanzado un nivel que puedas tolerar. Si por enfermedad un doctor prescribe una droga adictiva y tú sientes que es apropiada, tómala, pero debes descontinuarla cuando la enfermedad termine.

Estar curado significa que las causas subyacentes que te llevaron a beber o usar drogas en primer lugar han sido sanadas y que ya no ansías esas sustancias para medicar dichas causas subyacentes. Quiere decir que tu dependencia a las drogas o al alcohol habrá terminado. Cura significa que te puedes sentir física y mentalmente bien sin usar las drogas o alcohol. Puedes vivir una vida feliz, satisfactoria, libre de sustancias, sin el miedo paralizante a la reincidencia.

Cura no significa que puedas volver a usar drogas o alcohol, ni siquiera en el futuro distante. Si comienzas a creer que puedes beber socialmente, o quizá sólo tomarte un vaso de vino con la comida, o pasar una nochecita con cocaína o marihuana, estás en el camino de vuelta a la dependencia. No sé de nadie que fuera dependiente al alcohol o las drogas que haya tenido éxito en volver a consumirlas con moderación. Todos los que lo han intentado se han recaído. La razón de la completa abstinencia de las drogas y el alcohol es muy clara y simple: son adictivos, especialmente para ti. Existe mucha gente que puede beber alcohol o usar drogas recreacionalmente. Tú no eres uno de ellos. Ya has demostrado que cuando usas drogas o alcohol, te vuelves dependiente. Te estoy enseñando cómo curar tu dependencia, pero no te puedo enseñar cómo suprimir la cualidad adictiva de las drogas o el alcohol. Pero, de cualquier manera, ¿por qué querrías usar drogas o alcohol? Ellas son destructivas y la vida está mucho mejor sin ellas que con ellas.

No te apoyes en sustancias externas para lidiar con la vida. Éstas sólo traen problemas adicionales. Complican la vida en lugar de suavizarla. Es como tratar de aliviar la comezón causada por una hiedra venenosa rascándote: sólo empeora las cosas y se extiende.

El final puede ser conocido desde el principio

Otra manera de verlo es que volverte dependiente de drogas o alcohol no es como tener viruela, varicela o sarampión, que son enfermedades que te dan sólo una vez. Tantas veces como suprimas una droga o el alcohol y luego la uses de nuevo, te volverás dependiente.

Louise es un ejemplo perfecto. Cuando vino a nosotros por tratamiento, ella había sido alcohólica por más de treinta y cinco años. Era una cantinera profesional y cuando atravesó las puertas de Passages, dijo: "Chicos, no estoy aquí para dejar de beber. Yo bebo, mi esposo bebe, nuestros amigos beben. Soy cantinera y mi vida se desenvuelve alrededor de la bebida. No hay modo de que deje de beber. Mi madré murió y me dejó algún dinero; estoy aquí para secarme, ponerme saludable, y obtener los beneficios de su programa, pero luego regreso a casa a beber un poco más".

Passages tiene una larga veranda cubierta que mira hacia un jardín zen, los prados y el Océano Pacífico. Luego de la cena, un grupo de seis mujeres de varias partes del mundo, incluida Louise, y todas ellas en tratamiento, se sentaban en sillas jardineras de canvas azul, a charlar. Un fuerte lazo se dio entre ellas y comenzaron a llamarse "El club de la silla azul".

Una tarde, como tres semanas después de que Louise comenzara el programa, se encontraba afuera hablando con sus amigas cuando algo que le había dicho el día anterior hizo contacto y comenzó a llorar. Le había dicho que literalmente estaba tratando de matarse con la bebida. Al darse cuenta vino a verme y me dijo: "Jamás volveré a beber". Terminó el programa, se graduó y, resplandeciente, se fue a casa. Nos llamó con regularidad para decirnos que estaba increíblemente feliz, que había descubierto que se la podía pasar tan bien sin beber como se la había pasado bebiendo, que había logrado que su esposo sólo bebiera un vaso de vino por día, que ella bebía jugo de arándanos en el bar y que se sentía maravillosamente. Por poco más de un año ella se mantuvo sobria.

Entonces sus amigos la convencieron de que podía beber un vaso de vino al día y conservar la sobriedad. El final puede siempre conocerse desde el principio; en pocas semanas, era de nuevo una alcohólica activa. Después de seis meses de beber, regresó a Passages por tratamiento y ahora está sobria de nuevo.

La historia de Louise es un recordatorio de que cuando la dependencia termina, debe hacerlo para siempre. Una vez curado, debes recordar la regla de "nunca más", al igual que todos en tu red de apoyo. Si alguien te dice que te tomes un trago, que "uno no hace daño", no te engañes. Uno es lo que se necesita para activar de nuevo la química del cerebro.

Sucede el mismo círculo vicioso con todas las sustancias adictivas. Por diecisiete años fuí adicto a la nicotina, que está en el tope; es decir, encabeza las listas de las sustancias más adictivas. Dejar de fumar cigarrillos fue quizá la tarea más difícil que he emprendido. Cada día por cinco años fue una lucha para permanecer libre de la nicotina. Me agobiaba constantemente. Durante esos cinco años de brutal, concentrado esfuerzo, reincidí tres veces y pasó otro año antes de que mis ansias cesaran y pudiera decir con seguridad que había sobrepasado mi adicción.

No he vuelto a fumar un cigarrillo por más de treinta años. Ya no soy adicto a la nicotina. Estoy curado. Pero aunque abomino la idea de volver a fumar, si volviese a hacerlo, sería nuevamente adicto a la nicotina. ¿Por qué? Porque es una sustancia adictiva. Cuando la administro a mi cuerpo, mi cuerpo genera un apetito por ella; y si se la niego, mi cuerpo inicia una guerra. La demanda. Así será para ti si vuelves a usar alcohol o drogas.

Otras palabras de cautela: no puedes pensar en consumir alcohol si alguna vez fuiste dependiente de las drogas porque el alcohol es una droga (etanol). Por la misma razón, tampoco puedes consumir drogas si una vez fuiste dependiente del alcohol. He oído a mucha gente decir: "Oh, yo puedo beber, el alcohol no fué mi droga predilecta". Poner en práctica dicha frase, siempre conduce directamente de regreso a la dependencia. Una vez que ha terminado, debe permanecer así.

Tu cerebro puede jugarte trucos

Otro aspecto de la dependencia y la reincidencia que deberás entender es que cuando usas drogas o alcohol, tu cerebro va a jugarte trucos, ocasionándote que tomes decisiones que son totalmente lo opuesto de lo que te conviene. En el centro de tu frente, como a dos centímetros y medio hacia el interior, yace una parte de tu cerebro llamada córtex prefrontal ventral medio. Esta es la parte de tu cerebro que guarda la información, la ordena y decide que acción debes realizar. Es la región cerebral que toma las decisiones. La mayor parte del tiempo funciona bien, tú evalúas cada nueva situación, decides qué tiene que hacerse y entonces realizas la acción apropiada para lograr tu objetivo.

Sin embargo, en estudios clínicos, los pacientes con daños en el córtex prefrontal ventral medio, muestran comportamientos de alto riesgo, un inusual desapego a sus problemas y dificultad para llevar a cabo sus planes. Con cada adicción —sin excepción— dicha parte da un giro patas arriba y emite decisiones que son completamente el opuesto de lo que deberían ser. En lugar de llegar a la conclusión de que no debes hacer cosas que resulten dañinas para ti, te dice que hacerlas está bien. Por ejemplo, te dirá que está bien beber alcohol, que está bien manejar a 150 kilómetros por hora. Sabes que esas cosas son dañinas, que eventualmente te matarán y que en el proceso harán un horrible desastre de tu vida. Lo has leído, lo escuchaste y sabes de corazón que no son buenas para ti. Y, sin embargo, esta parte del cerebro te dice que está bien que las hagas.

Esto es causado por una disfunción del área del cortex prefrontal ventral media del cerebro. Es como una enfermedad autoinmune que ordena a tu sistema inmune atacar partes saludables del cuerpo, en lugar de agredir tan sólo a los invasores. Es una traición de la mente y sólo hay una manera de corregirla: absteniéndote del alcohol y las drogas. Después de que has permanecido lejos del alcohol y las drogas por un buen tiempo (el periodo es diferente para todos); el córtex prefrontal ventral medio comienza a funcionar correctamente de nuevo y a protegerte de tomar malas decisiones en lo que respecta a las drogas y el alcohol.

Ahora que sabes que ingerir alcohol o drogas ocasiona una disfunción en el área ventral media de tu cerebro y causa que tomes decisiones dañinas para ti, también deberás saber que el que cuentes con esta información no te detendrá de que uses alcohol o drogas, ya que el área del córtex frontal ventral medio de tu cerebro te dirá que está bien que sigas. Sin embargo, al menos ahora entenderás por qué estás tomando decisiones tan tontas y potencialmente fatales. Sé que no es reconfortante, pero al leer este libro estás dando el primer paso para revertir la tendencia.

Capítulo 8
Tu filosofía personal

Una de las mayores causas de la dependencia tiene que ver con tu filosofía personal, que puede entenderse como lo que piensas de la vida y de cómo funciona. Aprendiste en capítulos anteriores que lo que crees, piensas y sientes, determina la conformación de tu cuerpo a nivel celular. Ahora es tiempo de aprender *cómo* pensar y sentir para que lo que piensas y sientes origine felicidad y frecuencia vibratoria en tu vida, en lugar de abatimiento y desconfianza.

El paso 3 en tu camino hacia la recuperación total, se enfoca en esta área fundamental de la vida. Este paso es tan importante como los anteriores. Te conducirá a la libertad de la dependencia y más allá.

Paso 3: Adopta una filosofía basada en lo que es verdadero en el Universo.

Que tienes una filosofía personal es indiscutible, todos la tenemos. Si bien quizá nunca te has sentado a definir cuál es, es plenamente operativa e incide en tu vida todo el tiempo. Tiene que ver con lo que crees sobre el mundo en el que vives, sobre su gente y eventos, sobre la manera en que los eventos y circunstancias te afectan, y sobre cómo tú los afectas.

Si te preguntaran sobre tu filosofía de vida en general, tú podrías decir: "La vida es grandiosa, me suceden cosas buenas, soy una persona afortunada y creo que el mundo es un lugar maravilloso con gente maravillosa en él". O podrías decir lo opuesto: "Soy desafortunado, me suceden cosas malas, la gente se aprovecha de mí y sólo están a mi lado por lo que pueden obtener". Podrías creer que la ley de Murphy: "Si algo puede ir mal, lo hará", opera totalmente.

Cualquiera que sea tu filosofía personal, determina cómo respondes a los acontecimientos que suceden en tu vida. Es completamente responsable de tu estado de felicidad y bienestar. Si bien puedes encontrar esto difícil de creer, tu filosofía personal también determina lo que te sucede. Ha originado todas las circunstancias pasadas y casi todos los eventos de tu vida, incluso aquellos que crees que estaban fuera de control, y continuará haciéndolo.

El futuro podrá parecerte algo incognoscible, indeterminado, quizá atemorizante o desesperanzador, como si estuvieses sentado en una calesa arrastrada por una cuadrilla de briosos corceles sin saber cómo controlarlos. No sabes si dichos corceles volcarán la calesa para arrojarte al suelo, se lanzarán por un precipicio, se perderán o te conducirán a tu destino. Sin saber cómo manejarlos, dirigirlos o detenerlos, probablemente estarás aterrado. Pero una vez que sepas controlarlos con las riendas, ellos seguirán tus instrucciones para conducirte a donde deseas ir. Estarás relajado y tendrás confianza, pues sabrás que tienes el control de tu viaje. Así es como es la vida cuando tu filosofía personal se basa en lo que es verdadero en el Universo; sabes las acciones que debes efectuar para provocar las circunstancias que deseas y no te desilusionas.

Si te parece que este capítulo se encuentra fuera del camino conocido, es natural. Pudiera parecer que he recogido una bolsa llena de conceptos extraños y he sacado algunos verdaderamente inusuales. Por otro lado, podrás encontrar que lo que sigue no es para nada extraño. En cualquier caso, si funcionan estos conceptos, trabajarán para ti en una forma que cambiará completamente tu vida. Estos conceptos han sido utilizados durante miles de años y han sobrevivido por el inmenso beneficio que han aportado a la gente alrededor del mundo. He enseñado sobre ellos por muchos años y he visto el éxito llegar a las vidas de aquellos que los han adoptado. El éxito de tu cura y de tu futura felicidad dependerán, en gran parte, de lo bien que puedas aplicar estos conceptos a tu vida.

Alinea tus creencias con lo que es verdadero

Lo que quiero decir por "adoptar una filosofía con base en lo que es verdadero en el Universo" puede explicarse mejor por medio de un ejemplo ridículo. Si creyeses que la manera de quitarte un dolor de cabeza es golpearla repetidamente con un martillo, pronto descubrirías que tu creencia no es congruente con el funcionamiento del Universo.

Dado que tu creencia estaba basada en asumir algo que no era congruente con la ley universal, no sólo fallarán tus esfuerzos, sino que te ocasionarás una herida adicional que complicará la situación en lugar de solucionarla. El mismo principio se aplica a la creencia de que usar drogas o alcohol mejorará nuestras vidas: simplemente no es así y sólo nos haremos más daño al confiar en esas sustancias. Finalmente, mediante las consecuencias de tus experiencias, la verdad se te revelará.

Existen leyes universales que estaban en su lugar y operaban plenamente antes de tu nacimiento, y permanecerán así durante tu lapso de vida y trascenderán tu muerte. Una de tales leyes universales es la de la gravedad. Dicha ley, enunciada por sir Issac Newton, dice que cada partícula del Universo atrae a cada otra partícula con una fuerza que es directamente proporcional al producto de sus masas e inversamente proporcional al cuadrado de la distancia entre ellas. Otra ley universal es la de causa y efecto. La he mencionado antes. Si plantas una bellota obtendrás un roble, no un sauce. Si comes en exceso, engordarás. Si eres una persona mezquina, no tendrás amigos. Si dejas de nutrirte, enfermarás.

Conocer las leyes del Universo, evitará que cometas costosos errores de juicio. Si tu filosofía personal está de acuerdo con lo que es verdadero en el Universo, tus acciones serán exitosas como resultado de la ley natural; y tus esfuerzos producirán los resultados que deseas. Si tu filosofía personal no está de acuerdo con la ley Universal, ¿puede suceder algo distinto a que falles en tus esfuerzos para ser feliz, exitoso, saludable o libre de la dependencia? Así como fallarás en alcanzar un objetivo si te dispones a lograrlo de la manera incorrecta, fallarás en alcanzar la libertad de la dependencia, si lo haces de la manera incorrecta.

No te preocupes si no te has percatado antes de estas leyes naturales. Una vez que comiences a incorporar a tu vida una filosofía concordante con la ley Universal, la vida misma te traerá tal alegría que reirás sorprendido. Será como si hubieras pasado tu vida manejando tu auto en reversa y de pronto descubrieras que hay velocidades que lo hacen moverse hacia adelante... ¡y rápido!

Con el rostro en el lodo

Una filosofía personal basada en lo que es verdadero en el Universo, te sostendrá a través de cada acontecimiento que te presente la vida. Volverá mejores incluso tus días más brillantes y te ahorrará incontables horas de miseria y sufrimiento innecesario. Te ayudará a ver que acontecimientos que pudiste lamentar durante semanas, meses o años pueden resultar mejor de lo que te ha sucedido.

En 1993, Pax y yo juntábamos rocas para un proyecto de paisaje. Manejábamos por un cañón en Malibú cuando vi lo que parecía una roca interesante proyectarse como a veinte centímetros por encima del borde de una barranca. Salí de la camioneta y al mirar al fondo de la barranca vi que la roca medía aproximadamente medio metro de largo y estaba encamada en el dorso de la barranca misma que tenía una profundidad de nueve metros. Agarrado de la pared rocosa, descendí por la barranca pateando la de tierra para ahondar un estribo sobre el cual sostenerme para ponerme bajo la roca y empujarla hacia arriba. Calzaba zapatos de Tai Chi con suaves suelas de algodón y la tierra estaba aún húmeda por el rocío de la mañana.

La roca pesaba más de 45 kilos, pero me las arreglé para desatorarla. Entonces la elevé y empujé hasta que la tuve en su punto de equilibrio, listo para arrojarla al camino, cuando mi pie resbaló. Caí al fondo de la barranca, aún en posición vertical pues con las manos extendidas me deslizaba por su borde. Lo que no sabía es que la roca no había caído en el camino, sino que venía cayendo por la barranca, saltando por el aire dada su forma triangular. La parte plana de la roca me golpeó directo en la cabeza. Fui arrojado al suelo con tal fuerza que dos huesos de mi mano izquierda se rompieron y mis rodillas quedaron raspadas por la terrible fuerza del impacto con el suelo. Yacía con el rostro en el lodo, sin poder respirar ni moverme, pues todas mis vértebras se habían comprimido y estaba paralizado.

Ahora, ¿qué crees que pasaba por mi mente mientras yacía en el lodo, paralizado y sin poder respirar?

Antes de decírtelo, debo regresar en el tiempo para que mi respuesta tenga sentido para ti, y para que puedas comenzar a entender a qué me refiero con una filosofía que esté basada en "lo que es verdadero en el Universo".

Durante mi adolescencia tardía y mis tempranos años veinte, no tenía ningún código moral. Mi madre, Bea, había nacido en Nueva York en 1900 en el seno de una pobre familia alemana. A los quince años fue violada y quedó embarazada. Forzaron al hombre mayor a que se casara con ella y comenzaron una vida infernal. Mi madre lo odiaba por lo que le había hecho, y él la odiaba pues se había vuelto tan tosca y tan dura como fue necesario para defenderse de él. Durante los primeros dos años de su matrimonio, ella cosía botones de camisas para ganarse algunos centavos. Luego de tres años, ella se divorció, pero para entonces se había endurecido y entregado a una vida criminal. En pocos años, estaba a la cabeza de un operativo de autos robados en Nueva Jersey, y tenía un equipo de estafadores trabajando para ella en Nueva York. Cuando comenzó la prohibición, se volvió contrabandista y abastecía de whisky a los clubes locales.

Luego, cuando nací, me crió de la única manera que sabía: para ser como ella. Insistía siempre en que la llamara Bea, nunca mami o mamá. La primera regla que me enseñó, a los tres años y medio, fue nunca decir la verdad. Me dijo: "Sólo los tontos dicen la verdad. Si lo haces te meterás en problemas". Su lema era: "Nunca digas la verdad cuando una buena mentira sea suficiente". Así que mentí, engañé y robé, y fui muy alabado por ello.

Cuando tenía cuatro años me enseñó a robar en tiendas. Era uno de sus juegos favoritos. También me dijo que no se podía confiar en nadie, particularmente en las mujeres, y me enseñó a no tener respeto por la autoridad. Respecto a las reglas me explicó que la regla principal es que no hay reglas, exceptuando la regla dorada, que es que aquellos que tienen el oro hacen las reglas. Cuando crecí, mis tratos de negocio fueron siempre sombríos.

Afortunadamente, era un lector insaciable, y en los muchos cientos de libros que leí percibí un modo de vida diferente. Cuando alcancé los veinticinco años, empecé a percatarme por los libros que había leído que Bea, esa maravillosa mujer a quien amaba mucho, me había programado ciento ochenta grados en la dirección errónea. Estaba siguiendo un camino que sin equivocarme me conduciría a la infelicidad y también a quienes me rodean. Era difícil de ver en primera instancia, pues ella era tan exitosa y se había vuelto alguien con poder político. Al lado de eso, Bea era divertida y extremadamente generosa. Yo, también era exitoso, aunque hubiese obtenido mi éxito de manera fraudulenta.

Me propuse cambiar mis costumbres. Acepté que no podía hacerlo viviendo cerca de Bea, así que en 1965 empaqué y me mudé a California. Estaba determinado a darle un giro a mi vida. Mi primera resolución fue que siempre diría la verdad. Mi segunda resolución fue que nunca me aprovecharía de nadie. En un principio no me fue fácil, pues había vivido hasta ese momento mintiendo y sin un código moral, y en lo subsecuente, tenía que hacerme de uno.

Entender las leyes universales

Al paso de los años, hice algún progreso. Si mentía a alguien, me forzaba a ir con esa persona y decirle la verdad. Viajé de regreso a Nueva Jersey para hacer unas cuantas enmiendas con la gente que había dañado y engañado. Esa parte fue muy difícil, pero me forcé a continuar hasta ver a todos los que recordaba haber dañado de algún modo.

Cuando tenía como treinta y tres años, me topé con un antiguo libro de sabiduría china llamado el I Ching. Cuando la escritura llegó a China hace cinco mil años en 3 000 a.C., el I Ching fue el primer texto escrito. Anteriormente, había sido transmitido por tradición oral durante miles de años. El I Ching puede ser la sabiduría más antigua conocida del mundo. Sobrevivió todos esos años, pues era de gran valor para la gente. La estudié no sólo por su sabiduría, sino también porque contenía muchas leyes Universales. Ya que había sido escrito hace tanto tiempo, gran parte del lenguaje y significados del I Ching me eran oscuros, y anhelé saber lo que sus frases significaban. Tenía la certeza de que algunos de los secretos del Universo estaban encerrados en ellas.

Con los años, crecí en mi entendimiento de las leyes Universales como la de la causa y el efecto, y me volví aún más cuidadoso de mis palabras y acciones. Comencé a reforzar el carácter. Aprendí que el carácter es el arco con el cual disparamos las flechas del futuro.

Durante todos esos años, pasé varias horas de todos los días estudiando el I Ching, y dedico algunos minutos de cada día a leerlo.

Llegué a ver que la ley Universal lo gobierna todo. Una vez que lo entendí, pude percibir y entender muchos otros aspectos del mundo en el que vivimos. Por ejemplo, aprendí que *todas las leyes del Universo están en favor de la continuación del mismo.* ¿Cómo sé que eso es verdad? Porque el Universo continúa. La verdad es evidente. Los astrónomos y científicos nos dicen que el Universo ha permanecido en su actual estado por cerca de dieciocho billones de años. Si hubiese al menos una ley que favoreciera la discontinuidad, seguramente ya habría ocurrido. Dado que no es así, siento que es seguro creer que todas las leyes están a favor de su continuidad.

Llevando esa idea aún más allá, asumí que el Universo es perfecto. Si crees que Dios o un Ser Supremo o cualquier otro nombre es la causa de todo, y si crees en la concepción popular de un Ser Supremo que es omnisapiente y omnipotente, prosigue que lo que sea que venga de ese Ser Supremo, tal como el Universo mismo, debe también ser perfecto. (Incidentalmente, validar todo lo que sucede como "perfecto" te sintoniza con el Ser supremo que crees que lo está causando. Si tú crees en Dios, pero crees que vivimos en un Universo imperfecto, entonces necesariamente prosigue que el Dios en el que crees debe también ser imperfecto).

El siguiente paso en mi proceso de pensamiento me llevó a entender que *lo que sea que sucede es el mejor acontecimiento posible.* Si pudiese suceder algo verdaderamente malo, entonces, se darían dos, tres, cuatro o cinco eventos más imperfectos y malos, lo que podría conducir a la destrucción. Incluso si un incidente me dañase o me quitase algo, siempre trabajaría para mi beneficio, ya que el Universo no permitirá que nada malo le ocurra a sí mismo, y yo soy parte de "él".

Llegué a ver al Universo entero como algo vivo y consciente. Una entidad viviente que respira y tiene consciencia, y es consciencia. Por eso es que escribo con mayúscula la palabra "Universo". A lo que la mayoría de la gente se refiere como Dios, Alá, Jehová, Buda o cualquiera de los mil nombres que las personas dan a una entidad suprema, yo simplemente lo pienso y refiero como "el Universo", una vasta fuente de energía de consciencia. Con el paso de las décadas continué viviendo con mi filosofía y ésta se ha podido mantener a través de cada circunstancia de mi vida, incluso cuando en lo que creo ha sido puesto al fuego, a veces todos los días.

Ahora que conoces mi estado mental al momento en que la roca me hundió en la tierra, te vuelvo a preguntar: ¿Qué crees que estaba pasando por mi mente mientras yacía en el lodo, paralizado y sin poder respirar? Supongo que te dí suficientes claves para que al menos tengas una idea de lo que pasaba por mi mente. Lo que estaba pensando era: "Me pregunto, ¿qué cosa buena podrá salir de esto?"

¿Qué cosa buena podrá venir de esto?

Pax había visto la roca desaparecer del otro lado de la colina. Corrió hacia la barranca, miró hacia abajo y me vió yaciendo en el lodo. Se deslizó, me dió la vuelta y me preguntó si estaba bien. Como podía hablar, pues mi parálisis era del cuello para abajo, le dije que no sabía. Mientras yacía ahí, comencé a tener una sensación hormigueante por todo mi cuerpo, del tipo de la que sientes cuando se duerme tu pie o te golpeas la espinilla. Mis vértebras comenzaron a descomprimirse y poco a poco pude moverme. No quise examinarme la cabeza pues temía atravesar con la mano el agujero que debía de estar ahí y matarme. Cuando esa roca aterrizó sobre mí, sonó como si alguien me hubiera partido un bate de beisbol en la cabeza. No pensé que alguien pudiera ser golpeado tan duro y sobrevivir.

Una semana después, mientras yacía en cama recuperándome, tomé el I Ching y los pasajes que antes me habían intrigado, ahora eran comprensibles. De algún modo, ese golpe en mi cabeza abrió los canales que me permitían percibir los significados de lo que antes parecían ininteligibles. Desde entonces, he escrito diez libros sobre el I Ching, incluída mi propia versión popular del mismo llamada *El I Ching: El Libro de Respuestas,* escrito bajo mi nombre de pluma chino, Wu Wei. Todo eso fue resultado de la roca que me rompió la cabeza.

Podemos especular indefinidamente si esa roca que cayó sobre mí fue una intervención divina o un accidente sin ningún significado, pero su beneficio para mí va más allá de todo cálculo. Mi estudio principal hasta ese momento de mi vida había sido tratar de sondear la información encerrada en un antiguo libro, ¡y de pronto la podía entender! Por esa clase de regalos, vale la pena ser golpeado en la cabeza muchas veces.

Porque la médula de mi filosofía personal es que todo lo que nos sucede nos beneficia, también me fue ahorrada la futilidad de maldecir mi mala suerte, lamentarme de lo ocurrido o sentirme como si fuera una víctima. Jamás, ni por un instante, entonces o ahora, pensé que ese así llamado "accidente", no fuera para mi total y completo beneficio. Extrañamente, al día de hoy no tengo dolor de cuello, ni he perdido movilidad de ningún tipo y hasta puedo dar un buen uso al incidente al escribir sobre él muchos años después.

La razón por la que pude beneficiarme de mi accidente fue por el modo en que miré el acontecimiento. Si no lo hubiera visto con una luz positiva, habría buscado todos los resultados negativos posibles y, al hacerlo, me podría haber creado problemas.

Quiero darte otro ejemplo sobre la manera en que mirar los acontecimientos en una luz positiva, puede crear un resultado positivo. Hace veinticuatro años, compré un automóvil nuevo y lo estacioné en el callejón adjunto a mi casa, de la cual salí justo a tiempo para ver a una vieja camioneta vw rayar la defensa delantera de mi auto. El conductor bajó, arrojó su sombrero al piso, se tomó la cabeza con las manos y se inclinó. Obviamente no tenía dinero para pagar el daño causado a mi auto y casi rompió en llanto. Su mujer estaba en el auto y su hijo lloraba en el asiento trasero. Cuando me vió acercarme, pareció aún más atribulado. Caminé hasta el auto, miré al hombre, y dije: "Perfecto. Es justo lo que mi auto necesitaba".

El hombre no podía creer lo que estaba escuchando. Le dije que tuviera un buen día y que no se preocupara por el rayón, que ahora yo ya no estaría tan preocupado porque me rayaran el auto. Comenzó a llorar lágrimas de felicidad y me abrazó. Bailó una pequeña jiga y corrió con su mujer para abrazarla. Los sacó del auto y me los presentó. Me dijo que acababa de llegar a la ciudad, que era carpintero y que estaba buscando un lugar en donde quedarse hasta que pudiera encontrar trabajo. Le dí el número telefónico de un amigo mío que estaba en el negocio de la construcción y al día siguiente comenzó a trabajar para mi amigo.

Tres semanas después, ese hombre apareció en mi casa para darme doscientos dólares para reparar el rayón. Le dije que se los guardara, que me gustaba el rayón porque me recordaba el maravilloso lugar que es el Universo. Para mí, bien valió la pena el daño de mi auto, para ver la felicidad de ese hombre cuando le dije que había sido un acontecimiento perfecto. Hoy todavía pienso sobre ello y me hace feliz.

Nunca reparé el daño. Cuando la gente me preguntaba cómo había rayado el auto, yo decía: "es un regalo del Universo". Cuando me pedían que explicara lo que quería decir con eso, les hablaba de mi filosofía y podía conducir a mucha gente a una nueva forma de entendimiento que les resultaba útil. En varias ocasiones, la gente con la que he hablado me ha dicho que han llegado a ver acontecimientos aparentemente malos en sus vidas, como un "rayón en la defensa".

Supongamos que no hubiera reaccionado como lo hice cuando mi auto fue rayado. Supongamos que en su lugar hubiese golpeado al conductor de la camioneta VW y tras una pelea violenta, hubiéramos acabado en la cárcel. Supongamos que en la cárcel hubiera sido atacado sexualmente, me hubiera peleado de nuevo, hubiera herido seriamente a alguien y hubiera sido sentenciado a veinte años en la prisión. Toda la vida nos presenta dos modos básicos de hacer frente a los acontecimientos. Los podemos etiquetar como "buenos para nosotros" o "malos para nosotros". La forma cómo tratamos tales eventos, determina el significado que tienen en nuestra vida. No es el evento el que lo determina. El evento es sólo un evento. Es cómo lo tratamos lo que determina su resultado en nuestras vidas.

He aprendido que los acontecimientos malos simplemente no suceden. Pax me dice que la cosa más importante que he hecho por él fue transmitirle esta filosofía, pues le ahorra sentirse mal cuando suceden cosas que parecen malas. Inmediatamente sabe que "esto es para mi beneficio y utilizaré este evento como trampolín para un éxito mayor".

Una filosofía fuerte que nos sostenga en tiempos difíciles

Con anterioridad, mencioné los talleres que conduje de 1984 a 1986 para gente que quería cambiar su vida. Dichos talleres me volvieron a mostrar la importancia de tener una filosofía personal fuerte, capaz de sostenernos a través de lo que sea que la vida nos depare. Había dos reglas que los participantes tenían que seguir: una era asistir a cada taller y la otra era ser puntuales. Si alguien no estaba en el taller al cerrarse las puertas, quedaba fuera del taller, sin excepción. Como cuarenta por ciento de los participantes tuvieron que dejar el taller por perder una clase o llegar tarde.

Después de una o dos semanas, quienes permanecieron en el taller experimentaron cambios tan extraordinarios en sus vidas, que algunos salían de casa con suficiente tiempo para caminar al taller si sus autos se descomponían. Los talleres eran increíblemente exitosos en propiciar que los participantes hicieran cambios en su estilo de vida, y en impulsarlos a que lograran proezas que previamente creyeron que se hallaban más allá de sus capacidades. Hicieron avances en el campo de trabajo elegido, dejaron apartamentos y compraron casas, superaron miedos de toda la vida, terminaron relaciones dependientes con familiares y amigos, lograron objetivos largamente anhelados, se volvieron felices y libres de malos hábitos, descubrieron su pasión por la vida y encontraron la paz.

Dado el éxito de los talleres, me invitaron a una serie de programas de televisión y de radio. La respuesta fue enorme, hubo miles de preguntas, pero no pude dar cabida a toda la gente, pues la asistencia estaba limitada a treinta y cinco personas. Decidí descontinuar los talleres para escribir un libro que pudiese responder a las necesidades de muchas más personas, en lugar de sólo a unas pocas. Incorporaría los principios responsables de los extraordinarios cambios que la gente de los talleres realizaba en sus vidas, pero primero tenía que descubrir cuáles eran esos principios.

Todas las sesiones de los talleres habían sido grabadas y transcritas en diez largos volúmenes. Vendí mi negocio, vendí el edificio donde había conducido los talleres y me pasé los siguientes dos años y medio estudiando las transcripciones para encontrar lo que estaba detrás de los increíbles logros de los participantes. Los principios no se dejaron conocer de inmediato, pero gradualmente, al persistir, se volvieron claros.

Aprendí que lo esencial que es vivir de acuerdo con una filosofía personal de empoderamiento, una estrella polar, una luz que nos guíe a través de tiempos difíciles, de desesperación, de privaciones, aflicción y desaliento, mismos que parecen ocurrirnos a todos regularmente. Se volvió claro que aquellos que llevaban vidas satisfactorias habían adoptado una filosofía que cambiaba sus sentimientos depresivos por sentimientos alegres y colocaban una sonrisa en sus rostros, una sonrisa que era más que un valiente disfraz ante la adversidad.

Entendí que una filosofía fuerte, con base en lo que es verdadero en el Universo, es poderosa, da alegría sostiene la felicidad, y soporta todos los rigores y pruebas del tiempo. Más aún, llegué a percatarme de que una filosofía débil implica una forma débil de vida. Que los fracasos que habían contrariado los pasos de los participantes de mis talleres, siempre se habían debido a una filosofía débil o desviada. Una vez que adoptaron una nueva filosofía y la pusieron en acción, sus vidas dieron un sorprendente giro hacia lo mejor. Al cambiar sus exteriores, todas las circunstancias de sus vidas cambiaron.

Así como fue verdad para los participantes de los talleres, es verdad para ti: la manera en la que te conduzcas a lo largo del camino que es tu vida, determina el modo en que tu vida se desarrolla. Esa es una ley básica del Universo. Imagínate estar enojado la mayor parte del tiempo. Tu enojo afectaría a todo y a todos a tu alrededor. La gente no querría estar cerca de ti. La ira produciría una reacción ácida en tu cuerpo que lentamente te mataría. Influiría en tu pensamiento de manera que no tendrías el estado de calma necesario para producir un pensamiento claro y racional. Tus amigos serían pocos, si es que tuvieses alguno. No disfrutarías de comer o de actividades recreativas. La armonía estaría ausente de tu vida. No podrías sentirte feliz y probablemente sería difícil dormir bien de noche. En los negocios, el éxito podría ser difícil de alcanzar o no llegaría en absoluto. Si trabajases para otros sería difícil mantener el empleo. Tú, y sólo tú, determinas cómo es tu mundo. Tú eres el portal a través del cual tu vida se desarrolla.

Tú determinas la manera en que se desarrolla tu vida

El camino que ha conducido a tu actual condición y situación, no se hizo en pocos días o meses, es un largo y arduo recorrido que proviene de muchos años. De hecho, te ha tomado todo el tiempo que has estado en el planeta, volverte del modo en que eres. También te ha tomado mucho lograr lo que has logrado, poseer lo que posees, y llegar a tu actual condición. Tu vida hoy es el resultado de una serie de decisiones que tomaste que te han hecho llegar a donde estás.

Si quien eres y lo que tienes es lo que quieres, si estás satisfecho con las condiciones de tu vida: ¡felicidades! Haz más de lo que has hecho y obtendrás más de lo que tienes. Pero si quien eres, lo que quieres, lo que tienes y tus actuales condiciones son menos de lo que anhelas, o son diferentes de tus deseos, tienes que hacer algunos cambios, cambios básicos e interiores.

Cada uno de nosotros ha sufrido en la vida. Se nos ha mentido, hemos sido traicionados y engañados, y se han aprovechado de nosotros. Muchos, quizás tú, hemos sido golpeados, violados, maltratados, forzados a hacer cosas contra nuestra voluntad o abusados sexualmente por padres, compañeros o extraños. Nos han roto el corazón y hemos sufrido grandes pérdidas financieras, espirituales y físicas. Hemos llorado la pérdida de seres queridos y nacido con malformaciones físicas o padecimientos mentales. La forma en que lidiamos con esos traumas, y otros similares, determinará nuestro estado actual de felicidad o, para ser preciso, la dicha de cualquier día.

Hace algunos años, Peter, un atleta de veiticinco años, ingresó a Passages. Había estado consumiendo marihuana. Peter estaba particularmente interesado en las sesiones semanales de metafísica. Amaba la parte filosófica de esos grupos y la tomaba de corazón. Él y yo también tuvimos varias sesiones privadas. En dichas sesiones aprendió lo que estás aprendiendo aquí. Al final de su estadía de treinta días, su adicción a la marihuana había terminado. Pocos meses después de abandonar Passages, Peter tuvo un accidente y ahora está paralizado de la cintura hacia abajo y confinado a una silla de ruedas.

Dos días después de su accidente, fuí a verlo al hospital. Cuando entré en el cuarto, sus ojos se encendieron y dijo en una voz apenas audible: "No te preocupes, sé que esto es lo mejor que pudo ocurrirme". Hoy, persiste en dicha creencia. Hablamos cada tantos meses y me cuenta de las alturas a las que su iluminación ha llegado. Me dice que su crecimiento espiritual nunca habría llegado tan lejos en tan poco tiempo, sin el accidente. Es una inspiración para todos los que lo conocen y ocasionalmente nos visita y habla en las reuniones de los alumnos de Passages.

¿Qué sentiste al conocer la respuesta de Peter cuando entré a su cuarto de hospital y dijo, "esto es lo mejor que pudo haberme sucedido"? ¿Te dijiste a ti mismo, con sarcasmo: "¡Sí, seguro!", como si nada pudiese estar más alejado de la verdad? En el grado en que reaccionaste de esa manera, tu filosofía es diferente de la que sostiene a Peter y a su sentimiento de paz mientras se sienta en su silla de ruedas. Significa que probablemente mires todos los incidentes que parecen desafortunados como verdaderamente desafortunados. Pero es principalmente debido a esa manera de pensar, que te encuentras en tus actuales circunstancias.

Una filosofía fuerte, basada en lo que es verdadero en el Universo, nos libera de hacer el papel de víctima, el de una persona de quien han abusado, el de una persona que ha sufrido mala suerte o el de una persona cuya vida ha estado repleta de desaliento e infelicidad. Una filosofía fuerte nos sostiene ante la adversidad porque sabemos que el misterio se aclarará y revelará un final feliz y perfecto. ¿Piensas que podrías mantener la gozosa apariencia de Peter si quedaras paralizado? Si no tienes una filosofía personal que te sostenga en los tiempos de aflicción, tragedia y desesperación que nos ocurren a todos, es poco probable que lo hagas.

Libertad de la tiranía de los acontecimientos

Una filosofía que está basada en lo que es verdadero en el Universo, hace más que sostenernos a través de las tragedias de la vida. También nos sostiene diariamente en todo lo que pensamos y hacemos. Nos da optimismo y esperanza. Nos libera de la tiranía de los acontecimientos. Aquí relato una historia de los talleres que solía dar, que muestra cuán liberador es emanciparse de los acontecimientos que tocan a tu puerta. (Es similar a la historia que conté antes sobre mi auto, pero con un giro ligeramente diferente que muestra cómo esta filosofía puede ayudarte a levantarte de muy diferentes maneras.)

Doris era mesera en una cafetería. Vino al taller porque su hijo había asistido un mes antes y los resultados que había experimentado la sorprendían. Un día, luego de haber tomado el taller por casi tres semanas, llegué y vi a quince o veinte de los participantes en el estacionamiento observando un automóvil nuevo. Reían y hablaban excitados. Cuando entraron, les pregunté a qué se debía la excitación y todos se rieron.

Doris había comprado el auto nuevo el día anterior, y cuando bajó esa mañana al estacionamiento del condominio, su auto tenía la defensa abollada. Doris dijo que normalmente habría llorado y regresado arriba, se habría metido de nuevo en la cama, jalado el cobertor sobre su cabeza, y permanecido ahí el día entero para que no le llegara más mala suerte.

Sin embargo, recordó lo que había aprendido en el taller y miró al auto con nuevos ojos. Esa defensa abollada ya no tenía el poder de arruinar su día. Relató haber experimentado uno de los mejores días de su vida, pues ya no estaba encadenada a lo que llamaba "la tiranía de los acontecimientos"; esos incidentes que nos suceden a todos: el reloj perdido, la cartera robada, el camión o avión que no alcanzamos a tomar. Ella era libre y todos los que afuera veían su reacción se regocijaban de su libertad y de la propia. Doris aclaró que quizá no arreglaría la defensa, pues tenía un gran significado para ella.

¿Alguna vez te ha sucedido algo que parecía realmente malo en el momento pero que luego resultó ser benéfico? Todos a quienes he hecho esta pregunta han podido recordar varios acontecimientos similares. Es hora de mirar a *todos* los eventos a la luz de esta información.

No comiences con lo que es más difícil —muerte infantil, la trágica pérdida de un ser querido, Hitler, el 9/11. Comienza con algo pequeño como un pulgar machucado.

Di: "Gracias por mi pulgar machucado. Exactamente ahí hay un punto de acupuntura que necesitaba alivio. ¡Ahora tendré más energía!" Si te golpeas la cabeza di: "¡Auch, me golpeé la cabeza! Debo recordar poner atención y estar presente en el momento. Gracias por el recordatorio". Al menos podrás reirte de ello. Practica con cosas pequeñas, y lo que parecía imposible pronto será así de fácil. Si sientes que estoy haciendo mi credibilidad muy frágil, quédate conmigo un poco más y te mostraré a lo que me refiero con acontecimientos aparentemente malos que tienen un beneficio.

Los traumas encerrados en nuestro inconsciente

Pax me dijo que corría un riesgo al incluir la historia del siguiente caso, la de Sally. Piensa que la historia puede ser excesiva para la mayoría de las mujeres, y también para muchos hombres, que puede ser difícil de encuadrar dentro de su recién estrenada filosofía de todo es "bueno" y todo es un "beneficio". Su preocupación es que sea "demasiado, demasiado pronto".

Su preocupación es válida. Cuando he discutido temas como éste en mis grupos de metafísica en Passages, no es raro que una mujer o un hombre que han sido violados reaccionen como si yo estuviera loco por sugerir que lo que sucedió fue para su beneficio o que alguna cosa buena puede surgir de ello.

Una mujer de aproximadamente cuarenta años, que había sido violada por su tío, llamó a mi sugerencia: "La más estúpida y ridícula expresión que he escuchado". Hay gente que se ha levantado y salido del cuarto tras oír mi punto de vista de que todos los eventos nos benefician de algún modo.

Sin embargo, antes del fin de su estancia en Passages, luego de haber entendido el razonamiento que sostiene tal declaración, la misma gente comprende el concepto. Entienden que si van a ser verdaderamente felices, deben de dejar en paz ese hiriente incidente

338 · Chris Prentiss

de sus vidas. El giro real sucede cuando una de las mujeres dice en tono iracundo, "¡Tú no dirías eso si hubieras sido violado!" Entonces contesto: "Fui violado cuando cursaba el sexto año". Entonces se hace un silencio. Espero a que absorban la información y añado: "Pero no soy tan tonto para dejar que ese evento arruine el resto de mi vida".

Claro que es duro vivir con ello, claro que es vergonzoso, claro que es degradante, claro que nos llenamos con imágenes de lo que nos gustaría hacerle a la persona que nos violó, pero en el último análisis, mejor tratamos de aprender cómo manejarlo, o estará ahí para saludarnos cada mañana al despertar. Una mujer que fue violada, y que aún llevaba consigo la ira, la herida, la humillación y el ultraje de lo sucedido, ni siquiera podía descargar su rabia en una persona física, pues el hombre que violó, murió algunos años después. Le dije que si se amaba, se permitiría el alivio de ver lo que le había sucedido con una luz enteramente nueva, con una luz que la aliviaría de todo el dolor y el resentimiento. "Si pudieras hacer eso por mí", me dijo, "estaría por siempre agradecida". Tomó tan sólo una conversación más, exclusivamente entre nosotros dos, para que ella alcanzara el objetivo.

Así que he decidido correr el riesgo de incluir la historia de Sally, pues si es que alguna vez deseas volverte íntegro, libre y temerario, deberás un día, como Sally lo hizo, abandonar la filosofía débil que te hace creer que los acontecimientos vividos te han herido, quitado algo, avergonzado, o disminuido de algún modo. Lee con cuidado, mantente abierto a las las palabras y conceptos, y también podrás vivir libre de dolor y ser feliz.

Hace varios años, Sally ingresó a Passages para tratamiento: tenía cincuenta años y una fuerte dependencia del alcohol. Había bebido por muchos años y perdido tanto el control que su esposo ya no podía tolerarlo. Su forma de beber había trastornado a su familia, y sus cuatro hijos estaban desquiciados por su borrachera. Nadie, incluída ella, conocía el origen de su dependencia del alcohol.

Durante sus dos primeras semanas en Passages, no pudimos descubrir la causa de que bebiera. Finalmente, en una sesión de hipnoterapia, al estar profundamente inducida, Sally pudo recordar que cuando tenía cinco años, su vecino la había secuestrado, amarrado a la pata de una cama y violado. Le había dicho que si se lo contaba a sus padres, los mataría y a ella también. Durante los siguientes tres años, Sally había vivido aterrada, ya que su vecino la acechaba repetidamente, la llevaba de vuelta a su casa y la violaba nuevamente. Cuando Sally tenía ocho años las violaciones cesaron. Después, vivió en el terror por algunos años más y entonces bloqueó completamente de su memoria todo lo sucedido.

Cuando sufrimos un trauma como ése, o uno aun menos severo, no queremos recordarlo, nos causa mucho dolor. Una de las pocas defensas que tiene un niño es olvidar. Cada vez que el recuerdo resurge, lo bloqueamos para no sentir el dolor, el miedo y la vergüenza. Después de haberlo hecho repetidamente, logramos bloquearlo completamente. En ese punto, ya no podemos remontarnos al recuerdo, incluso si específicamente nos preguntan si tal evento sucedió alguna vez; pero éste aún medrará en nuestro inconsciente. Eso es lo que pasó en el caso de Sally.

Cuando vivimos un trauma, también registramos muchas sensaciones: pájaros cantando, una sirena que suena, el olor a pollo frito, un tono particular de rojo o quizá un día lluvioso.

También registramos las sensaciones físicas de ser forzados a hacer algo terrible contra nuestra voluntad. Al pasar los años, aunque hemos bloqueado con éxito el recuerdo, lo que registramos mientras ocurría el trauma ha quedado encerrado en nuestra mente. Cuando oímos una sirena o vemos ese tono de rojo u olemos pollo frito, nos inquietamos y asustamos, y necesitamos hacer algo para aliviar el miedo y los sentimientos incómodos. Muchas veces, recurrimos a las drogas o al alcohol para aliviarlos. También nos rebelaremos con brío si alguien trata de convencernos que hagamos algo que no queremos hacer. Podríamos incluso reaccionar con mayor violencia de lo que la situación amerita.

Los peores tiempos pueden conducir a los mejores tiempos

Cuando Sally recordó las violaciones, le generaron un gran trastorno emocional. Lloró durante varios días y comenzó a tener aterradoras pesadillas. Tenía miedo de estar sola. Todos los terapeutas hablaron con ella de su niñez, cada uno desde una perspectiva diferente. En mis grupos de metafísica, hablé sobre llevar las heridas del pasado al futuro. Dije al grupo que cada gramo de tristeza, dolor o terror que un acontecimiento pasado pueda infligir en nosotros, sólo es posible porque le damos el poder de hacerlo. El evento ha concluido —no podemos cambiar eso— pero podemos cambiar la forma en que lo vemos y nos relacionamos con él. Una vez que nos percatemos de que somos quienes le damos a un acontecimiento pasado el poder de herirnos hoy, podemos anular ese poder. Lo que damos, podemos quitarlo.

En las clases de metafísica, Sally también aprendió que era parte integral e inseparable de un Universo eterno; que no era insignificante, sino tan importante como cualquier cosa puede serlo. Vió su vida como una continua cadena de eventos que la habían llevado al momento en el que podía aceptar lo sucedido. Durante las semanas siguientes, Sally exploró su filosofía personal y comprendió que ésta le hacía ver los eventos del pasado con una luz negativa.

Ahora, esta es la parte que probablemente te será más difícil de entender; te preguntarás cómo es posible ver un trauma tan terrible bajo una luz distinta de la negativa. Pues bien, con la ayuda de los terapeutas Sally llegó a un grado de pensamiento donde aprendió a ver las violaciones desde una nueva perspectiva, una que ya no la aterraba. En cierto modo, estaba hasta agradecida con el pasado, pues le había dado fortaleza, entendimiento y sabiduría. La llevó a desarrollar una nueva y poderosa filosofía que, ahora, podía enseñar a sus hijos.

Sally aprendió a ser feliz, no a pesar de lo que había sucedido, sino por lo que había sucedido. Entendió que todo era parte del viaje de su alma; que los eventos habían concluido, y que nada podía hacer para deshacerlos. Se enfrentaba con la misma opción que enfrentas respecto a los acontecimientos de tu pasado: podía elegir entre continuar sufriendo por ellos o usarlos como punto de partida hacia la felicidad.

Eso fue hace casi cuatro años. Hoy, Sally está completamente sobria. Aplica su nueva filosofía a todo en su vida. Su matrimonio es más feliz que nunca y su familia es íntegra de nuevo. Su esposo tiene a su esposa de regreso, sus hijos a su madre y Sally su felicidad de vuelta —felicidad que perdió por cuarenta y cinco años. Eso es lo que mejor hacemos en Passages: dar de regreso.

No todos tienen que vivir experiencias tan severas como las de Sally; pero si llegan a suceder, sufrirás grande e innecesariamente si no tienes una filosofía que te sostenga en los días malos y si juzgas equivocadamente el significado interno de los acontecimientos. Si no creciste con una filosofía que te ayudara a colocar los eventos en una perspectiva adecuada, es entendible que recurrieras a las drogas y al alcohol para aliviar tu dolor y sufrimiento. Cuando cosas similares les suceden a niños pequeños, no esperamos que entiendan tal filosofía. Pero cuando alcanzan la edad de la razón, alguien debe de guiarlos en el entendimiento correcto y ayudarlos a ubicar los eventos de su pasado en una perspectiva con la que no sólo puedan vivir, sino emocionarse, tal como Sally lo hizo y tú puedes lograrlo.

La historia de Pax, que has leído, es otro excelente ejemplo de cómo cosas buenas pueden surgir de tiempos difíciles. Si le preguntaras a Pax cómo ve los diez años de su adicción —las golpizas, la degradación, la humillación, la pérdida de amigos, la pérdida de sus años de colegio, la pérdida de respeto, los años desperdiciados— te diría que fue la más terrible experiencia de su vida, y también la más grande. Te diría que esos diez años lo condujeron al trabajo de su vida, que sin ellos nunca habría tenido la idea o el impulso de crear Passages, y que el Universo estaba preparando para él un futuro brillante en el que podía salvar la vida de mucha gente. Incluso ha llegado a decir, y yo lo he escuchado, que si tuviera que pasar por todo nuevamente para lograr lo que ha logrado ahora, lo haría. Fue el peor de los tiempos y lo condujo al mejor de los tiempos.

Todo lo que sucede te beneficia

Aprender a vivir —vivir feliz— con el trauma, a pesar de que sea tan serio como el de Sally, es posible si posees una fuerte filosofía personal con base en lo que es verdadero en el Universo. Y lo que es verdadero es que *todo lo que sucede te beneficia*. Aun si los eventos pueden herirte, quitarte algo o provocar dolor, están ahí para tu crecimiento, para tu entendimiento, y para tu total y completo beneficio.

Otra cliente, Samantha, aprendió eso de una manera tan poderosa que ahora, como Pax, usa sus experiencias de vida para ayudar a aquellos que son químicamente dependientes. Samantha nació y creció en Nob Hill, una de las áreas más concurridas de San Francisco. Era una niña excepcionalmente bella con lustroso cabello castaño y ojos azules que deleitarían a cualquier padre. Tenía una radiante personalidad y una risa contagiosa... y una espalda deforme con una joroba. No era una joroba grande, pero estaba ahí.

Para otros niños, la afluente vida de Samantha probablemente parecía perfecta pues tenía todo lo que la mayoría de los niños desean: una bella casa, todos los juguetes que quería, viajes a lugares con nombres maravillosos, membresías de clubes y todo lo demás que el dinero puede comprar. Pero para Samantha, su vida estaba lejos de ser perfecta. Sus dos padres eran alcohólicos, y presenciaba el abuso físico entre ellos, que después la incluiría. Desde temprana edad, otros niños se burlaban de su malformación. Sus primeros recuerdos escolares se remontan a ser el objeto de burla de otros niños. En su clase, leían la historia del jorobado de Notre Dame de la novela de Víctor Hugo. Y después fue apodada "Modo", por Quasimodo, el jorobado de la historia. Los niños pueden ser crueles. Además, sus padres trataban su deformidad como si no existiera, lo que la dejaba sintiéndose avergonzada y terriblemente consciente de sí misma.

Samantha enmascaraba sus sentimientos de inferioridad con una fiera determinación de ser la mejor en todo, mientras al mismo tiempo deseaba volverse invisible. Cuando Samantha tenía diez años sus padres se divorciaron y su mundo se tornó aún más abusivo y horrible. Su madre tuvo muchos novios alcohólicos y adictos, que se quedaban en su casa. En varias ocasiones abusaron sexualmente de Samantha. Su madre parecía no darse cuenta, pero Samantha sabía que se percataba de lo que sucedía. Sospechaba que era uno de los modos en que su madre, entrada en años, mantenía a sus novios interesados. Para llenar el vacío interno, Samantha se enfocaba en sacar dieces en la escuela y en ser "perfecta" en los logros externos.

A los catorce años, sus días comenzaban y terminaban con marihuana. En la secundaria, el alcohol y la marihuana bastaban para aletargar su dolor interno. En preparatoria, añadió otras drogas. Esa "solución" continuó por varios años hasta que tuvo un colapso mental y fue forzada a abandonar la escuela. Recibió terapia pero no fue suficiente para mantener a sus demonios alejados, y su forma de beber y el consumo de drogas continuó.

Samantha regresó al colegio y se graduó. Pensó haber encontrado la solución real a su problema cuando se enamoró, se casó y tuvo un hijo. Amaba a su pequeña niña, pero su esposo se volvió abusivo con Samantha y acabó en la cárcel por asalto, así como por posesión de drogas. Ella se divorció e inició una relación con un nuevo novio, que también abusó brutalmente de ella. Para ella era como si la joroba en su espalda les diera permiso a los hombres de despreciarla y abusar física y mentalmente de ella.

Eventualmente, su consumo de drogas y alcohol escaló al grado de que perdió su casa, su hija y su trabajo. Con los años, su espiral descendente continuó. Su madre la mandó a diversos centros de tratamiento, pero ella reincidía a los pocos días de su salida. Su madre también estaba al cuidado de su hija, y Samantha agonizaba, sabiendo que su pequeña niña probablemente era expuesta al mismo tipo de ambiente sexual que ella vivió.

Justo antes de su llegada a Passages, Samantha vivía en su auto, fumaba las colillas de otra gente y bebía vino barato robado, directamente de la botella, alzándola y derramándolo hasta su boca, pues el vidrio estaba quebrado del golpe que le daba para abrir la botella. Los conectes de droga habían desinflado sus llantas mientras estaba en el auto y se habían llevado su única posesión: una pequeña maleta. Tenía los dos ojos morados y la nariz rota como resultado de otra confrontación con su último compañero. Recientemente había estado en seis centros de tratamiento de renombre, que nada habían hecho para aliviar la profunda depresión que la llevó a ser atendida por intento de suicidio en varias ocasiones.

Entonces Samantha vino a Passages, durante su primer mes, se abrió a la posibilidad de sanar las dolorosas experiencias que le causaban tanta angustia. Al final del mes, era claro para los terapeutas que necesitaba más trabajo, pero se fue y reincidió a los pocos días. Regresó pocas semanas después y se quedó por dos meses. Pudimos ayudarla a entrar en la profundidad de su torturada psique para liberar los terribles recuerdos que estaban destruyéndola, a reparar su terriblemente dañada imagen propia y a regresar a la vida. Samantha se fue de Passsages completamente curada.

Durante su tiempo en Passages, atestiguó que después de cada una de sus sesiones individuales con nuestros terapeutas, encontró un poco más de sentido en ella misma y se sintió menos dañada; hasta que, finalmente, se conectó consigo misma y con otras personas. Samantha comenzó a aceptar que era una parte significativa del Universo, que tenía el derecho de estar aquí, que no era una equivocación. Su vergüenza y sus sentimientos de minusvalía estaban desapareciendo. Samantha estaba aprendiendo a ver su malformación física con una luz nueva. Aprendió que para ser felices hoy, debemos dejar atrás nuestro viejo equipaje y vernos como realmente somos: niños dorados en un Universo indestructible.

Varios años han pasado. Samantha es ahora una terapeuta graduada que trabaja en el campo de la adicción, tiene un bello hogar y a su hija de vuelta tiempo completo. Su éxito externo es sólo el reflejo de sus sentimientos de bienestar y paz interior. Ella es una inspiración para todos los que la conocen. Como puedes imaginar, con su historia y experiencia, es una experta y dotada asesora.

El Universo no comete errores

Lo que salvó a Samantha, así como a Peter y a Sally, fue la adopción de una nueva forma de ver la vida y los acontecimientos. Sus historias no son poco comunes. Cada nuevo cliente que viene a Passages tiene lo que ellos tuvieron—una filosofía personal inadecuada que no pudo sostenerlos a través de los rigores y traumas de la vida. Aquellos que han dado un giro a su filosofía, han transformado sus vidas. Han llegado a ver que el Universo no es un lugar de trucos escalofriantes y eventos fortuitos.

Puedes preguntarte todavía, ¿si el Universo no comete errores, por qué cosas aparentemente malas suceden a gente buena? La respuesta, como has estado leyendo, es que no es así. Los eventos suceden y nosotros los etiquetamos como malos. Mucha gente ve a la muerte como mala y como tal la etiqueta cuando alguien cercano muere. Se deprimen y la usan como una razón para beber. Aunque no hay nada más natural al plan Universal que morir y ser absorbido de nuevo por el Universo. Recuerdo cuando mi madre murió, yo celebré su muerte con una hermosa cena, sabiendo que ella había dejado su viejo y cansado cuerpo para volver a casa.

El Universo no comete errores. Todo sucede exactamente como debiera. Es nuestra percepción de las dificultades lo que nos causa la inquietud y decepción que experimentamos. Más aún, cuando etiquetamos los eventos como "malos", dejamos de recibir el beneficio que nos deparan.

Una vez conocí a un hombre que perdió su empleo, maldijo su suerte, y comenzó a beber alcohol e inhalar cocaína. Emprendió una fiesta que duró tres meses. Un día, hacia el final de ese tiempo, recibió la llamada de una compañía para la que siempre había querido trabajar. Habían oído que estaba disponible y querían que comenzara de inmediato. Sin embargo, antes de que pudiera comenzar, le pidieron que se hiciera una prueba antidopaje. Tenían estándares altos y no querían que nadie que consumiera drogas trabajara para ellos.

No pasó la prueba, así que nunca consiguió el empleo. Pero la razón real por la que no consiguió ese empleo fue que había perdido fe en el Universo, maldiciendo su "infortunio" por haberse

348 · Chris Prentiss

quedado sin trabajo en lugar de esperar que el Universo tuviera reservado algo mejor para él. En realidad perder su viejo empleo no fue un error ni un infortunio, sino un evento pleno de sentido. Era un certificado de graduación que le permitiría avanzar hacia algo mejor. Sólo que no lo sabía.

Si tú y yo viviéramos en un Universo que no estuviera vivo, alerta y plenamente consciente de nosotros, podría ocurrir que "las cosas simplemente sucedieran". Pero somos parte integral de un Universo que está plenamente vivo, alerta y *totalmente* consciente de nosotros; y que provee exactamente lo que necesitamos para llevarnos a alcanzar todo nuestro potencial.

Así como tendemos a etiquetar los eventos como "malos", también tendemos a etiquetar las dificultades como externas a nosotros, lo que nos hace sentir impotentes ante las dificultades. Toma la historia de Max. Max era el dueño de un próspero estanquillo de sándwiches. Casi siempre había gente haciendo fila para comer en su pequeño local. Diariamente obsequiaba pepinillos, papas fritas y, a veces, hasta un refresco, y sus sandwiches eran famosos por estar generosamente preparados.

Un día su hijo, quien vivía en una ciudad distante, vino de visita. La visita fue buena pero, al partir, el hijo dijo a su padre: "Desde que he estado aquí, he visto cómo diriges tu estanquillo de sándwiches y por tu propio bien tengo que decirte que cometes un gran error al regalar todos esos extras. La economía del país está en mal estado. La gente no tiene trabajo y tiene menos dinero que gastar. Si no recortas en los condimentos gratuitos y el tamaño de tus porciones, pronto estarás también restringido". Su padre estaba admirado, agradeció a su hijo y le dijo que consideraría su consejo.

Después de que el hijo partió, el padre siguió su consejo. Dejó de ofrecer extras y recortó las generosas porciones de sus sandwiches. En poco tiempo, luego de que muchos de sus decepcionados clientes dejaban de ir, escribió a su hijo: "¡Tenías razón! La economía del país está en mal estado, y yo estoy viviendo sus resultados aquí, ¡en mi estanquillo de sándwiches!"

La economía pobre que su hijo veía a su alrededor era real. Pero, a pesar de la economía pobre, el padre poseía un exitoso estanquillo de sandwiches. No se dio cuenta de que los tiempos eran duros, de que mucha gente estaba sin trabajo y de que el dinero era escaso. Trataba a todos con gran abundancia y cosechaba las recompensas que tales acciones suelen traer. Pero después de que su hijo le habló del "mal estado" en que la economía se encontraba, comenzó a actuar como si así fuera, atrayendo el único resultado posible: una experiencia negativa, miedosa y tacaña de la vida; una experiencia que él creía estaba "allá afuera". Pero, ¿estaba "allá afuera"?

En realidad, el uso de drogas y alcohol es una búsqueda de alivio y respuestas fuera de ti, pero las respuestas jamás se van a encontrar "afuera". *Todas están "aquí", dentro de ti, esperando ser descubiertas. Lo que has estado haciendo con las drogas o el alcohol es suprimir tu habilidad para superar las dificultades que te rodean.*

La aflicción proviene de imaginar el futuro

Con frecuencia lo que hoy te aflige son sólo imágenes que te formas del futuro. Para sentir aflicción, miedo o ansiedad por un evento futuro, debes usar tu mente para imaginar un resultado negativo.

Si no utilizas tu imaginación, es imposible que sientas miedo o estrés. Esta información deberá reconfortarte enormemente, pues tu imaginación está enteramente bajo tu control. Con la misma facilidad puedes imaginar un buen resultado. Te daré un ejemplo de lo que quiero decir.

Digamos que tú y yo vivimos en una casa que está por ser incautada. No hemos hecho los pagos de la hipoteca por seis meses. El banco nos la ha incautado y la venta se llevará a cabo el próximo mes. Luego de su venta, tenemos que salirnos y no tenemos a dónde ir. Durante los meses pasados, nos alteramos y angustiamos, quejamos y lamentamos. Cada pequeña incomodidad que sentimos fue causada porque nos hemos imaginado un resultado negativo.

Ahora, supongamos que sin nosotros saberlo, la tía Agatha fallece y hereda una casa totalmente pagada en el campo y suficiente dinero para vivir cómodamente por el resto de nuestras vidas. Cuando nos enteramos del legado de la tía Agatha, de pronto usamos nuestra imaginación para crearnos un futuro maravilloso, una vida cómoda en el campo. No nos podría importar menos la inminente incautación. Salimos a celebrar por varios días.

Entonces el abogado de la tía Agatha nos llama para decirnos que ha habido un error. La tía Agatha no nos dejó la casa a nosotros; se la dejó a nuestra hermana. Ahora regresamos a donde estábamos en primer lugar, imaginando un mal resultado. Nuestra hermana, que detestaba a la tía Agatha, no quiere parte de la casa. Quiere que nosotros la tengamos, junto con todo el dinero. De nuevo imaginamos con júbilo un buen resultado. Nos cambiamos de nuestra casa incautada a la casa de campo, sólo para descubrir que es inhabitable y que se encuentra en un vecindario terrible.

El abogado vuelve a llamar porque ha habido un problema en el testamento y el dinero será retenido indefinidamente. Entramos en un bache y comenzamos a imaginar el tiempo terrible que se avecina. Al día siguiente, recibimos la oferta de un constructor que quiere desarrollar toda la zona. Nos ofrece una gran suma de dinero por la casa. Estamos jubilosos, imaginamos que nuestros problemas al fin han terminado...

Bueno, tienes una idea de hacia dónde me dirijo. ¿Qué nos ha causado nuestra desazón y nuestra alegría? ¡Nosotros! Por hacer uso de nuestra imaginación, hemos estado flotando como corchos en el océano, elevándonos y cayendo en la medida en que los eventos suben y bajan. Sólo por un momento, imagina cómo habría sido nuestra historia imaginada si hubiéramos sabido *desde el primer momento* que todo resultaría maravillosamente bien para nosotros. De ese modo es cuando tu filosofía se basa en lo que es verdadero en el Universo.

Oportunidades para crecer y ganar fortaleza

Una de las razones por las que cualquier obstáculo se presenta en tu vida, es para que puedas crecer y fortalecerte a partir de él. Conoces el viejo dicho de que una cadena es sólo tan fuerte como su eslabón más débil. Bien, tú eres sólo tan fuerte como tu mayor debilidad.

Puedes comprobar estos principios en acción en la naturaleza todo el tiempo. Un pájaro hembra empuja a sus críos fuera del nido para que aprendan a volar. Deja de alimentarlos para que se aventuren. Los leones cachorros juguetonamente se atacan entre sí, aun si el que es atacado no quiere jugar, así aprenderán cómo pelear por una pareja cuando sean mayores. En el mundo animal, la sobreviviencia del más apto es la ley. Los rezagados o los animales débiles son alejados o mueren. Sólo los machos más fuertes llegan a copular con las hembras. La vida en el reino animal es dura y eso es lo que hace a los animales seres fuertes y capaces. Todos y cada uno de quienes viven hoy, lo hacen porque sus ancestros fueron sobrevivientes.

Una de las razones por la que las circunstancias de tu vida son a veces tan dolorosas, devastadoras y difíciles, es que *el Universo siempre golpea tu punto más débil, porque ese es el que más necesita fortalecerse.*

Nuestros retos son puestos en nuestras manos por un Universo amoroso para volvernos más fuertes. Para obtener el beneficio de los obstáculos, necesitamos enfrentarlos y superarlos en lugar de darles la espalda y rendirnos. El momento en el que te alcanzas un trago de alcohol o una droga, es una señal de que una de tus áreas débiles ha sido atacada; pero en lugar de ponerte a la altura del reto y superarlo, lo que te daría fuerza adicional, sucumbes ante él y permites que ruede por encima de ti tal como si te acostaras a mitad del camino, esperando que un camión te arrolle.

He aquí un ejemplo. Una de nuestras causas más comunes de ansiedad es hablar frente a grupos de gente o conocer a desconocidos. Esta ansiedad proviene de que usamos nuestra imaginación para anticipar un mal resultado. Mucha gente, incluidos actores, han venido a Passages diciendo que necesitan Valium para poder hablar frente a grupos, para asistir a grandes reuniones o para actuar, y se han vuelto adictos a él.

No necesitan el Valium, del que ahora son adictos, incluso si es lo que el doctor les dijo. Lo que necesitan es trabajar en las debilidades internas que les ocasionan imaginar un mal resultado y ponerse ansiosos. Quizá simplemente necesitaban superar el miedo, practicando hablar en público para ser mejores en ello e incrementar su confianza. Sin embargo, en lugar de enfrentar las razones reales de la ansiedad, recurren a una droga para que les quite la ansiedad. Al usar drogas, se privan de la oportunidad de convertirse en espléndidos oradores.

Entonces, ¿cómo deberías lidiar con los retos de tu vida? Primero, reconoce que la situación o acontecimiento tiene un propósito y que está destinado a beneficiarte. Las circunstancias pueden verse como problemas, sentirse como problemas y parecer problemas, pero ese es sólo un punto de vista. Una vez que aprendas a ver tus problemas como "situaciones de entrenamiento", adquieren un aspecto totalmente nuevo. Yo las llamo "situaciones de entrenamiento" porque son sólo eso: situaciones para que entrenes, de modo que puedas ganar en fortaleza y entendimiento. Cuando lo has logrado, la circunstancia no tiene más utilidad para ti y sale de tu vida. Por supuesto, el alivio y las respuestas no te serán dadas sin esfuerzo de tu parte, ya que será al abrirte camino a través de los problemas, que ganarás fuerza, sabiduría y conocimiento.

Descubre que los objetivos que persigues no son el alfa y omega de la vida, aunque puedas pensar que lo son. Es el camino en sí el que es el alfa y omega. Alcanzar tus objetivos y buscar respuestas y alivio es lo que te conduce por el camino que has elegido para esta vida. El camino es donde la verdad se encuentra, donde tu destino se manifiesta y donde habita tu felicidad. Justo ahora, el camino te ha conducido a este libro. Te ha mostrado una fórmula para la recuperación, que te ayudará a fortalecer tus puntos más débiles y a dar los siguientes pasos en tu sendero.

Necesitas de todo tu poder

La Tierra es un lugar de descubrimiento y de experiencia. Eso te debería ser claro. No es accidental que estés aquí. No es accidental que leas esto. Eres una criatura espiritual, que se encuentra aquí para perfeccionarse. Tus problemas y sufrimiento existen, existieron y existirán en tu vida con ese propósito. Si abandonas el planeta sin descubrir esa pieza vital de información, tu vida habrá sido como conducir diez mil kilómetros para ver el Gran Cañón y pasarte las vacaciones en un cuarto de hotel. Si crees que tu existencia es sólo nacimiento y muerte, y que todo lo que sucede en medio es sólo una batalla, tu vida carecerá de la magia que la hace maravillosa y trascendente.

Habiendo dicho eso, no puedes realmente estar fuera de tu camino a la iluminación, necesitas darte cuenta de que eres una parte integral y vital del Universo. La iluminación es como un océano y nuestros caminos a la iluminación son como ríos. Cada río es diferente, pero todos, eventualmente, conducen al mar. Sin importar lo que hagamos, cuándo lo hacemos, o si nos proporciona felicidad o remordimiento, ganancia o pérdida, todos estamos en nuestros caminos individuales a la iluminación. A pesar de que hayamos hecho algo que consideramos equívoco, seguimos en el propio camino a la iluminación.

El progreso que hacemos en él será rápido o lento de acuerdo con nuestra percepción. Si estamos borrachos tirados en la cloaca, es posible que el progreso sea lento. Si buscamos intencionalmente la iluminación, que se manifiesta como un deseo de descubrir nuestra relación con el Universo, utilizaremos nuestros, así llamados, "problemas" como oportunidades para aprender; progresaremos con rapidez y disfrutaremos de las recompensas de paz, éxito, abundancia, muy buena fortuna y bienestar.

Usar drogas y alcohol sólo complica aquello a lo que has venido. Usar drogas y alcohol es rendirte y abandonar tu búsqueda. Usar drogas y alcohol es el camino que te conduce a la pérdida de tu derecho de nacimiento. Necesitas de toda tu capacidad mental, poder, imaginación, impulso y de todas tus facultades para seguir tu camino hacia la consciencia y la iluminación.

Personalmente, amo estar aquí. Estoy enamorado de nuestra Tierra, crepúsculos, salidas de luna, criaturas y nuestra maravillosa gente. Cuando veo a la gente quebrada y desesperanzada que viene a Passages, y miro la forma en que la luz regresa a sus ojos, los míos se llenan de lágrimas. Son las drogas y el alcohol los que los han traído a Passages, pero lo que ellos reciben es mucho más que alivio de su dependencia. Aprenden cómo sanar los problemas que subyacen a su dependencia en lugar de ser víctimas y en el proceso conocen cómo tener vidas felices.

He recibido muchas cartas de graduados de Passages, que dicen lo importante que fue para ellos haber adoptado una sólida filosofía personal mientras estaban en el centro. Fue la clave para que pudieran crear una vida feliz y próspera, libre de la adicción. Un graduado escribió: "Lo que he aprendido sobre la vida y cómo vivirla significa tanto para mí como mi sobriedad. Sólo han sido seis meses, pero sé que durará. No ansío drogas, ni siquiera pienso más en beber o usar cocaína. Mi matrimonio se ha salvado, mi relación con mis niños es sólida y amo ser quien soy; algo que no tuve durante los veinte años o más que consumí drogas y alcohol. La vida es mucho mejor sin ellas. Es justo como todos ustedes dijeron que sería. Gracias, gracias y gracias."

Otra carta que recibí decía: "Cuando atravesé la puerta de cuatro y medio metros de altura de Passages, apoyado a cada lado por dos miembros de tu equipo, me sentía desesperanzado. Había estado en seis centros, y en el último dijeron que esperaban verme de regreso en dos años. ¿Lo puedes creer? Me imagino que sí, habiendo visto todo lo que has visto. Bueno, no volveré a ver el interior de un centro de rehabilitación, excepto cuando visite Passages. Estoy curado. No he usado drogas o alcohol por un año, y sé que no lo volveré a hacer. ¡Bendito sea Dios! Benditos sean todos ustedes en Passages. Esperé un año para escribir esto, sólo para estar seguro, y ahora lo estoy. Para mí, se acabó… Es duro vivir solo en Nueva York, pero ahora ya no tengo miedo. Vivo en un lugar seguro en mi interior al que tú me condujiste. Tengo esperanza y creo en mí luego de muchos, muchos años de desesperanza. Tengo que agradecerte a ti y a tu equipo por ello y por tantos otros regalos del espíritu. ¡Dios los bendiga a todos!"

No quiero superficializar tu lucha para triunfar de la dependencia, pero como podrás darte cuenta, superar las drogas y el alcohol es relativamente simple. Unas cuantas semanas alejado de ellos y tus síntomas de supresión desaparecerán. Lo que queda, y lo más difícil de sanar, son los problemas que en principio te llevaron a consumirlas. Ellos son los eslabones débiles en tu cadena. A menos de que sanes las condiciones subyacentes que han originado y mantenido tu dependencia, dichos problemas te conducirán de vuelta a las drogas y al alcohol una y otra vez.

Cómo lograr esa profunda sanación, es lo que se encuentra en los tres pasos para la total recuperación que he descrito en este libro: 1) Debes creer que una cura es posible para ti, 2) Descubre y sana las causas subyacentes con un programa de recuperación holística, y 3) Adopta una filosofía con base en lo que es verdadero en el Universo. Al convertir esos tres pasos en los tuyos, podrás alcanzar la meta. Una vez que hayas resuelto esos problemas medulares, la sobriedad será fácil.

Capítulo 9
Un nuevo capítulo en tu vida

Al ser testigo, a veces diariamente, de historias triunfantes de la vida real, como las que has leído aquí, me pregunto una y otra vez: ¿Por qué, en los centros de tratamiento de todo el mundo, la gente es tratada de "alcoholismo" y "drogadicción" por todo tipo de doctores, psiquiatras, psicólogos, terapeutas y especialistas en adicciones, cuando el uso del alcohol y las drogas es solamente un medio para lidiar con una condición subyacente? ¿Por qué son tratados los síntomas en lugar de las causas?

¿No es obvio que la gente que se ha vuelto dependiente al alcohol o las drogas las usa para mitigar un dolor crónico? ¿Para borrar las imágenes traumáticas del pasado que aún los acecha? ¿Para aliviar sus ansiedades? ¿Para poder dormir de noche? ¿Para escapar del estrés de la vida cotidiana? ¿Para ayudarse a enfrentar una realidad insoportable?

A lo largo de este libro he enfatizado que la palabra *alcoholismo* es un término erróneo. Es una palabra falsa que hemos llegado a aceptar, pero esa aceptación conlleva efectos psicológicos colaterales muy negativos. Me sorprende que nadie haya usado la palabra *adiccionismo*, tal como *alcoholismo*. Como he mostrado, lo que se ha etiquetado como "alcoholismo", "una enfermedad" e "incurable", es meramente una dependencia.

Ya que ni siquiera creo en la palabra *alcoholismo*, y a estas alturas espero que tú tampoco, quizá te preguntes por qué elegí el título *La cura del alcoholismo y otras adicciones*. Lo elegí porque es lo que estás acostumbrado a escuchar y leer. Espero con ansias el día en el futuro próximo, en que el cambio de paradigma haya ocurrido y ya no hablemos de "alcoholismo". Lo importante es que ahora distingas claramente la diferencia. Este libro —y la oportunidad que te presenta— trata acerca de la cura de tu dependencia al alcohol y las drogas, no sobre la cura de alcoholismo o la adicción.

También he explicado en estas páginas que, sin darse cuenta de ello, lo que cada dependiente de las drogas o el alcohol trata de hacer, es ajustar el desequilibrio químico en su cerebro para sentir calma, armonía y bienestar, en lugar de ansiedad, estrés y dolor. He dicho que cuando descubras lo que realmente te hace recurrir a las drogas o al alcohol —una de las cuatro causas en el Capítulo 5—y des los pasos necesarios para sanar esas causas, estarás curado y tu dependencia habrá terminado.

He dicho que *el mayor agente sanador disponible para ti es tu cuerpo. Y dentro de él, tu mente es la más poderosa y activa vía de la sanación.* Lo que pensamos y sentimos activa nuestro proceso de sanación. Si te parece que continúas siendo el mismo, día tras día, año tras año, excepto por estar más viejo, esa mismidad se debe más probablemente a que día tras día, año tras año, no cambias lo que piensas ni lo que sientes. Sigues adelante, la cabeza gacha, sin saber que eres un maravilloso instrumento de sanación, capaz de efectuar en ti los cambios más milagrosos; cambios que pueden crear un nuevo ser, una persona sana, feliz y permanentemente libre de las drogas y el alcohol.

Eres un milagro andante. Al poner en acción los tres pasos para la recuperación propuestos en este libro, activarás tu capacidad para hacer milagros.

Una vez curado de tu dependencia, ¿puedes mantenerte limpio y sobrio para siempre? Sí. ¿Lo harás? La respuesta que des a ello tiene mucho que ver con tu carácter y fuerza de voluntad. ¿Puede alguien que ha bebido estricnina y ha sido curado volverla a beber? Sí, pero dadas todas las consecuencias negativas de hacerlo, ¿por qué habría de hacerlo?

Dije esto anteriormente, pero bien vale repetirlo: no puedes ser un bebedor o usuario casual de drogas una vez que te has recuperado. Todo lo que tienes que hacer es usar alcohol o drogas de nuevo para reactivar tu dependencia. Nunca he escuchado de una persona que haya podido mantenerse como "bebedor moderado" o "consumidor moderado de drogas" cuando se ha sido dependiente de esas sustancias. Aún después de que las causas subyacentes que condujeron a tu adicción han sido eliminadas, dichas sustancias siguen poseyendo propiedades adictivas inherentes, que te afectarán particularmente, que ya tienes un historial de dependencia química. Tantas ocasiones como las utilices, volverás a ser dependiente de ellas.

Una reunión vibrante

Al estar terminando las últimas páginas de este libro, tuvimos la primera reunión de graduados en Passages. Vinieron de muchas partes de Estados Unidos y de otros países. Al darles la bienvenida, abrazarlos, estrechar sus manos, reír y hablar con ellos, pensé cuán maravilloso sería si pudieras estar ahí para verlos y escucharlos, para mirar en sus ojos y ver la alegría y felicidad que, literalmente, desbordaban. Casi toda la gente sobre la cual he escrito en este libro estaba presente. Parecían gente retratada para anuncios en revistas de salud y fisicoculturismo.

Todos estaban dispuestos a compartir sus historias, sus éxitos y sus logros, incluidos los obstáculos que habían superado y los retos que enfrentaron y utilizaron posteriormente, como puntos de partida para obtener más fortaleza y entendimiento. Estaban rebosantes de entusiasmo. Era como si nuestros propios niños hubieran retornado a casa, lo que en efecto así era.

El sentimiento prevalente era el amor. Verdaderamente todos nos amamos unos a otros. Muchos de ellos lloraron de alegría al estar reunidos con la gente que los ayudó a liberarse de la aflicción de sus terribles dependencias. Incluso los hombres lloraron. La cosa más frecuente que les oí decir fue: "Es exactamente como tú y el equipo de tratamiento dijeron que sería". Todos en Passages, incluso quienes ya lo esperábamos, estábamos maravillados del nivel de vibración que había en el aire.

Esa vibración es la que quiero para ti. Quiero que alcances ese gran sentimiento de logro, de la alegría que viene de saber que nunca más estarás atrapado en las garras de la dependencia, que eres libre para siempre.

Sé con qué ahínco quieres regresar a una vida de salud y bienestar, libre de la dependencia. Desearía conocerte, hablar contigo, estrechar tu mano, mirar tus ojos y comunicarte el amor que siento por ti. Somos seres espirituales compartiendo este momento mágico y maravilloso en el planeta Tierra. Somos congéneres, seres humanos. Desearía poder estar contigo para guiarte por cada paso del camino, para animarte y recordarte que cuando te enfrentas a un reto, el reto estará ahí para ayudarte a ser más fuerte y resistente. Ya que no puedo estar contigo, me he decidido por la segunda mejor opción: he escrito este libro.

Ofrezco esta información transformadora con la esperanza de que se traduzca en el poder necesario para conducirte hasta el éxito que te espera. Deseo agradecerte por leer este libro. Eres un ser espiritual puro y virtuoso. Mereces amor, felicidad, éxito, mereces todas las cosas buenas y, sobre todo, ser libre para siempre de la dependencia. Te deseo lo que los sabios chinos acostumbran decir: ¡Que puedas remontarte a los cielos del éxito como si te encontraras en las alas de seis dragones!

Cartas de aquellos que han transitado el pasaje a la recuperación

A lo largo de *La cura del alcoholismo y otras adicciones* he contado historias sobre nuestros clientes en Passages e incluído algunas de las cartas dirigidas a nosotros, para que puedas ver que no estás solo en lo que te lleva a abusar de sustancias; para que obtengas esperanza del éxito de otros, de modo que sientas confianza para seguir este camino hacia tu curación. Te aseguro que sin importar lo malas que sean tus circunstancias, mucha gente cuyas circunstancias eran peores, ha salido avante con este programa y acercamiento holísitico.

Finalizo este libro con unos cuantos correos electrónicos más, y con algunas cartas que recibimos de los graduados de Passages y de sus familiares. Quiero que escuches, por sus propias palabras, lo que ellos han logrado; y que sepas lo que puedes esperar cuando de todo corazón adoptes y hagas propios los tres pasos a la total recuperación del programa de Passages:

Queridos Chris, Pax y equipo de Passages:
Simplemente no tengo palabras para agradecerles el que me hayan salvado la vida. Mi viaje comenzó el 22 de septiembre de 2003, cuando entré a Passages. A mi llegada, me encontraba muy enfermo física y mentalmente. Me sentía como un condenado a muerte. Tu bondadoso y comprensivo equipo y técnicos se encargaron de mí de una manera que no olvidaré durante todo el tiempo que viva. El demonio con el que luchaba literalmente había tomado posesión de todo mi cuerpo. La compasión y dignidad humana que me ofrecieron fue sobrecogedora. Nunca en mi vida tuve tanta gente encargándose de mí a tal grado. En realidad fue un magnífico despliegue de trabajo en equipo por parte de tanta gente.

Fui admitido para una estancia de treinta días. Al principio me opuse pues quería regresar a casa. Pero por primera vez en mi vida iba a escuchar consejo médico. Nunca lo había hecho antes. Ellos dieron exactamente en el blanco.

Los siguientes treinta días fueron una bendición en muchos sentidos. La experiencia sanadora de mente, cuerpo y alma en Passages fue en verdad un regalo, el mejor regalo que alguien puede recibir. Cuando una persona ingresa a Passages, es como en ninguna otra instalación de tratamiento en el mundo. Todos nosotros venimos tan abatidos, y Passages, desde el momento en que ingresas, te levanta, dándote las herramientas necesarias para enfrentar la realidad de la vida. Las herramientas provistas en verdad son la esencia o ingredientes clave para batallar con cualquier demonio o demonios que acechen. He pensado muchas veces en esto. Es muy difícil agradecer a alguien por devolverte tu vida.

De nuevo, a Chris, Pax y a cada miembro del equipo, "gracias por su compasión y comprensión". Estoy profunda y eternamente agradecido a Passages por mostrarme una vida mejor. Desde el fondo de mi corazón, ¡se los agradezco!

Queridos Chris y Pax
Año tras año, debido a los nervios, reincidí. No podía funcionar. Las prescripciones de Valium y Xanax me mantenían en el círculo de la drogadicción y el alcoholismo. Necesitaba encontrar una "cura". A lo largo de seis reincidencias y dieciséis años de AA, perdí la lucha contra la compulsión una y otra vez. Era un manojo de nervios. Mi presión sanguínea rebasaba los límites y estaba tan nervioso y ansioso como se puede estar y funcionar, al menos, a veces.

Ir a Passages… ¡fue el último hurra! Se me dijo que dejaría de padecer el ansia por las drogas y la compulsión por el alcohol. No lo creí. Tras dieciséis años de drogadicción y alcoholismo, me sentía desesperanzado. Al principio, aunque Passages era maravillosamente hermoso, y el equipo amoroso y cálido, para mí era solamente otro centro de tratamiento.

Entonces me dieron el medicamento correcto. Mi presión sanguínea era perfecta y mi nerviosismo desapareció milagrosamente. Al primer día de tomar el nuevo medicamento, tenía una sonrisa en el rostro que no me podía explicar. Éste no era invasivo ni adictivo, y tenía una sensación de paz, bienestar, amor y calidez. Y entonces experimenté el milagro de tu fabuloso equipo de entrenamiento. Ellos debieron ser reclutados en el Cielo. Ese era el tratamiento que necesitaba y quería. Necesitaba ese equilibrio en mi vida, y sucedió… realmente sucedió. Fue exactamente como decía en el folleto de Passages. El milagro soy yo. Me he convertido en mi ser real, mi mejor yo.

Queridos Chris y Pax:

Durante el mes que mi hijo estuvo en Passages, hablé con él varias veces. En cada conversación, podía oír a la esperanza regresar a su voz y a su actitud. Ha vuelto a casa con una evaluación cabal de su pasado, una confiada perspectiva de su presente y una visión positiva de su futuro. Todos ustedes salvaron la vida de mi hijo. No se los puedo agradecer suficientemente. Dios los bendiga en su continua buena obra.

Queridos Chris y Pax:

Quise tomarme un momento para agradecer lo mucho que han hecho por mí. En verdad disfruté de mi estancia en Passages; aprendí mucho sobre mí y la búsqueda de la felicidad. Cada persona, cada terapeuta, cada técnico añade mucho a la visión y al tratamiento que Passages ofrece.

Para quienes lo quieren, hay tanto que ganar en su centro. Yo sé que personalmente gané mucho. No puedo esperar a regresar de visita. Ya estoy anhelando que suceda. Ha sido duro volver a casa, pero tengo confianza en que todo irá bien.

Pero extraño Malibú, ¿quién no lo haría, cierto? Mantengan la buena obra. Si llegan a necesitar que hable con cualquier cliente prospecto, estaría más que feliz de hacerlo. Sólo tengo las mejores cosas que decir sobre ustedes y su equipo en Passages. Gracias de nuevo por todo. Se los digo desde el fondo de mi corazón. Mis mejores deseos.

Queridos Chris y Pax:

Si todo sucede por una razón, entonces estoy feliz porque Dios hiciera que esto sucediese. Después de sólo treinta días —un mes— puedo decir que he crecido más de lo que jamás lo hice antes de que Passages entrara en mi vida. He vivido un cambio personal, mental y espiritual, y puedo decir que tengo una libertad que nunca antes poseí. He aprendido tanto aquí y he dado otro paso hacia la persona que realmente soy.

En mi interior, estoy agradecido, no solamente por estar en Passages, sino por conocerlos a ustedes, y por pasar a formar parte de una familia, lo cual es un poco extraño para mí. No es que nunca haya tenido una, pero no este tipo de familia, donde hay tanta gente diferente sin nombres como madre, padre, hermano o hermana; sólo amigos que se vuelven un grupo unificado de personas bajo un mismo techo. Esta es una hermandad de hombres y mujeres, y es una cosa increíble. Es sorprendente la lealtad que establecemos los unos con los otros, y sin importar qué problema se presentaba, cada uno, según su perspectiva, tenía una respuesta y una forma de sobrepasar el obstáculo que nos frenaba.

He superado muchos obstáculos en mi paso por Passages, uno fue mi adicción, que se ha desvanecido. Ya no soy más dependiente de las drogas. El otro, mi problema de ira. Nunca estuve iracundo en Passages, no al grado de que fuera un problema. Mis gritos en la cancha de tenis son una cosa, pero los encuentro normal. Si bien la ira es una emoción natural, con la asertividad expresada en palabras, nadie nunca más volverá a verme estallar.

Estoy muy excitado de regresar a la vida normal, pero este es también un tiempo triste y atemorizante. Estoy triste porque debo dejar mi recién hallada familia, pero estaré en contacto con todos porque quiero mantener esto vivo, y espero que ustedes también. La parte atemorizante es que necesito volver a la normalidad y darme cuenta de que tengo una vida fuera de Passages, pero también descubrir a dónde voy con ella y cómo caminar el camino del futuro.

Sin embargo, puedo decir una cosa. Ir a la universidad en unos cuantos meses ya no será tan duro para mí pues he aprendido tanto aquí y lo más importante: la independencia. Aprendí a bastarme por mí mismo y a no depender de que otros hagan las cosas para mí.

También aprendí la importancia de la comunicación. Si surgía un problema, acudía a gente diferente en cada ocasión y les preguntaba qué pensaban que debería hacer.

También tuve duras lecciones. Aprendí cómo lidiar con dos de las más fuertes, que tienen que ver con la confianza y la traición de mi familia y amigos, y cómo manejarlas. Hay tanto que se puede decir sobre Passages y lo que aprendí, pero sólo quiero decir gracias, porque sin Passages seguramente seguiría en una gran pelea con mucha gente, incluídos mis padres. Estoy extremadamente agradecido de haber venido

aquí y les deseo la mejor de las suertes en el futuro, aunque sé que todos estaremos muy bien. Gracias por darme este tiempo y esta graduación. Con mucho amor.

Hey Chris:
Soy uno de tus graduados de Montana. De pronto los extrañé y visité su sitio en la red. Espero que todos estén bien. Me alegró ver la foto de tu terapeuta Audrey en la página. Ella sigue siendo hasta el día de hoy, una de mis personas favoritas, y siempre lo será. Es un encanto y posee una alegría que contagia. Yo estoy viva, feliz y en un buen patrón de recuperación. Asisto a cuatro juntas de doce pasos a la semana y encuentro que por fin estoy adquiriendo las habilidades para vivir mi propia verdad en este mundo. Mi esposo y mis dos chicos son maravillosos. Los últimos dos años desde que me gradué han sido muy singulares, no fáciles, pero ciertamente me he vuelto una estudiante de la recuperación.

Sólo quería que ustedes supieran —Gert, Anna, Ranjit, Pax y el resto de tu equipo, así como tú— que considero irremplazable mi tiempo allí, pues fue donde encontré que quería seguir viviendo y que había un lugar para mí en este mundo. Mi espiritualidad ha crecido en los cimientos que me sostienen, y mi intuición, empatía y comprensión hacia otros y hacia mí misma son en verdad un regalo del que disfruto hoy. Me ayuda a sentir alegría en lugar de herirme. Gracias desde el fondo de mi corazón. Continúa haciendo tus buenas obras. Creo que algún día regresaré de visita. Si puedes compartir esto con Audrey, ¡por favor, dile que puedo sentirla desde aquí!

Con amor y gratitud.

Querido Chris:

¡Dios mío! Qué tesoro es Passages, y qué tesoro eres tú. Aprendí más de mí misma en treinta días, que lo que lo había hecho antes de ir a Passages. Pensaba que era una alcohólica enferma condenada a una vida de bebida —al menos eso es lo que me dijeron en los cuatro centros en los que estuve antes de llegar a tu lugar— pero ahora sé que así era porque ellos no sabían cómo curarme.

Deseo que todos puedan ir a Passages a aprender sobre la vida, el amor, la espiritualidad, la compasión, la sanación y la verdad sobre las drogas y el alcohol; que sepan que no son unos demonios. Nuestros propios demonios son, de hecho, lo que nos conduce a utilizar esas sustancias. Estoy curada para siempre, lo sé en mi corazón. Mi relación familiar se ha sanado. Mi imagen propia ha sido restaurada y estoy viviendo mi sueño de nuevo. No tengo con qué pagarte.

Tú, Pax y tu equipo, se encuentran entre la mejor gente que haya conocido. Tú y tu equipo escucharon sin prejuicios las cosas que hice en el pasado, y tus grupos de metafísica me dirigieron para ver esas cosas bajo la luz correcta. Estaré para siempre agradecida.

¡Hola Chris!

¡Estoy de regreso en el colegio! Mi papá me ama, mi mamá me ama, mi hermana me ama, mi hermano Dan aún cree que soy un costal de mierda, ¿pero qué carajos?, ¡no las puedes ganar todas! Tres de cuatro es gran ganancia. Después de lo que les hice todos esos años, estoy agradecido de haber vuelto a ganarme a tres de ellos.

Más que eso, tengo una nueva ocupación en la vida. Voy a ser psicólogo, voy a ayudar a la gente tal como ustedes me ayudaron a mí. ¡Oh sí! Mi chica me ama también, ¡eso es cuatro de cinco!, ¿cuándo llegué a Passages nadie me quería, ¡empezando por mí! Tengo que decirte gracias, Chris. Tus clases de metafísica me salvaron el pellejo. Por primera vez en mi vida estoy contento de ser yo. ¡Te amo, bro!

Querido Passages:
Gracias, gracias y gracias. Eso es un gracias por cada año de mi sobriedad. Nunca creí que la vida pudiera ser tan maravillosa. Mi novio les agradece también, así como mi mamá y mi papá. Pienso en todos ustedes. Llevo todo el tiempo conmigo el angelito que me diste en mi graduación. Los amo a todos.

Queridos Chris y Pax:
Llevo cuarenta y dos días en casa. Mi ansiedad y nerviosismo han desaparecido completamente. No he tenido ni un ataque de pánico y tampoco migraña. Es un milagro. Extraño tanto a todos ahí. Ustedes son la familia que nunca tuve. Es la primera vez que me he sentido verdaderamente amado. Los recuerdo en todas mis plegarias y los visitaré pronto. El libro que terminé justo antes de ir a Passages es un éxito y estoy trabajando en otro. Tengo que agradecerles a ti y al equipo por crear una vida nueva para mí. Desearía tenerlos conmigo.

Queridos Chris y Pax, y equipo fabuloso de Passages:
Acabo de celebrar mi tercer año de sobriedad. Hice un brindis (¡con jugo de uva!) por ti y por Passages por salvarme la vida.

Lo que aprendí en Passages no sólo me dió mi sobriedad, por la que estoy agradecido, me regresó la vida —pero mejor de lo que nunca había estado antes— y para tener casi setenta y cinco años, ¡es toda una proeza!

Lo único que lamento es no haberlos encontrado antes. Dios los bendiga a todos. Es un mundo hermoso que miro con los "ojos nuevos" que me diste en tus grupos de metafísica.

Notas

Capítulo 2

1. The National Center on Addiction and Substance Abuse (CASA) at Columbia University, Under the Counter: The Diversión and Abuse of Controlled Prescription Drugs in the U.S., Vol. II, EUA, 2005.
2. Ibid., Vol. III.
3. Banta, Carolyn, "Trading for a High", en la revista *Time*, agosto 1, núm 35, EUA, 2005.
4. Barrer, P. R., Epstein, J.F., Hourani, L.L., et al., *Patherns of Mental Health Service Utilization and Substance Use among Adults*, 2001 and 2001, DHHS Publication No. SMA 04–3901 Analytic Series A–22, Rockville, Md.: Substance Abuse and Mental Health Services Administration, Office of Applied Studies, EUA , 2004.
5. Center for Substance Abuse Prevention, Substance Abuse and Mental Health Services Administration, "Trouble in the Medicine Chest (1): Rx Drug Abuse Growing", *Prevention Alert* 6, No. 4 (March 7, 2003).
6. National Institute on Drug Abuse, U.S. Department of Health and Human Services, Nacional Institutes of Health, *Prescription Drugs: Abuse and Addiction,* No. 01–4881, (2001), 10.

7. Pharmaceutical Research and Manufacturers of America, Pharmaceutical Marketing and Promotion: Tough Questions, Staright Answers (Fall 2004), 4.

8. Sager, Alan, y Socolar Deborah, Drug Marketing Staff Soars", Mass.: Boston University School of Public Health, Boston, 2001.

Capítulo 4

1. Substance Abuse and Mental Health Services Administration, Office of Applied Studies, *Treatment Episode Data Set (TEDS):* 1994–1999, National Admission to Substance Abuse Treatment Services, DASIS Series: s–14, DHHS Publication no. (SMA) 01–3550, 2001.

2. Substance Abuse and Mental Health Services Administration, Office of Applied Studies, *Services Research Outcomes Study,* 1998.

Capítulo 6

1. Weil, Andrew, *Spontaneous Healing: How to Discover and Enhance Your Body's Natural Ability To Maintain Heal Itself,* Ballentine Books, Nueva York, 1995, pág. 6.

2. Pert, Candance B., *The Molecules of Emotion: Why you Feel the Way You Feel,* Touchstone, Nueva York, 1997, pág 21.

3. Ibid., págs. 21, 22.

4. Ibid., pág. 24.

5. Ibid.

6. Ibid., pág. 25.

7. Ibid., pág 27.

8. Para leer más sobre el trabajo de Norman Cousins, ver sus libros *Anatomy of an Illness as Perceived by the Patient* y *Head First: The Biology of Hope and the Healing Power of the Human Spirit*.

9. ThompsonG. Ganis W.L., y Kosslyn, S.M., "Brain Areas Underlying Visual Mental Imagery and Visual Perception: an FMRI Study", en *Cognitive Brain Research 20,* núm. 2, 2004, págs. 226–241.

Capítulo 7

1. La información sobre los sistemas orgánicos del cuerpo fue extraída del excelente sumario de Anthony Carpi y John Jay College, Basic Anatomy: Tissues and Organs, http://web.jjay.cuny.edu/~acarpi/NSC/14-anatomy.htm.

2. Weil, Andrew, *Spontaneous Healing: How to Discover and Enhance Your Body's Natural Ability To Maintain Heal Itself,* Ballentine Books, Nueva York, 1995, pág. 250.

3. Mutter, J., Sadaghiani, Naumann C., Walach, H., y Drasch, G., "Amalgam Studies: Disregarding Basic Principles of Mercury Toxicity" en *International Journal Of Hygien and Enviroment Health 207,* núm. 4, septiembre de 2004, págs. 391–397.

La cura del alcoholismo y otras adicciones se terminó de
imprimir en enero de 2007, en Orsa y Asociados S. A. de
C.V. , Chopo 594-A. Col. Arenal. C.P. 02980, México, D.F.